소매 매장을 위한
실무머천다이징
50 POINT

소매 매장을 위한
**실무 머천다이징
50가지 포인트**

발행일	2008년 12월 10일 초판 제1쇄 발행
	2009년 10월 30일 초판 제2쇄 발행
지은이	김학문
펴낸이	이승한
편집장	김진락
편 집	윤은영, 박영임, 권윤정, 정성욱
디자인	편집연구소 공감 TEL. 02.887.5179
인 쇄	신정프린테크 TEL. 02.701.7181
펴낸곳	한국체인스토어협회 출판부
주 소	서울 서초구 서초3동 1536-6 진석빌딩 7층
TEL	02.522.1271
FAX	02.522.1275
홈페이지	www.koca.or.kr
등 록	1979년 11월 22일(제10-140호)
ISBN	978-89-85442-89-3
정 가	13,000원

* 잘못 만들어진 책은 바꿔 드립니다.

MERCHANDISING 50POINT

소매 매장을 위한
실무머천다이징 50 POINT

김학문 지음

할인점·슈퍼마켓·편의점의
매출 활성화를 위한 제안

한국체인스토어협회 출판부

Contents

들어가는 글_ 06

Part 01_ 상품일반_ 09
01 소매업의 상품을 이해하자_ 11
02 미래상품 특성과 전망_ 19
03 상품의 정의_ 25
04 상품성의 의의_ 33
05 제품의 분류_ 37
06 상표와 디자인_ 45
07 포장_ 53

Part 02_ 상품관리_ 57
08 상품관리의 원칙_ 59
09 고객이 만족하는 상품관리_ 67
10 상품특성에 의한 상품관리_ 73
11 단품관리의 의미_ 77
12 단품관리의 기본_ 83
13 단품관리의 전개과정_ 89
14 단품관리 실무_ 99

Part 03_ 상품분류_ 107
15 상품분류 의의_ 109
16 상품분류 체계 기준_ 125
17 T.P.O.S분류의 의의_ 131

Part 04_ 상품구성_ 139
18 상품화 전개과정_ 141
19 상품계획과 상품구성_ 147
20 상품구성의 본질_ 153
21 품목구성의 기본원리_ 163
22 상품구성의 기본원칙_ 171
23 적정 규모 실현을 위한 상품구성_ 187
24 상품구성 전개방법_ 193
25 상품구성과 가격구조_ 207

Part 05_ 상품구매 계획_ 213
26 구매계획 수립_ 215
27 판매계획 수립_ 223
28 매입품목 결정의 시스템적 사고방식_ 233

Part 06_ 머천다이징 원칙 21_ 243

29. 원칙 1- 점포개발의 MD 확립_ 245
30. 원칙 2- 점포 컨셉트 확립_ 251
31. 원칙 3- 상품그룹의 컨셉트 정립_ 259
32. 원칙 4- 상품취급 원칙 만들기_ 263
33. 원칙 5- 상품그룹의 구색 갖춤 원칙 만들기_ 267
34. 원칙 6- 매장 확대 또는 축소_ 277
35. 원칙 7- 상품군 압축 기준 설정_ 279
36. 원칙 8- 취급품목 확대 기준 설정_ 283
37. 원칙 9- 품목별 매장 위치 설정_ 289
38. 원칙 10- 품목별 페이싱 결정_ 295
39. 원칙 11- 곤돌라 엔드 전개계획 수립_ 299
40. 원칙 12- 연간·주간 판매계획 수립_ 305
41. 원칙 13- 가격설정_ 309
42. 원칙 14- 상품코드 부여_ 315
43. 원칙 15- 예산 편성_ 319
44. 원칙 16- 거래조건의 결정_ 321
45. 원칙 17- 계절별 판매계획의 수립_ 323
46. 원칙 18- 잘 팔리는 상품의 관리_ 327
47. 원칙 19- 안 팔리는 상품의 관리_ 329
48. 원칙 20- MD 실적 체크 및 개선작업_ 331
49. 원칙 21- MD의 새로운 가설수립_ 335

Part 07_ 상품관련 수치_ 339

50. 상품관련 수치 분석_ 341

들어가는 글

소매업에서의 '머천다이징(merchandising)'이란 어떠한 의미를 가질까? 머천다이징을 단어 그대로 직역하면 '상품화 계획' 혹은 '상품구성'이라 말할 수 있다. 머천다이징은 '제품이나 상품' 그 자체가 아니라 특정한 의도를 갖는 '소매점이 판매하는 상품의 구색 갖춤 조합'을 의미한다. 다시 말해 머천다이징은 특정 소매점이 타깃으로 하는 대상 고객층의 니즈(needs)에 적합한 상품을 정책적·의도적으로 조합하는 것이라고 할 수 있다.

소매업에 있어서 상품구성은 특정 점포의 특성과 이미지를 좌우한다. 그러므로 점포별로 상품구성을 어떻게 하느냐의 문제는 매우 중요한 것이다. 이 같은 상품구성은 상품 계열과 상품 품목으로 다시 구성된다. 상품 구성상 가격결정은 매우 중요하다. 왜냐하면 특정 점포의 포지셔닝 측면과 타깃 고객층을 생각해야 하기 때문이다. 또한 점포가 취급하는 상품의 프라이스 존(price zone) 범위 등의 가격설정을 명확히 해야 상품구성을 성공적으로 완성했다고 할 수 있기 때문이다. 예를 들어 식료품 매장에서 주부가 우럭(생선) 한 마리를 구입하고 미나리·쑥갓·콩나물 등을 구입하였다면, 이와 같은 쇼핑행동은 개별적으로 행해지는 것처럼 보이나 사실은 그렇지 않다. 실제로는 주부의 머릿속에 있는 상품구성 각본에 따라 상품을 구입하고 있는 것이다. 다시 말해서 주부는 맛있는 식탁을 꾸미기 위해 주메뉴인 '우럭 매운탕거리'에 필요한 다양한 재료 등을 나름대로 조합해 계획한 예산 범위 안에서 선별 구입하고 있는 것이다.

이렇듯 소매점에서의 상품구성이란 동일 시점에서 조화를 이루는 상품을 선별 구입하도록 조합하는 것을 의미한다. 이 같은 매장에서의 소비자 쇼핑행동은 비단 식료품 구입뿐 아니라 패션품 구입시에도 마찬가지이다. 소비자가 백화점 매장에서 넥타이를 구입하는 경우에도 단순히 특정 컬러·디자인의 넥타이를 구입하기보다는 자신의 양복이나 와이셔츠 컬러 및 자신의 피부색 등을 고려해 잘 어울릴 것 같은 컬러의 넥타이를 구입하는 것이다. 즉, 과거에 구입했거나 새로 구입할 상품과 조화를 이루는 상품을 선별 구입하는 것이라 말할 수 있다.

이와 같이 소매점에서의 소비행동은 일부 특정 상품의 최초 구입을 제외하고는 상품구성의 연속적인 프로세스이고, 소비자는 항상 자기방식의 상품구성을 통해 물건을 구입하는 소비행태를 보이는 것이다. 그러므로 상품을 판매해야 하는 소매기업은 그와 같은 고객 니즈를 파악해서 명확히 대응하는 차별화된 '상품구성'을 해 나가야만 지속적인 성장을 도모할 수 있는 경쟁력을 갖게 되는 것이다.

이 책은 소매업 종사자라면 모두가 알고 있을 '머천다이징 기본원칙'을 쉽게 이해하고 실행할 수 있도록 매장 실무자의 눈높이에 맞춰 기술되었음을 먼저 밝힌다.

미국발 금융위기 이후 우리 경제가 극심한 저성장 늪에 빠져들었다고 말하는 사람들이 늘고 있다. 경제성장률 1%가 하락하면 5만 ~ 8만 개의 일자리가 줄어들고 수많은 자영업자가 도산하는 등의 절망적인 표현을 굳이 빌리지 않더라도 한 자리 수 저성장 시대로 접어들고 있다는 의미는 글로 쓰기조차 두렵기만 하다.

최근 들어 업종·업태를 불문하고 상품이 잘 팔리지 않는다는 이야기를 자주 듣게 된다. 이제까지 경험하지 못한 최대의 불황이라는 것이다. 더욱이 이제까지의 상식이 통용되지 않는 불투명한 소비동향을 보이고 있다고 한다. 이렇듯 소비가 불투명해지면서 많은 소매기업들은 소비 동향을 파악하지 못하고 매출 부진 상태에 있다. 소비동향이 불투명하다는 것은 바꾸어 말하면 소매기업이 소비자를 어떻게 대응하느냐에 따라 나빠질 수도, 좋아질 수도 있다는 것을 의미한다. 예를 들면 장사가 안 된다는 현재의 시장에서도 매출이 증가하는 소매기업이 있고 잘 팔리는 상품도 있다. 현재의 시장에서 판매에 성공한 상품을 분석해보면 '타깃을 특정고객으로 압축한 특징이 있는 상품'이며 판매가 부진한 상품은 상품 하나로 모든 고객층을 조준한 초점이 명확하지 않은 상품이라 할 수 있다.

과거 1990년대 저성장기에 일본 소비자들의 쇼핑동향을 살펴보면 상품 자체보다는 심리적인 따뜻함을 필요로 했음을 엿볼 수 있다. 이 때문에 당시에 일본 소매기업들은 상품 자체의 실용적 가치에 $+\alpha$를 가미, 감동과 열정을 제공하려는 목표가 명확한 상품 전략을 구사했던 것이다. 왜냐하면 고도 성장기의 소비자 구매심리는 '어차피 비슷한 가격에 같은 물건이라면 가까운 가게에서 산다.' 는 방식이 지배적이었지만 저성장기에는 '비슷한 가격에 같은 물건이라도 자신의 이미지나 라이프스테이지에 어울리는 소매점에서 산다.' 는 심리적 변화가 일어나기 때문이다. 즉, 저성장기에 소비자는 다소

가격 차이가 나고 조금 멀더라도 자신의 마음에 드는 점포에서 구입하는 경향을 보이는 것이다. 그렇지만 아무리 최악의 경기 침체기인 저성장 시대라 하더라도 성장하는 점포는 반드시 있다. 그 같은 성장하는 점포가 보여주는 특징을 요약하면 '시류에 대응해가는 적합한 전략의 실천'이라고 단정할 수 있다. 그러므로 상품을 판매해 수익을 창출하는 소매기업은 끊임없이 변화하는 소비자 니즈를 파악해서 이에 대응하는 '혁신적인 머천다이징 정책'을 펼쳐야 하는 것이다.

사실 이 글을 쓰면서 경제가 성장하던 시대와 마이너스 성장 시대의 소매업 머천다이징은 어떤 차이가 있어야 할까 하는 의문점을 갖게 되었다. 과거의 경험에 사로잡혀 '이제까지 이 만큼 팔렸으니까, 앞으로도 이 만큼은 팔리겠지.'라는 말만 앵무새처럼 되뇌는 구태의연한 상품정책으로는 혹독한 경기 침체기의 높은 파고를 극복하기가 힘들다는 것이 개인적인 생각이다.

그러므로 더 치열해진 경쟁시장에서 명확한 컨셉트로 차별화된 머천다이징 계획을 수립해 전개하고, 다른 한편으로는 소위 '마른 수건을 쥐어짜는 식'으로 세밀하고 치밀한 상품관리를 실천해 나가야만 할 것이다.

미약하나마 이 책이 소매업 현장에서 근무하는 유통인들이 경기 침체기인 저성장 시대의 높은 파고를 이겨내는 데 조그마한 밀알이 되었으면 하는 바람을 갖는다. 덧붙여 이 책의 일부 내용은 1990년대 버블경기 이후 저성장 시대에 일본 소매업체들이 실천했던 머천다이징 사례들을 참조해 기술하였음을 밝힌다.

끝으로 이 책이 나오기까지 아낌없는 지원과 수고를 마다하지 않은 한국체인스토어협회 관계자분들, 특히 김진락 팀장 이하 출판팀 모든 식구들에게 진심으로 감사의 마음을 전한다.

이 책을 읽는 독자 모두에게 성공이라는 행운이 깃들기를 간절히 바라면서…….

2008년 12월   김학문

Part 01
상품일반

01 소매업의 상품을 이해하자!
02 미래상품 특성과 전망
03 상품의 정의
04 상품성의 의의
05 제품의 분류
06 상표와 디자인
07 포장

01

소매업의
상품을 이해하자!

| 점포의 주역인 상품 |

온라인(on-line) 시장을 제외한 오프라인(off-line) 시장만 보더라도 전국에는 수없이 많은 소매점들이 존재한다. 아파트 단지 내의 편의점이나 슈퍼마켓, 그리고 거주지 인근에 위치한 재래시장과 할인점 및 도심의 백화점까지 모든 업종·업태를 포함해 무수히 많은 점포들이 있다.

또한 각 점포에는 헤아리기 어려울 만큼 수많은 상품이 넘쳐나고 있는데 이들 점포에는 두 개의 주역, 즉 상품과 고객이 존재한다. 점포 내에서 이들 두 주역을 제외한 다른 모든 것들은 조역이라고 할 수 있다. 이 사실을 반드시 기억해 두어야 한다.

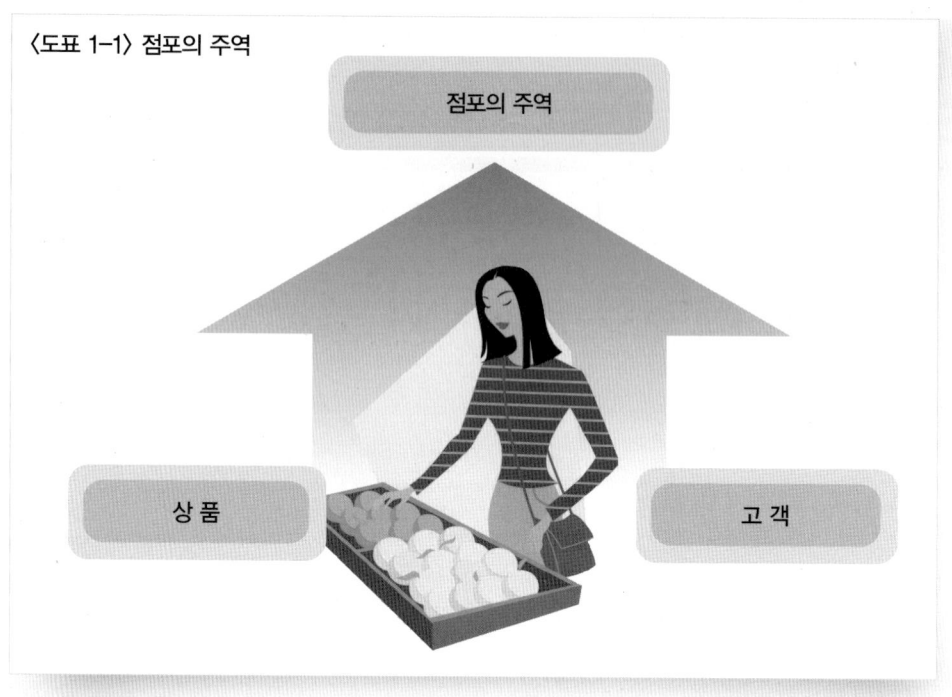

〈도표 1-1〉 점포의 주역

점포의 두 주역 가운데 하나인 '고객'은 점포 측 의지대로 잘 움직여주지 않으며, 점포 통제권 밖에 존재한다. 반면에 또 다른 주역인 상품은 점포 측 생각 여하에 따라 바뀔 수 있고, 또 어느 정도 조정이 가능하다. 따라서 '어떻게 하면 모처럼 점포에 마련해 놓은 상품을 고객이 구입해 가도록 할 수 있을까?' 하는 소매업 과제는 진열을 통해 다소 해결해 나갈 수 있다.

상품이 바르게 정리·정돈되어 있는 매장을 보면 기분이 좋다. 이것은 소매업 판매관리에 있어 기본 중 기본이라고 할 수 있다. 그러나 단지 보기 좋게 진열되어 있는 것만으로는 큰 의미가 없다. 진열은 상품과 매장을 보다 보기 좋게 만들어 가치를 높여줌으로써 상품을 보다 많이 팔기 위한 수단으로 행해져야 하기 때문이다.

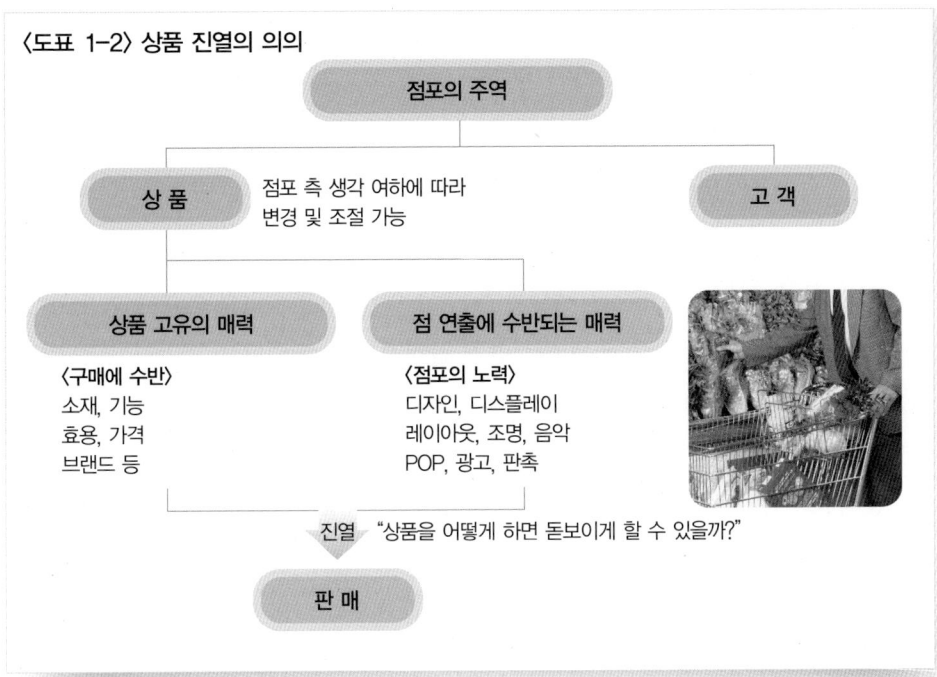

〈도표 1-2〉 상품 진열의 의의

그러나 어디까지 점포의 주역은 '상품'과 '고객'이며, 점포의 목적은 '파는 것'임을 기억해야 한다.

〈도표 1-2〉에서 보듯 상품의 매력은 다음 두 가지다.

1) 상품 고유의 매력

소재나 제조에 수반되는 것과 기능, 효용, 브랜드, 가격 등에 관한 것으로 구매에 수반되는 것.

2) 점포 연출에 수반되는 매력

진열 및 연출, 그리고 진열 수(페이싱) 관리 등으로 점포 노력에 의한 것.

| 상품 개념 |

오늘날 상품에 대해 생각할 때 보다 중요한 것은 소비자의 생활 국면을 어떻게 추출해 내어 상품으로서의 의미를 부여할 것인가 하는 소비자 지향의 문제다.

흔히 물건이 팔리지 않는다고 말들을 하지만, 이는 바꾸어 말하면 물건이 팔리지 않는 것이 아니라 좋은 물건밖에 팔리지 않게 되었다는 의미이다. 이러한 추세는 점점 더 진전되면서 가치관이나 기호에 맞는 상품이 아니면 '싫다!'고 하는 팔리지 않는 시대를 맞게 됐다. 이것은 커다란 시대 흐름(시류)의 이야기이고, 과거부터 현재에 이르는, 거시적인 세상의 움직임이요, 흐름이다.

세상에는 수많은 상품이 있음에도 불구하고 매년, 매일 새로운 상품이 만들어지고 점포에 진열된다. 그러나 그 모든 상품이 고객에게 받아들여지는 것은 아니다.

과거 물건이 부족하던 시대에는 먹을 수 있는 것이라면 무엇이든 좋았으며, 옷 한 벌이라도 더 갖고 싶어 했다. 따라서 무엇이든지 '좀 더 풍족하게 살고 싶다' 라는 생각에 고도 성장기를 맞았으며, 소유 개념이 강하고, 물건이 귀했던 시대였다.

그러나 세월이 흘러 어느 정도 생활에 필요한 물건이 보급되고, 생활수준이 안정되자 그러한 생각들은 '좋은 물건을 갖고 싶다!'로 바뀌었으며 이는 다시 '그것을 사용해서 어떻게 즐길 것인가' 하는 '즐김'의 개념으로 바뀌게 되었다.

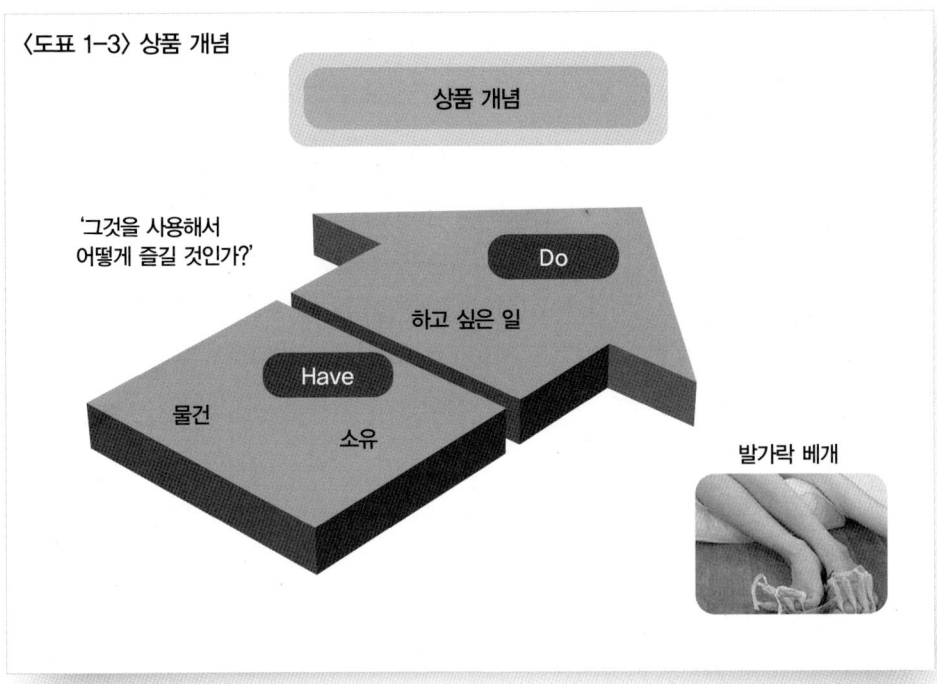

〈도표 1-3〉 상품 개념

〈도표 1-3〉에서 보듯이 이제는 '물건'에서 '하고 싶은 일'로, '소유(have)'에서 '그것을 사용해서 어떻게 즐길 것인가'로 시류가 변화하고 있다. 이렇듯 고객의 상품 구매방법은 계속해서 변화하고 있는데 만약 점포가 조금도 변화하지 않는다면 고객에게 뒤처질 수밖에 없다. 그렇게 된다면 점포를 찾던 고객들도 점점 발길을 끊게 되는 것이다.

※ 사례_ 소매업이 취급하는 상품 영역의 다양화

'의류, 잡화, 식품부터 모발 관리 이용권, 제대혈 보관 서비스 등 무형 서비스 상품까지……!'

사례 1_ 국내 백화점들이 판매하는 상품이 날로 다양해지고 있다. H백화점 압구정 본점은 '르네휘테르 헤어 트리트먼트' 이용권을 판매한다. 서울 논현동에 있는 '르네휘테르 컨셉 살롱'에서 두피와 모발 상태를 측정한 뒤 일대일 맞춤 상담과 7단계 아로마 마사지 등 모발 관리 서비스를 받을 수 있다. 이 백화점 담당자는 "고객에게 다양한 라이프스타일을 제안한다는 차원에서 외부 전문업체와 연계해 서비스 상품을 선보이게 됐다"며 "피부 마사지 이용권 등 다양한 서비스 상품을 개발할 계획"이라고 말했다. 또한 이 백화점은 여름 정기세일 기간에 카리브해, 남태평양, 지중해 등 크루즈 여행상품도 판매한다.

사례 2_ L백화점은 7층 유아휴게실에서 제대혈 보관 서비스 상품을 판매하고 있다. 제대혈이란 탯줄에 있는 혈액으로, 제대혈 보관 서비스를 이용하면 나중에 아이가 백혈병, 재생 불량성 빈혈 등 난치성 질환에 걸렸을 때 도움을 받을 수 있다. 제대혈 보관 서비스 판매를 기획한 백화점 담당자는 "변화하는 소비 트렌드에 맞춰 무형의 서비스 상품을 선보였다"며 "새로운 소비를 이끌어낼 것으로 기대된다"고 말했다.

또한 이 백화점은 '웨딩센터'를 운영하고 있다. 예식장, 드레스, 사진촬영, 신혼여행 등 결혼과 관련된 서비스 상품을 한 자리에서 선보이고, 웨딩 전문 컨설턴트가 일대일 맞춤 상담을 해준다.

결국 점포도, 상품도 시류에 맞지 않으면 상품이 안 팔리게 되고 결국 그 점포는 경쟁력을 잃어 폐점하고 마는 것이다.

시류라고 하는 것은 고객의 욕망과 욕구의 표출이라고 할 수 있다. 소매업은 시류 대응업이다. 따라서 소매기업은 다음과 같이 시장을 세심하게 관찰하며 대응해 나가야 한다.

- 소비 시장 트렌드는 어떻게 변화하고 있는가?
- 어떤 상품이 잘 팔리고 있는가?
- 어떤 사람들이 사고 있는가?
- 다음에는 어떠한 상품들이 잘 팔릴 것인가?

또한 오늘날에는 너무 많은 상품이 존재한다. 이 같은 상품의 공급 과잉 상태는 고객 신경을 자극할 뿐 아니라 몹시 곤혹스럽게 만든다. 수많은 상품, 상표들 가운데 어느 것이 더 나은지를 판단하는 작업은 매우 어렵기 때문이다. 오늘날의 고객은 손쉽게 선택하기에 적당한 상품 수를 원한다. 상품 수가 너무 많은 것은 오히려 선택의 자유를 제한하기 때문이다.

다시 말하면 오늘날 고객이 진정으로 원하는 것은 자유롭게 선택할 수 있고 그런 가운데서 비교 구매하는 재미를 맛볼 수 있는 정도의 양인 것이다.

디즈니 경우 고객의 접근성에 대해 다음과 같이 이야기하고 있다.

※ 사례_ 소매업의 단순함, 그 접근성에 관하여!

이제 소매업의 접근성은 단순히 지리적 위치의 문제가 아니다. 과거의 접근성이란 주차장이 어디에 있고, 좌·우회전이 용이한가 등의 문제였지만 이제 소비자는 단순한 물리적 위치보다 실제적이고 심리적인 부분을 더 중요하게 생각한다. 오늘날 매장은 일단 고객이 내점하면 물건을 사게 하는 것보다 고객이 원하는 것을 쉽게 찾을 수 있도록 하는 것이 더 중요하다. 너무 많은 선택사항이 있거나 주의를 분산시킨다면 고객이 실제로 원하는 것을 찾아 살 수 있는 접근성을 희생시키게 될 것이다.

(디즈니의 패스트 패스 시스템. T.P.O.S 매장분류)

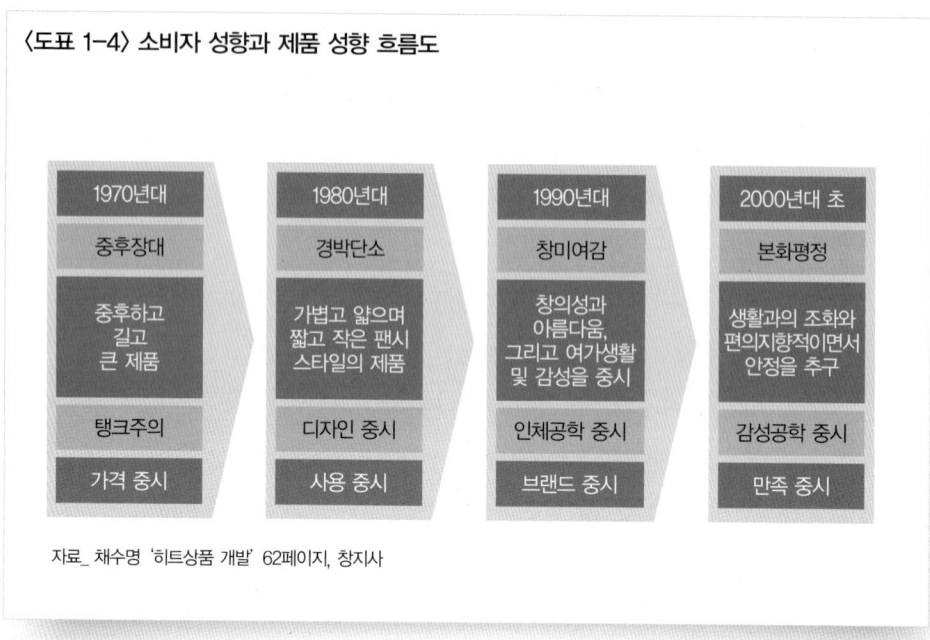

자료_ 채수명 '히트상품 개발' 62페이지, 창지사

　접근성을 실현하기 위해서는 '저 점포는 언제 가도 뭔가 신선하고, 재미있는 것이 있어'라고 알려진 점포로 만들어야 한다. 이를 위해서는 상품선택과 취급상품의 관리방법 및 판매방법 등을 시류에 맞춰 변화시켜 나가야 한다.
　오늘날 소비자는 상품을 사는 것이 아니라 그것을 사용할 때의 효용에 금전을 지불한다는 사실을 분명히 기억해야 한다.

　위 도표는 소비자 성향 변화와 제품 성향의 변화 흐름을 보여준다.

02
미래상품 특성과 전망

| 미래상품 특성과 전망 |

대한상공회의소에서 발간한 '미래상품의 특성과 기업의 대응방안 연구 (2006. 2)'를 보면 향후 기후변화 협약 등 환경에 대한 관심이 증가하고, 주요 선진국의 환경규제가 강화되면서 웰빙 개념에 환경 개념을 더한 '로하스(LOHAS, Lifestyles of Health and Sustainability : 건강과 환경이 결합된 소비자 생활패턴)'가 새로운 소비 트렌드를 형성할 것으로 전망하고 있다.

이 보고서에 의하면 웰빙을 개인에서 사회적 차원으로 확대한 로하스가 미국에서는 이미 1980년대 이후 주요한 소비 트렌드로 자리 잡고 있으며, 미국인의 30% 이상(2003년 '로하스 저널')이 로하스적 라이프스타일을 보이고 있다고 지적하고 있다.

〈도표 1-5〉 미래상품의 특성과 대응방안

트랜드	배경	주요 내용
1. 환경·건강	• 환경규제 강화	• 웰빙 확산 • 로하스 등장
2. 통합·다기능	• 기술발전 • 인터넷 대중화 • 경기침체	• 기존 반도체·통신·가전제품이 하나의 기기로 융합 • 무선데이터 시스템 등을 이용한 복합 제품의 대중화 • 다양한 금융상품 출시 • 할인형 통합·패키지 상품 인기
3. 체험	• 신제품 출시 간격 단축	• 체험 추구형 소비 확산 • 마니아 출현
4. 아름다움	• 생활수준 향상	• 제품에서 미적 요소가 차지하는 비중 증가

자료_ 대한상공회의소 '미래상품의 특성과 기업의 대응방안'

특히 자동차 경우 미국에서는 전기와 휘발유를 함께 사용하는 하이브리드 자동차, 유럽에서는 친환경 디젤 자동차의 대중화를 서두르고 있으며, 일본 경우 1997년에 이미 도요타와 혼다가 세계 최초로 하이브리드 자동차 상용화에 성공하는 등 선진국에서는 이에 적극 대응하고 있다고 밝히고 있다.

보고서에서는 이들 4가지 트렌드의 사례로 다음과 같은 예를 들고 있다.

1) 환경 · 건강 사례

① 경기 불황기(1990년대 후반)에도 미국과 일본에서의 건강 관련 상품은 고성장했다.

② 향후 그린 마케팅 및 환경경영이 빠르게 확산될 것으로 전망했다(2008년 태안반도 기름 유출 사고로 인해 환경에 대한 관심 고조).

또한 온실가스 감축을 목적으로 한 교토의정서(2006년)는 선진기업들의 로하스 제품 개발에 탄력을 줄 것으로 전망하였고, 특히 미국 자동차 시장 경우 하이브리드 자동차 비율이 2010년에는 24%, 2030년에는 50%에 육박할 것으로 예측했다.

2) 통합·다기능 제품 사례
① 위성 DMB 휴대폰 등 다기능 휴대폰
② 자동차에 무선 데이터 전송이 가능한 차량정보 시스템 장착
③ 개인별 투자 성향을 고려한 상품 등장
④ 일괄 서비스, 모바일 업체의 통합 자동차

3) 체험 사례
노트북, MP3플레이어 등의 대여 서비스.

미래의 소비환경 변화로 장소에 관계없이 네트워크에 접속이 가능한 유비쿼터스(ubiquitous) 시대가 도래하고, 주5일 근무제 정착 등으로 제품 간의 융·복합화가 활발히 진행될 것이다. 이에 따라 노트북, MP3플레이어 등 신제품 출시 간격이 크게 줄면서 구매 전에 대여해 시험 사용해 보는 체험 추구형 소비 행태가 확산될 것으로 전망했다.

4) 아름다움
소형가전 등에도 디자인 요소가 중시.

이제까지 기능 중심이었던 통신기기, 전자제품 등에서 미적(美的) 요소가 차지하는 비중이 확대되고 질 높은 서비스에 대한 수요가 증가할 것으로 예측했다.

〈도표 1-6〉 디자인 중시의 가전제품

무선청소기 / 휴대폰(윤동주의 별헤는 밤) / 음식물처리기 / 가습기 / 아르누보 압력솥 / 에어컨

따라서 국내기업들은 이러한 미래 추세에 대응하고 글로벌 시대의 수출 전략으로 적극 활용하기 위해 다음과 같이 대응해야 한다고 지적했다.
① 그린 마케팅 강화
② 시장조사 역량 강화
③ 소비자 생활패턴 중심의 상품개발 전략
④ 상품의 감성적 요소 제고

다음의 〈도표 1-7〉과 〈도표 1-8〉은 일본 경제주간지 '다이아몬드'에 실린 기사내용으로 향후 20년 후에 나타날 품목별 소비증가율 및 소비감소율을 보여주고 있다.

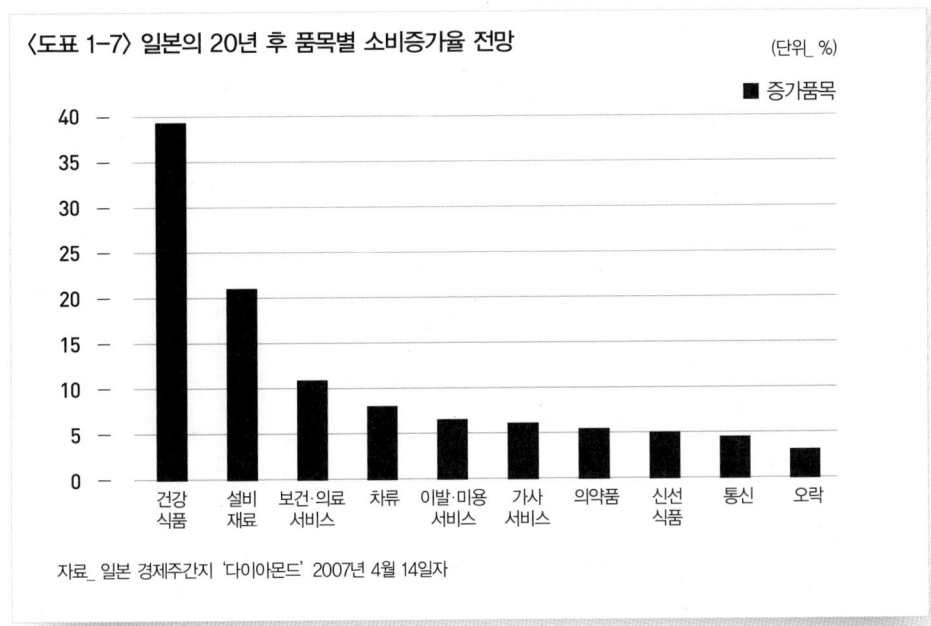

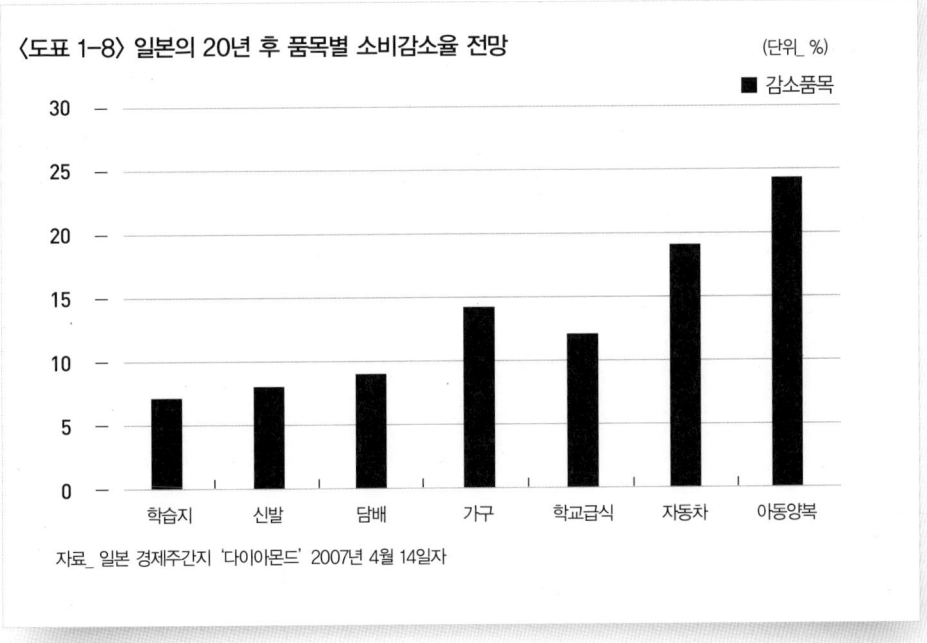

03

상품의 정의

소매점에서 쉽게 볼 수 있는 바나나, 과자, 고추장, 화장지, 세탁 세제, 휴대폰, 노트북, 배달 서비스, 신용판매 서비스 등은 모두 다 제품이다. 제품은 다음과 같이 정의된다.

제품은 기본적 욕구 또는 이차적 욕구를 충족시켜 줄 수 있는 것으로 시장에 출시돼 관심이나 취득, 사용 또는 소비의 대상이 될 수 있는 것이다. 제품에는 물리적 대상물, 서비스, 사람, 장소, 조직, 아이디어 등도 포함된다.

또한 제품 품목은 다음과 같이 정의할 수 있다. 제품 품목이란 크기나 가격, 모양 또는 기타 속성에 의해 구별될 수 있는 별개의 단위이다.

제조업은 제품을 판매하지만 소매업은 상품을 판매한다는 이야기가 있다. 이 말의 의미를 살펴보면 소매업은 단순히 제조업체가 만든 제품 그대로를 판매하는 것이 아니라, 제품에 부가서비스 등을 추가해 상품으로 다시 태어나게 만들어 판매해야 한다는 의미이다.

| 상품의 정의 |

상품의 의의를 생산자 측면과 서비스 업체 측면, 그리고 소비자 측면에서 구분하면 다음과 같다.

1) 생산자 측면에서의 상품(제품)

생산자 측면에서의 상품은 제품(product/goods)을 중심으로 고객만족을 위해 부가되는 서비스를 포함한 광의적 개념으로 볼 수 있으며 더불어 생산자의 이념과 마음이 형태화된 일종의 의도나 기획의 산물로서 의의를 갖는다.

2) 서비스 업체 측면에서의 상품

서비스 업체 측면에서의 상품은 예를 들면 다음과 같이 세 가지 형태로 구분해서 살펴 볼 수 있다.

(1) 호텔업 : 숙식

장소적 숙식을 중심으로 한 서비스에 기타 부대 서비스를 포함한다.

(2) 정보 제공 서비스업

제공하려는 정보를 중심으로 고객만족을 위해 부가되는 서비스를 포함한다. 예를 들면, 이용 편리성 · 다양성 · 전문성 · 유통성 · 속도성 · 즐거움 등을 제공하는 것을 가리킨다.

(3) 금융업

판매하려는 대출상품을 중심으로 고객만족을 위해 부가되는 서비스를 포함한다. 여기에는 경영 자문 서비스 알선(마케팅 컨설팅, 재무 컨설팅)을 중심으로 고객만족을 위해 부가되는 서비스를 포함한다. 이 외에도 교육 서비스, 의료 서비스 혹은 법률 서비스 등 역시 상품에 해당한다.

3) 소비자 측면에서의 상품

소비자 측면에서 상품의 의의는 사용 가치와 교환 가치의 생활 수단적 의의를 가진다.

상품은 교환 대상이 되는 재화를 말하며 인간의 욕구를 충족시켜 줄 수 있는 경제 가치를 가진 모든 것을 의미한다. 여기에는 자연계에서 그대로 채집, 양식, 재배하여 얻게 된 1차 상품도 있고, 생산공장이나 가공공장 등의 작업장에서 변화 과정을 거쳐 생산되는 제품도 있다. 결론적으로 모든 생산물을 가리키며 오늘날 상품으로서 이에 속하지 않는 것은 거의 없다고 할 수 있다.

특히 상품에는 서비스재까지 포함해 눈에는 보이지 않으나 타인으로부터 어떠한 혜택을 제공받음으로써 얻게 되는 이익도 상품으로서의 가치를 지니고 있으며 사람들은 그 사용 대가를 지불하는 것이 일반적이다. 이러한 의미에서 볼 때, '상품이란 소비자 즉 생활자가 생활하기에 필요한 요구(needs)와 생산자의 기술, 생산력, 인력을 포함한 자원의 집약적이고 통합화된 충족력(seeds)이 융합돼 가치 실체로서 구성된 작품이라 말할 수 있다.

| 소매업에서 상품의 의의 |

소매업에 있어 점포는 고객에게 상품을 진열, 제시, 판매하는 장소이므로 점포의 핵심은 상품이 된다. 판매환경을 만들어 주는 인테리어나 디스플레이 또는 진열집기 등은 상품을 돋보이게 하는 역할로 받아들여야 한다.

어떤 점포에서 서비스가 아무리 우수하다 하더라도 고객이 원하는 적절한 품질과 적합한 가격의 상품이 없다면 판매는 이루어질 수 없다.

이와 반대로 점포를 이용하는 고객 입장에서 보면, 상품은 바로 그들의 삶을 영위하기 위해 꼭 필요한 생활자원이다. 상품이란 사람의 욕구를 충족시킬 수 있는 모든 것을 가리키며 따라서 이를 구매, 사용, 소비함으로써 그들의 생활을 유지시킨다.

그러나 상품은 단순히 교환 대상만은 아니다. 소매업은 목표고객인 소비자 입장에서 양질의 상품을 적절한 가격에 제공함으로써 바로 그들의 생활수준을 유지, 향상 발전시켜주는 데 이바지하고 있다. 그러므로 점포는 품질이 우수한 상품을 저렴한 가격에 판매할 수 있다면 그것이 바로 소비자 생활 유지 및 생활 향상에 이바지하는 것이 된다.

이러한 상품이 가진 고객 욕구의 충족력, 즉 효용이나 가치는 품질 이외에도 제조업체의 상표 지명도, 소매 점포에 대한 점포 이미지나 점포 충성도, 제조업체나 소매업체가 제공한 애프터서비스나 품질보증 등 제공하는 서비스에 따라 달라진다.

그러므로 상품의 '매력성'은 보다 나은 품질을 반영하는 양질성, 다른 상품과는 다른 특성을 나타내는 차별성 및 저가(低價)성을 갖추어야 한다.

이와 같은 상품의 매력성을 정리하면 다음과 같다.

① 상품 품질은 우수해야 하고
② 타 상품과의 차별성이 뛰어나야 하며
③ 타 상품보다 가격은 저렴해야 한다.

유통업에서 구매해 제공하는 상품에는 이와 같은 여러 가지 가치가 부가되어 소비자에게 제공되고 있다. 따라서 제품을 포함한 소매 서비스 전체를 제공하는 총 상품의 개념으로 이해해야 한다.

〈도표 1-9〉 상품의 구성요소

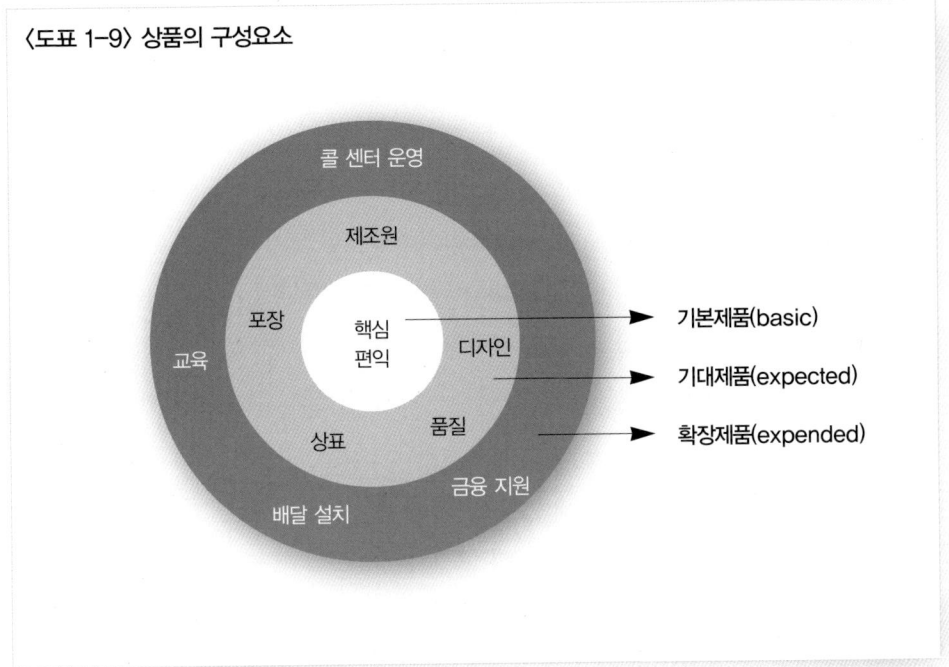

| 상품 구성요소 |

상품 품질에는 흔히 1차 품질로 불리는 제품의 성능이나 기능과 관련되는 기능적 품질, 그리고 2차 품질로 불리는 디자인, 색채 및 포장 등과 관련된 심리적 품질과 마케팅 과정 중에 추가되는 부가적 서비스로 구분할 수 있다. 이들 상품의 구성요소를 그림으로 나타내면 〈도표 1-9〉와 같다.

〈도표 1-9〉를 설명하면 다음과 같다.

1) 기본(핵심)제품 : 핵심 편익(benefits)

예) 즉석 삼계탕 : 조리도구가 없고, 특별한 조리과정을 거치지 않아도 즉석에서 맛있게 먹을 수 있는 닭으로 만든 보양식을 가리킨다. → 제품 컨셉트(product concept)

2) 기대(실체)제품 : 핵심편익 + 속성(attributes)

예) '양계협회' 토종닭 삼계탕 : 토종닭 + 금산인삼 + 삼계탕 + '양계협회' : 조리 도구가 없어도 조리과정을 거치지 않아도 즉석에서 맛있게 먹을 수 있는 닭으로 만든 보양식으로 신뢰할 수 있는 기업인 '양계협회' 에서 만들었다.

3) 확장(포괄)제품 : 핵심편익 + 속성 + 부가서비스

예) '양계협회' 표 토종닭 삼계탕은 양계인들의 협업체인 믿을 수 있는 기업인 '양계협회' 에 몸에 좋은 금산인삼 4년근과 토종 삼계 닭으로 만든 제품이다. 이 제품은 언제 어디서든 더운물에 봉지째 10분만 데워주면 맛있게 먹을 수 있다.

또한 이들 기능이 고객에게 작용하는 영향력과 총원가에서 차지하는 비용측면에서의 원가 점유율을 살펴보면 다음과 같다.

첫째, 상품에 있어 중심기능이라 불리는 핵심제품(기본적인 특성) 경우 고객에게 끼치는 영향력은 30% 정도를 차지하지만 비용은 총 원가의 70% 정도를 차지하는 것이 보통이다.

둘째, 주변기능(= 주변제품 혹은 포괄제품, 부가가치)인 제품의 좋은 이미지, 스타일, 디자인 그리고 애프터서비스 등의 지원 기능 경우 고객에게 끼치는 영향은 대략 70%를 차지하지만 비용은 총 원가의 30%에 불과하다.

| 상품의 효용 가치 |

고객의 쇼핑행태가 상품 쇼핑에서 관념 쇼핑으로 바뀌어가고 있다. 오늘날 소비자는 공급과잉 속에서 더 이상 물질이라는 구체적인 상품을 사는 것이 아니라 추상적인 '상품 가치'를 사고 있다.

예를 들면 다음과 같다.
- 메시지를 산다. 광우병 파동에서 보듯이 고객들은 '생태학적으로 올바르게 양육된 것'을 원한다. 즉 쇠고기나 닭고기 등이 점포에 진열되기 전에 어떻게 키워졌고 위생적으로 유통되었는지에 관심을 갖는다.
- 상징과 비유를 산다. 고객들은 상품 이전에 상품이 지니고 있는 이미지를 산다. 예를 들면, 명품 켈리 백(에르메스)은 1930년대 출시돼 지금까지 전 세계 여성들에게 폭발적인 인기를 얻고 있다. 켈리 백은 모나코의 왕비가 된 세기의 신데렐라 그레이스 켈리(Grace Patricia Kelly)가 임신해 불룩해진 배를 가리기 위해 즐겨 사용했다고 하여 그 이름이 붙여졌다고 한다. 이와 같이 소비자가 구입하고자 하는 것은 상품 그 자체가 아니라 그것이 약속하는 환상이다.
- 컬트와 체험을 산다. 예를 들어 스포츠나 연예계의 스타 캐릭터를 구입함으로써 자신이 좋아하는 스타 마니아 대열에 합류한다.

고객은 상품의 물질적 가치(value)가 아닌 진정한 가치(values)를 원한다. 즉, 상품 구입시 품질대비 '20% 가격할인'이 아닌 '인간'으로 인식되고 그에 맞는 대접을 원하는 것이다.

그러므로 오늘날의 상품 판매는 고객이 가장 가치있게 여기는 것, 즉, 상품의 효용 가치에 집중해서 마케팅해야 한다.

04

상품성의 의의

| 상품성의 정의 |

상품성(merchant ability)이란 '상품이 잘 팔릴 수 있는 조건' 즉, 상품이 상품으로서의 가치를 충분히 발휘하기 위해 구비해야 할 조건 또는 요건을 의미한다. 예컨대 특정 재화나 물자나 생산물이 상품화될 수 있는 조건과 요건을 뜻한다.

좁은 의미에서의 상품성은 판매성, 매매 가능성, 영리성을 의미하기도 하고 넓은 의미에서의 상품성은 사회적 유통에의 적합성을 의미하기도 한다.

다음은 이견은 있을 수 있겠으나 상품성의 요건과 요인에 대한 상품학 학자들의 공통된 견해이다.

(1) 유용성(use ability)

상품의 적정 품질의 요건을 갖추면 상품성이 있다고 주장한다.

(2) 운반성

운송, 이동 및 휴대가 가능한 요건이다.

(3) 보존성

장기간 보존 및 장기간 사용에 견딜 수 있는 호환성의 요건이다.

(4) 대체성

동종 동량의 것으로 바꿀 수 있는 호환성의 요건이다.

(5) 적가성

적합한 품질에 대비해 상대적으로 가격이 저렴한 요건이다.

(6) 창조성

개성화 요구에 부응할 수 있는 독창성의 요건이다.

(7) 안정성

인체의 건강, 생명, 재산에 위험 요소나 나쁜 영향을 주지 않는 요건과 자연환경 파괴에 영향을 주지 않는 요건이다.

(8) 대중 인지성

단순한 상표나 상품이 널리 알려진 인지도가 아니라 대중 소비자에게 널리 인지되고 수용될 수 있는 공익성의 요건이다.

(9) 자원 절약성

저자원 투입 및 자원 절약적인 특성의 요건이다.

(10) 수익성

부가가치 창출의 요건이다.

이와 같이 제품 요소도 다면성을 갖는다. 그 가운데서도 가장 중요한 것이 품질(quality), 깊이(depth), 폭(breadth)이다. 제품에 경쟁력을 집중시키

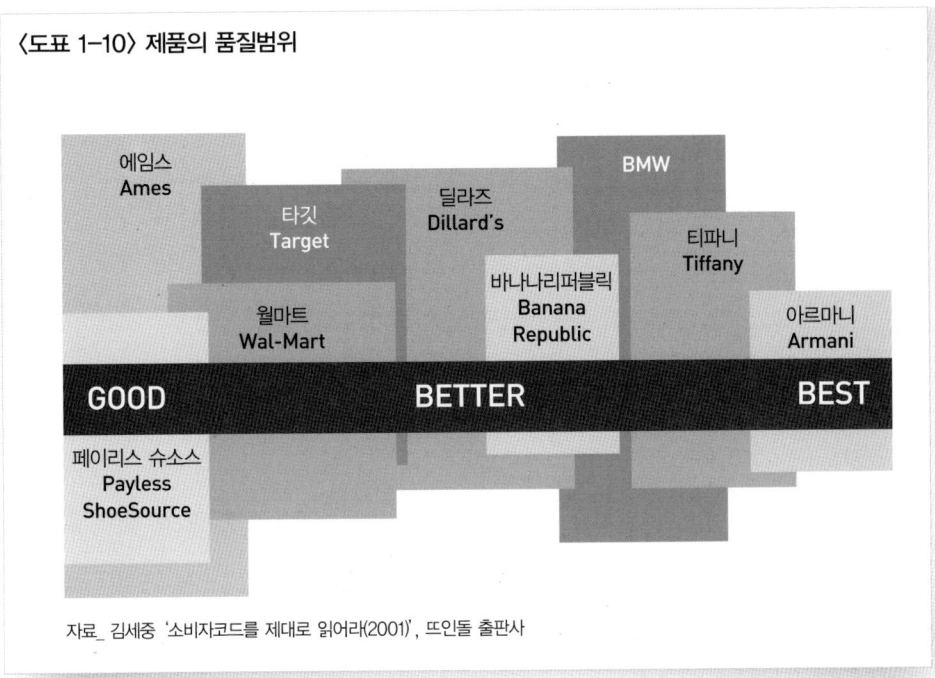

〈도표 1-10〉 제품의 품질범위

자료_ 김세중 '소비자코드를 제대로 읽어라(2001)', 뜨인돌 출판사

려는 기업은 이 요소의 적절한 혼합비를 결정해야 한다.

기본적으로 품질 기준을 정해야 한다. 정확한 사양에 맞는 가장 혁신적인 제품을 제공할 것인가? 품질은 떨어지지만 많은 소비자가 수용할 수 있는 제품을 지향할 것인가? 그 중간 정도의 제품을 겨냥할 것인가?

〈도표 1-10〉에서처럼 '좋은 제품(good)', '더 좋은 제품(better)', '최고 제품(best)' 중에서 적합한 '품질 수준'의 제품을 선택해야 한다.

즉, 제품의 품질은 가격표와 일치해야 하며 소비자가 그 제품에 귀중한 돈을 지불할 수 있는 정도여야 한다. 위 도표를 보면 월마트는 '좋은 제품'을 선택했음을 알 수 있다.

05

제품의 분류

마케팅에서는 제품 유형별 마케팅 전략을 모색하기 위해 다음과 같이 제품 특성에 기반한 제품 분류 및 방안을 몇 가지 개발했다.

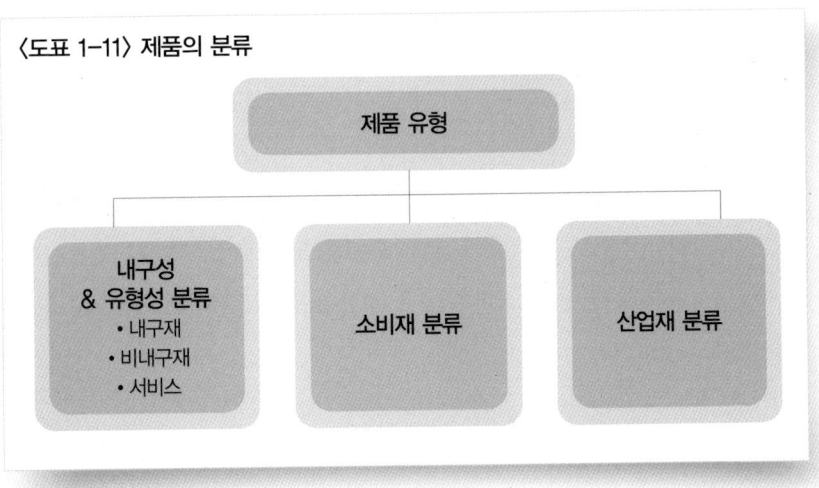

〈도표 1-11〉 제품의 분류

| 내구재와 비내구재 및 서비스 |

일반적으로 제품은 내구성 및 유형성 등에 의해 다음의 3가지 유형으로 분류한다.

 (1) 비내구재 : 비내구재는 보통 한 번 또는 두세 번 사용하면 소모되는 유형 제품을 말한다. 예를 들면 콜라, 과자, 설탕 등을 들 수 있다. 이러한 제품은 빨리 소비되고 빈번하게 구매된다.

 (2) 내구재 : 내구재는 보통 여러 번 사용할 때까지 소모되지 않는 유형 제품을 말한다. 식도, 도마, 공구류, 의복 등이 여기에 속한다. 내구재에는 많은 인적 판매와 디스플레이 등 기술적인 판매 서비스가 수반되어야 하고 비내구재보다 많은 이익을 획득할 수 있다.

 (3) 서비스 : 서비스는 판매 대상으로 제공되는 제반 활동과 편익 또는 만족을 말한다. 서비스는 무형이고 분리가 불가능하며 변동성과 소모성이 높다.

| 소비재 분류 |

소비재는 글자 그대로 최종 소비자가 개인적 소비를 목적으로 구매하는 제품이다. 일반적으로 소비자의 쇼핑 습관을 근거로 소비재를 분류한다. 그 이유는 마케팅 전략이 소비자의 구매방법에 직접적으로 연관돼 있기 때문이다.

 (1) 편의품 : 고객이 빈번하게 그리고 즉시적으로 구매하며 비교와 구매

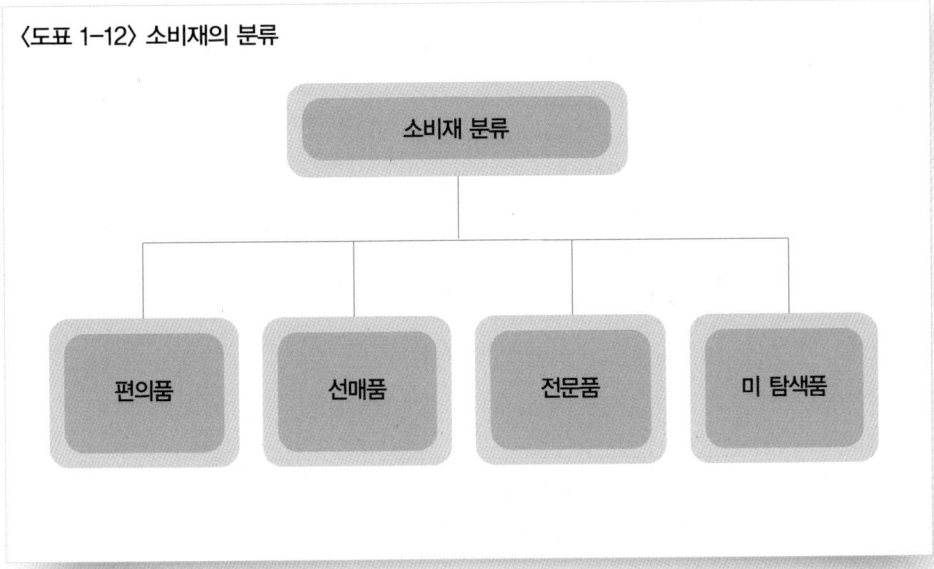

〈도표 1-12〉 소비재의 분류

에 있어서 최소한의 노력을 투입하는 제품을 보통 편의품이라고 한다(예 : 과자, 칫솔, 신문 등).

(2) 선매품 : 선매품은 고객이 여러 상표들의 적합성, 품질, 가격, 스타일 등을 비교해 상품을 선정하고 구매하는 제품이다(예 : 의류, 침구류, 가구 및 주요 설비품).

(3) 전문품 : 대다수 구매자들이 습관적으로 상당한 구매 노력을 기울이며 독특한 특성을 보유하고 있거나 상표 식별이 가능한 제품을 말한다(예 : 기호품과 자동차, 피아노 등 가전제품).

(4) 미 탐색품(unsought goods) : 소비자에게 알려져 있지 않거나 알려져 있더라도 구매 의욕이 낮은 제품을 말한다. 백과사전이나 진동 안마의자 등은 소비자에게 고지되어 있지만 잘 찾지 않는 대표적인 미 탐색품이다.

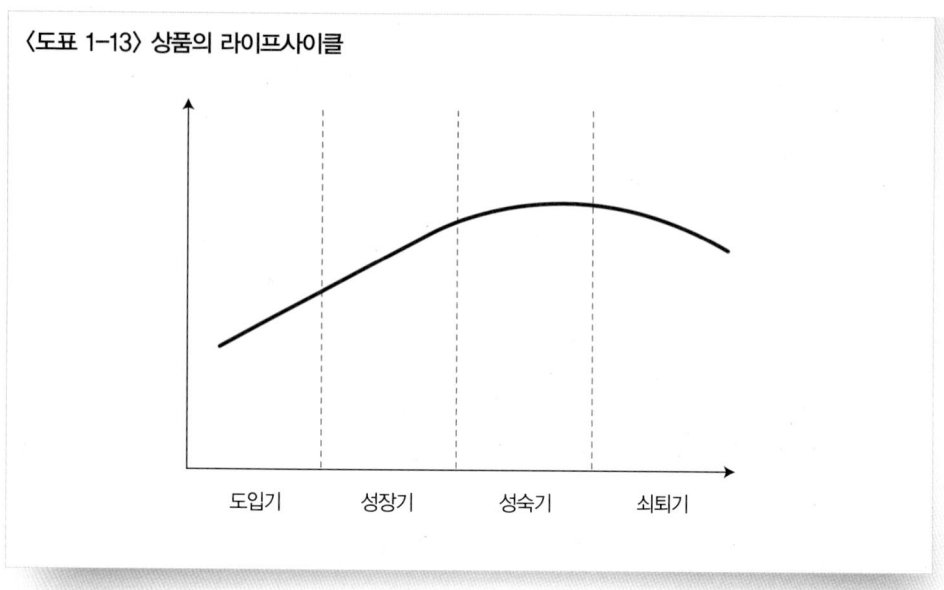

〈도표 1-13〉 상품의 라이프사이클

도입기 　성장기　 성숙기 　쇠퇴기

| 라이프사이클에 의한 분류 |

제품은 생산 후 소비자에게 전달되기까지 여러 단계를 거치면서 변화해 간다. 이것을 상품의 라이프사이클이라고 하는데, 이 상품의 라이프사이클은 일반적으로 '도입기, 성장기(소비 상승기), 성숙기, 쇠퇴기'라는 4단계를 거치며 변화한다.

  소비자와의 접점에서 상품을 판매하는 소매기업은 자사의 상품이 어느 단계에 위치하고 있는지를 정확히 파악해야 한다. 그렇게 해야 그 상황에 알맞은 판매활동을 통해 판매 목적을 달성할 수 있다. 소매점에서 판매하는 모든 상품은 라이프사이클의 순환에 영향을 받는다.

  각 주기별 해당 상품 특성은 다음과 같다.

① 도입기 상품

대개의 경우 신제품으로, 제조업체는 광고 등의 판촉 활동을 통해 상품 인지도를 높이기 위해 노력하면서 다른 한편으로는 유통업체에 자사 상품 취급을 적극 요청한다. 제조업체 측면에서 보면 연구개발, 판매촉진, 설비 투자 등으로 인해 부담이 큰 편이다. 또한 특별한 경우를 제외하고는 매출이 급격히 신장하지 않기 때문에 이익은 거의 기대할 수 없어 적자가 되는 경우도 많다.

유통업체 측면에서 보면 이 주기의 상품은 대체적으로 마진이 가장 높은 편이므로 도입해서 적극적으로 판매하는 경향이 크다. 그러나 시장에서 외면 받아 다음 단계인 성장기로 진입하지 못하는 상품도 많기 때문에 판매 동향, 소비자 반응 등을 충분히 파악하고 판매방법 등을 연구하는 등 취급에 신중을 기할 필요가 있다.

② 성장기 상품

판매 추세가 급상승하고 비교적 높은 판매가격(정가 수준)에도 수요는 확대되는 추세이므로 제조업체나 유통업체 모두 높은 수준의 이익을 확보할 수 있다.

특히 유통업체 경우 이익률이 높은 이 기간에 상품을 가능한 한 많이 판매하도록 노력하는 것과 동시에 품절에 의한 기회손실이 발생하지 않도록 매입과 상품관리에도 충분히 배려해야 한다.

③ 성숙기 상품

시장에는 동종의 경쟁상품이 등장하고, 수요는 포화 상태가 되면서 판매 신장률은 둔화된다. 판매 내용을 들여다보면 신규 수요 보다는 대체 수

〈도표 1-14〉 주기 및 브랜드별 판매관리 기준(할인점, 슈퍼마켓)

브랜드 \ 사이클		도입기	성장기	성숙기	쇠퇴기
A급 브랜드	판촉전략	매우 강화	강화	보통	약간
	가격전략	정상가격	정상가격	정상가격	가격인하
B급 브랜드	판촉전략	강화	강화	보통	거의 안함
	가격전략	공격적	공격적	일반가격	가격인하

요 비중이 커지는 추세를 보인다.

시장에서는 제조업체 간 또는 소매점 간 경쟁이 격화되고 이에 따라 가격경쟁이 치열해지면서 판매가는 떨어지고 그 결과 이익률은 낮아진다. 소매점에서는 이 주기의 상품 재고관리에 주의를 기울여 판매해야 한다.

④ 쇠퇴기 상품

판매량, 이익률 모두 감소하는 시기다. 소매점은 취급 중단을 고려하고 진열량 축소와 더불어 점진적으로 재고를 축소해 나간다. 일반적으로 이 주기의 상품은 가격을 할인해 판매하더라도 판매가 부진한 편이다. 결정적인 시기가 오면 손실이 발생하더라도 과감히 처분하는 자세가 필요하다.

| 산업재 분류 |

산업재는 개인과 조직이 보다 고차적 가공처리를 하거나 사업활동에 이용하기 위해 구매하는 제품을 말한다. 즉, 소비재와 산업재를 구분하는 기준

은 바로 제품의 구매 목적에 있다. 따라서 특정 제품이 구매 상황에 따라 소비재가 될 수도 있고 산업재가 될 수도 있다.

1) 산업재의 분류 유형
산업재의 분류 유형은 다음과 같다.
① 자재와 부품 : 원자재, 가공재 및 부품
② 자본재 : 설비품, 보조 장비
③ 소모품과 서비스 : 소모품, 서비스

2) 산업재 특색
산업재 특색은 다음과 같다.
① 일반적으로 대량으로 구입하고 대량으로 소비한다.
② 시장이 지역적으로 치우쳐 있는 경우가 많다.
③ 구매자 수는 적고 구입 횟수도 소비재에 비해 적다.
④ 구매상품에 대한 구매자 지식이 높은 편이며, 구입이나 사용 등에 관해 다양하고 전문적인 정보를 갖고 있다.
⑤ 계획적이고 합리적으로 구매를 결정하는 편이다.
⑥ 구입시는 먼저 기업 이익의 공헌을 생각하므로 상품 자체의 능력, 생산성, 채산성 등에 관한 고려가 우선된다.
⑦ 주문 생산되는 것도 많은 편이다.

06

상표와 디자인

소비자는 상표를 제품에 내재된 일부분으로 인식하기 때문에 상표 부착으로 인해 제품 가치가 증대될 수 있다. 예를 들면 대다수 소비자들이 루이비통 핸드백을 명품으로 인식하는 경향이 있다. 그러나 동일한 루이비통 핸드백이라도 상표가 부착돼 있지 않은 경우 저급품으로 인식될 수 있다. 이와 같이 상표는 상품 전략의 중요한 요소다.

| 상표 관련 용어(해설) |

상표에 관한 주요 용어 정의는 다음과 같다.
　(1) 상표(brand) : 제조업체 혹은 특정 판매업자의 제품이나 서비스를 다른 판매업자들로부터 식별하고 차별화시킬 목적으로 사용되는 명칭, 말,

기호, 상징, 디자인 또는 이들의 결합을 말한다. 이는 소비자가 구매시 특정 상품을 쉽게 식별할 수 있게 함과 동시에 제조 및 소매업체의 판매촉진 수단의 역할도 한다.

  (2) 상표명(brand name) : 상표 중 말로 표현될 수 있는 부분으로 예컨대 '청정원' 등이 있다.

  (3) 상표 마크(brand mark) : 상표 중 상징, 디자인, 독특한 색상이나 문자와 같이 인식되지만 말로 표현될 수 없는 부분으로 예컨대, 아시아나 항공의 색동 문양과 같은 것이 있다.

  (4) 등록 상표(trade mark) : 법적 보호에 의해 독점적 사용권이 허용된 상표나 상표의 일부분을 말한다. 등록 상표에 의해 상표명과 상표 마크를 독점적으로 사용할 수 있다.

  (5) 저작권(copyright) : 문학, 음악, 예술작품 등을 독점적으로 제작, 발행, 판매할 수 있는 법적 권한을 말한다.

| 상표명 전략의 결정 |

상표를 부착하는 경우 상표명에 사용되는 전략으로는 다음 도표와 같은 4가지가 있다.

  ① 개별 상표명 : 이 전략의 이점은 기업 명성을 제품의 수용에 연관시키지 않는다. 따라서 하나의 상표가 실패하는 경우에도 기업 자체의 명성에는 손상을 입히지 않는다. 예) 슈퍼타이, 파워크린 등

  ② 포괄 상표명 : 이 전략은 신제품 도입시 상표명 선정을 위한 조사가 필요 없고, 상표명 인식과 선호를 심기 위한 막대한 광고비 지출도 소요되

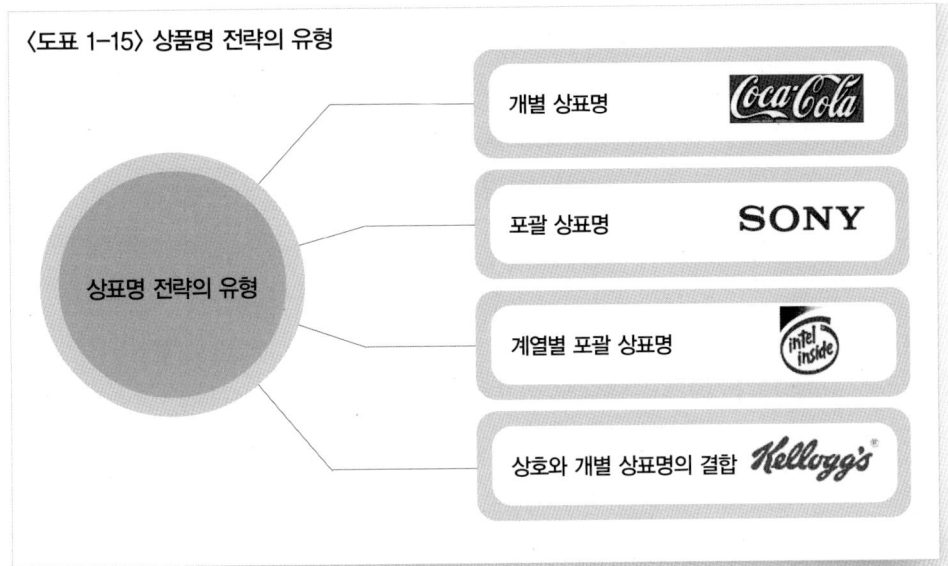

〈도표 1-15〉 상품명 전략의 유형

지 않기 때문에 제품 도입 비용이 낮다. 특히 제조업체가 잘 알려져 있는 경우 그 효과가 판매와 연결된다.

③ 계열별 포괄 상표명 : 예컨대 리바이스는 세 가지 청바지 제품군을 개발했다. 이 제품군은 각각 다른 채널을 위해 목표가 설정되고 맞춤되었으며, 차별화된 복안을 제공하기 위해 구축됐다. 예를 들어 복수 아웃렛 판매를 위한 '브리티니아 진스'와 '리바이스'(저가 시장 목표), 백화점과 특수소매업체들을 타깃으로 한 '도커스'(중가 시장 목표, 이미지는 젊고 멋있는 제품), 고급 시장을 위한 '슬레이트스'(30대 이상의 그룹 목표) 상표 등이다.

④ 상호와 개별 상표명의 결합 : 예를 들어 켈로그사(켈로그 콘푸로스트, 켈로그 푸레이크)가 사용하고 있다.

상표 소유자에 의한 분류

상표 소유자에 의한 분류로 제조업체 것을 내셔널 브랜드(NB, National Brand)라 하며, 유통업체(도·소매업자 등)의 것을 프라이빗 브랜드(PB, Private Brand)라고 한다.

1) 내셔널 브랜드

NB는 일반적으로 대규모 제조업체의 독자적인 상품명, 마크, 품질, 제품 컨셉트 등을 설정하고 대형 제조설비에 의해 대량생산되어 매스 미디어를 이용한 매스 세일을 통해 전국 시장으로 판매되는 것이다.

그러므로 일반적으로 보급성 및 지명도가 높다. 통상 신용을 중시하는 대기업에 의해 만들어졌기 때문에 제품 품질이나 애프터서비스 체제도 충실하다고 할 수 있다. 따라서 상품에 대한 신뢰도가 높은 것이 그 특징이다.

2) 프라이빗 브랜드

PB는 흔히 NB와 비교되는 개념으로 쓰이고 있다. NB가 대규모 제조업체가 개발한 상품으로 전국 소비자를 대상으로 폭넓게 판매되는 것을 목적으로 한다면, PB는 유통업체가 개별적으로 개발한 것이기 때문에 유통업체 독자의 상품 품질, 브랜드명, 마크, 로고, 포장 형태를 가지고 있다. PB는 유통업체 스스로 상품을 기획하고 제조·가공하기 때문에 상당한 이윤을 남길 수 있는 반면 상품 지명도나 신뢰도 면에서는 NB에 비해 떨어진다.

또한 재고에 대한 부담을 전적으로 유통업체가 져야 하기 때문에 철저하게 마케팅 지향적인 머천다이징이 뒤따르지 않으면 큰 손해를 감수해야 하는 위험 부담도 안고 있다

〈도표 1-16〉 NB와 PB비교

구분	NB	과거의 PB	앞으로의 PB
개발 주체	제조업체	유통업체	유통업체
제조업체 규모	대규모	중·소규모	주로 대규모
커뮤니케이션 활동	매스컴 광고	리플릿 광고	리플릿 + 매스컴
상품 보급성	높다	낮다	높은 것 있음
품질 신뢰성	높다	보통	높다
가격 수준	높다	낮은 편이다	프리미엄, 높다

자료 _ 노구치 토모오 『PB 전략』, 한국체인스토어협회

| 스토어 브랜드(Store Brand, SB) |

본래 소매기업이 개발한 상품을 스토어 브랜드 혹은 SB라고 한다. 그러나 최근 들어 업계에서는 프라이빗 브랜드(PB) 혹은 프라이빗 라벨(PL)로 바꿔 사용하고 있다. 엄격히 정의하면 이것은 잘못된 것이다. 본래 소매업체가 제품으로 개발한 상품은 기본적으로 SB와 PB 두 종류로 다음과 같이 나눈다.

1) 스토어 브랜드 상품

이미 생산되어 판매하고 있는 내셔널 브랜드(NB)화한 상품 가운데 그것을 고객이 구입하는 입장, 사용하는 입장에 서서 품질 및 가격을 개선한 것이 SB(Store Brand)이다. 따라서 SB는 언제나 이미 생산돼 있는 기존 상품이라는 것이 전제가 된다. 즉, 내셔널 브랜드의 일부 개량판 상품이라고 할 수 있다.

이에 반해 PB는 아직 생산되지 않은 상품으로 고객이 구입하는 입장·사용하는 입장에 서서 시장성이 있다고 판단해 소매업체가 개발한 상품이

다. 따라서 SB는 원츠(wants) 상품의 발전 단계이며 PB는 니즈(needs)상품의 출현단계라고 구분해도 무방하다.

그러므로 소매기업이 제품을 개발할 때는 품종별로 SB를 개발하거나 PB를 개발하기도 한다. 그러나 양자를 병행해서 개발하는 것이 바람직하다. 그런데 현실적으로 사는 입장·쓰는 입장에서 보면 동일 품종 내에서 양자가 함께 필요한 일은 많지 않다. 품종에 따라 SB나 PB 중 어느 한 쪽을 반드시 선택하게 되기 때문이다.

2) 컨트롤드 라벨

SB나 PB 중 양쪽 어느 것에나 속하는 비슷한 의미를 갖는다. 컨트롤드 라벨(Controlled Label)은 SB나 PB를 제품으로 개발할 때에 가공 능력이 높은 A급 생산자로 하여금 만들게 한 물건이다. 제품을 개발할 경우에 이는 중요한 수단의 하나가 된다. 가공 기술이 우수할수록 사양서의 실현 수준이 높고 균질하면서도 생산 코스트가 낮아진다. 따라서 SB나 PB, 특히 SB는 컨트롤드 라벨이 주가 되어 만들어진다.

3) 하우스 브랜드

하우스 브랜드(House Brand)란 말은 복수 기업이 공동으로 제품을 개발했을 때의 SB, 또는 PB를 뜻한다. 따라서 이것도 소비자 지향적인 말이 아니라 업계 내부에서 쓰이는 말이다.

4) SB상품의 종류

SB는 다음과 같이 네 종류로 나눌 수 있다.
① 퀄리티 브랜드

〈도표 1-17〉 PB와 NB상품의 가격 비교

이마트 PL상품 vs 기존 상품 가격 비교				
(10월 8일 서울 은평점 조사)				
상품명	규격	가격(원)	상품명	규격	가격(원)
이마트 라면 맛으로 승부하는 라면	120g ×5	2340	농심 신라면	120g ×5	2600
이마트 콜라	1.5ℓ	790	코카콜라	1.8ℓ	1630
이마트 왕후의밥	210g ×4	2780	CJ햇반	210g ×3	3650
이마트 검은콩 참깨두유	195㎖ ×20	9900	정식품 검은콩 참깨두유	195㎖ ×20	1만1400
이마트 우유	1000㎖	1280	서울우유	1000㎖	1750
이마트 봉평샘물	2ℓ	470	제주 삼다수	2ℓ	830
이마트 태양초 고추장	3kg	9900	해찬들 태양초 고추장	2.8kg	1만2700
이마트 모카믹스	2160g	1만5890	맥심 모카골드	2160g	1만9400
이마트 한스푼	3200g	7900	애경 스파크	3200g	1만180
러빙홈 랩	2개	5400	크린랩	2개	6800

자료 _ 조선일보, 2007년 10월 17일자

퀄리티 브랜드(Quality Brand)는 이미 생산되고 있는 상품, 특히 NB에 비해 품질 면에서 특수성을 살려 개발된 상품이다. 언제나 NB보다는 약간 싸지만 가격보다는 품질로 어필한다. 이 경우 강조되는 품질이 NB와 같은 카테고리라면 NB 이상으로 생산량을 늘리거나 가공에 특수한 연구가 필요하다. 따라서 현실적으로 NB보다 약간 낮은 가격대로 판매하기 위해서는 상품 품질은 NB와는 다른 카테고리의 것이 필요하다.

이렇듯 사용하는 입장에서 보다 중시하는 품질을 강조하는 것을 트레이드오프(trade off)라고 표현한다.

② 프라이스 브랜드

프라이스 브랜드(Price Brand)는 이미 생산되어 제공되고 있는 상품, 특히 NB에 비해 가격 경쟁력이 있다. 따라서 NB제품과 같은 카테고리의 상품을 비교하면 품질이 떨어지는 것이 된다.

그러나 다목적, 다용도품이 아니라 한정 용도품으로 한다면 프라이스 브랜드(price brand)는 성립 가능하다. 따라서 이 PB의 경우는 품질에 있어 전적으로 새로운 자기 주장이 필요하다.

③ 컴페터티브 브랜드

컴페터티브 브랜드(Competitive Brand)는 PB를 더욱 철저히 관리해 저가격의 특징을 살리는 것이다. 따라서 상품 가치를 유지하기 위해 앞의 두 종류 이상으로 용도를 특수화하지 않으면 안 된다.

④ 제네릭

제네릭(Generic)은 ③의 컴페터티브 브랜드 상품을 더욱 극단적으로 철저화한 것이다. 그래서 특별히 용도를 한정시킨 저가격품으로 출현한다. 보통 노브랜드 상품, 노프릴(no frill) 상품이라고도 불린다. 포장을 간략하게 해서 그 만큼 코스트를 낮췄다는 인상을 고객에게 심어준다. 실제로는 팔다 남은 것이나 유효하게 쓰이지 않는 재료를 사용하는 경우 등이 일반적이나 극단적인 대량 생산품 경우 미가공품, 미첨가품이 많다.

일반적으로 이 네 종류의 SB는 보통 두 종류 정도를 결합해 개발한다. 그렇게 하지 않으면 NB에 대항하기 어렵기 때문이다. 그러나 한 품종에 네 종류 SB를 동시에 갖추지는 않는다. 만약 그렇게 하면 그 상품의 차이를 고객이 알아채기가 어렵기 때문이다. 대개 컴페터티브 브랜드는 거의 제네릭 형태를 따르는 경우가 많다. 반면 PB에는 이와 같은 구별이 없다. 즉, 비교할 기존 상품이 없어야 한다는 것이 PB 개발의 전제가 되기 때문이다. 따라서 비교 가격을 낼 수 있는 것은 SB뿐이며 PB에는 비교가격 설명, 혹은 할인율의 주장 등은 할 수 없다.

07

포장

| 포장(Packing) |

출시되는 대다수 제품에는 포장이 필요하다. 포장의 역할은 경미한 경우(화장지)도 있고 중대한 경우(가전제품)도 있다. 포장은 특정 제품의 용기 등을 디자인하고 제조하는 제반활동으로 정의된다.

셀프 서비스가 증가함에 따라 판매역할에 있어 포장에 기대하는 부분이 높아졌다. 포장은 고객을 유인하고 제품 편익을 표시해주며 확신을 줄 뿐만 아니라 호의적인 인상을 심어주는 것이어야 한다. 한 연구에 의하면 미국의 슈퍼마켓에서 구매하는 고객 경우 1회 쇼핑시 대략 4,000여 종의 제품에 노출되며 구매 결정의 3분의 2 이상이 점내에서 이루어진다고 한다. 이렇게 볼 때, 포장은 판매 노력의 최종단계로 그 역할이 매우 중요하다.

〈도표 1-18〉 휴대폰 포장용기(예)

1) 포장의 목적과 기능

소매업에서 상품 포장은 판매활동의 일부이므로 판매활동의 변화에 대응해 전개돼야 한다. 판매활동에서 중심적 위치를 갖는 것은 상품 그 자체이며 따라서 포장 역시 상품의 다양화, 고급화, 고도화에 맞춰 행해져야 한다.

소매업에서의 상품 포장, 즉 상품 포장의 목적에는 다음과 같은 것들이 있다.

① 상품보호(protection)
② 취급상 편리(handling)
③ 판매촉진(sales promotion)
④ 선물가치(gift value)

⑤ 상품관리(control)

그러나 이와 같은 상품포장의 목적은 모두 똑같은 역할을 기대하는 것은 아니다. 업종, 업태와 각기 목적에 따라 요구 정도가 다르다. 이를테면 실용품, 식료품 경우에는 상품보호와 편리성에 대한 요구가 높고, 패션상품이나 선물용품에 대해서는 판매촉진이나 선물가치를 높이는 데 주안점을 둔다.

이처럼 소매업의 포장 목적에 대한 요구 정도는 각각 다르기 때문에 상품포장의 재료, 기법에 대해서도 업종별·업태별 특성이나 판매정책을 반영해야 한다.

2) 포장 유형

포장에는 다음과 같은 3가지 유형이 있다.

① 기초 포장

제품을 직접 담는 용기로, 마요네즈 병모양의 튜브가 여기에 해당된다.

② 2차 포장

기초 포장을 보호하며 제품 사용시 분리되는 포장재를 말한다. 예를 들면 마요네즈 튜브를 둘러싸고 있는 겉 비닐 포장지가 여기에 해당되는데, 제품보호의 보완과 촉진기능을 수행한다.

③ 표찰

이 또한 포장의 일부분으로 포장 겉면에 부착되어 있는 제품 정보를 말한다.

3) 포장 방법

포장 방법은 셀프 서비스 판매 방식에 적합해야 한다. 따라서 다음과 같

〈도표 1-19〉 포장 크기 결정

구분	소비 빈도		단가		저장 유효기간	
	높음	낮음	높음	낮음	높음	낮음
벌크포장	O			O	O	
박스	O			O	O	
묶음포장	O	O	O	O	O	O
소매포장			O			O

은 준비가 필요하다.

① 고객에 의해 쉽게 손상되거나 열리지 않도록 한다.

② 분명한 표시(크기 등), 이해 가능한 설명서를 포함한다.

③ 상품이 보이지 않는다면 사진이 도움이 될 수 있도록 한다.

④ 플라스틱이나 투명 랩으로 상품이 보이게 할 수도 있다.

⑤ 포장에 상품 수를 표시한다.

또한 소매점에서 포장 크기는 아래에 따라 결정된다.

① 소비 빈도

② 개당 가격, 단가

③ 저장 유효기간

④ 구매습관

Part 02
상품관리

08 상품관리의 원칙
09 고객이 만족하는 상품관리
10 상품특성에 의한 상품관리
11 단품관리의 의미
12 단품관리의 기본
13 단품관리의 전개과정
14 단품관리 실무

08

상품관리의 원칙

소매업에서 상품관리는 판매업무처럼 활동적인 일이 아니다. 판매업무를 동적(動的)이라고 한다면 상품관리는 정적(靜的)인 업무다.

그러나 상품관리가 제대로 되지 않으면 판매나 매입, 나아가서는 점포 전체의 이익에 나쁜 영향을 미치며, 그 결과 폐점의 원인이 되기도 한다. 따라서 상품관리는 점포 경영에 있어 매우 중요한 일이다.

| 마케팅으로서의 상품관리 |

상품관리를 소매 마케팅의 일환으로 이해해야 한다. 상품은 '매입처→ 매입→ 재고→ 판매→ 고객'이라는 흐름을 취하지만 마케팅은 그 반대의 모습을 보인다.

〈도표 2-1〉 소매점의 마케팅 프로세스

```
                    ┌─────────┐
          ┌────────▶│  목 표   │──── • 점포의 대상 고객을 확정한다(지역, 객층 등).
          │         └─────────┘      • 대상 고객에게 최대의 쇼핑만족을 제공한다.
          │              │
  이      │         ┌─────────┐
  과 Feedback       │ 조사분석 │──── • 고객의 니즈(needs)·원츠(wants)가 무엇인지를 탐구한다.
  정 Process        └─────────┘
  의      │              │
  실      │         ┌─────────┐      • 고객의 니즈(needs)·원츠(wants)를 만족시킬 수 있는
  시      │         │  판 매   │────    판매활동을 한다.
  결      │         └─────────┘
  과      │              │
  는      │         ┌─────────┐      • 판매에 적합한 상품구성을 하고 재고량을 결정하여 이것
  고      │         │ 상품관리 │────    을 통제하고 상품의 출납·보관 관리를 한다.
  객      │         └─────────┘
  만      │              │
  족      │         ┌─────────┐      • 판매 요청에 부응해 상품관리에 입각한 매입을 계획하고
  에      │         │  매 입   │────    실시한다.
  충      │         └─────────┘
  실
  했
  는
  가
   ?
```

마케팅 프로세스는 다음과 같이 정리할 수 있다.

1) 목표

소매업은 먼저 타깃 고객을 확정하는 것에서부터 출발한다. 즉 어느 지역, 어느 고객을 표적으로 삼느냐는 것인데 이것을 시장표적(market target)이라고 한다.

첫째, 고객을 확정한다.

둘째, 확정된 고객에게 최대의 쇼핑 만족을 제공한다.

이 두 가지를 합친 것이 소매업의 참된 목표가 돼야 한다.

2) 조사·분석

목표가 확정되면 타깃 고객에게 최대의 만족을 제공하기 위해 고객의 요구와 욕구를 파악한다. 과거의 판매실적을 분석하거나 적극적인 시장조사 활동을 통해서 이것을 파악한다.

3) 판매활동

조사·분석에 의해 고객 요구나 욕구를 파악했다면 그에 적합한 판매활동을 한다.

적합한 판매활동이란 다음 질문을 통해 결정한다.
① 어떤 상품 및 상품구성이 좋은가?
② 서비스는 어떤 타입이 좋은가?
③ 점포나 진열은 어떻게 해야 좋은가?

4) 상품관리

1) ~ 3)의 결과를 바탕으로 판매에 가장 적합한 상품을 구성하고 재고량을 결정하는 한편 이러한 것들을 체계적으로 통제해 상품을 출납·보관하는 것을 상품관리라고 한다.

5) 매입

다음으로 상품관리에 입각한 매입을 계획하고 실시한다. 예컨대 매입처 선정, 상품 선정, 매입 조건, 매입정도, 대금지불 등에 대해서 실시한다.

6) 피드백 프로세스

매입으로 끝나서는 안 된다. '목표→ 조사·분석→ 판매→ 상품관리→

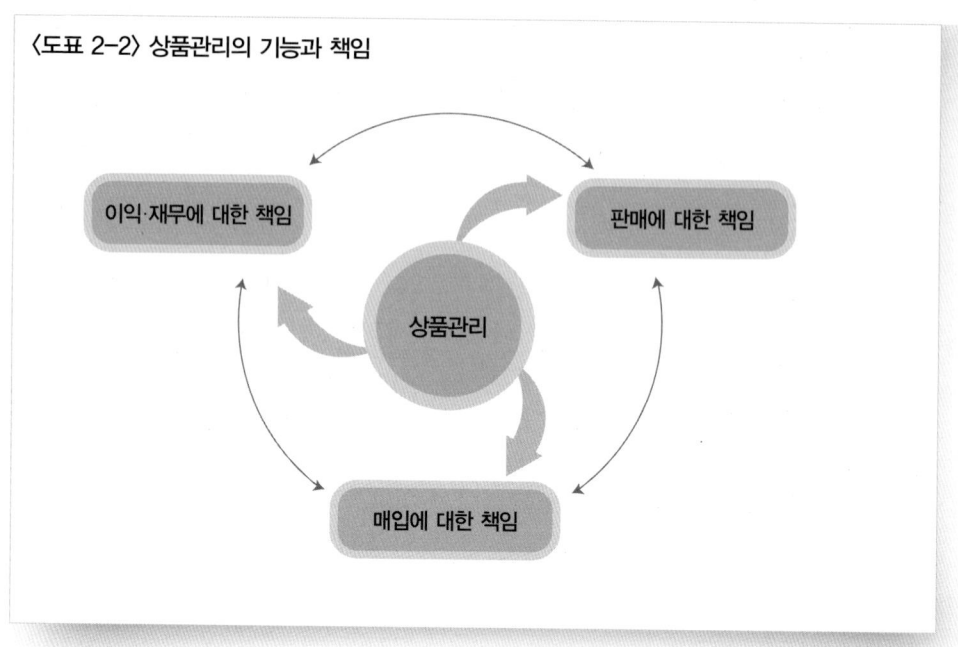

〈도표 2-2〉 상품관리의 기능과 책임

매입'이라는 전 과정을 다시 점검해 과연 그 결과가 고객만족에 공헌했는지를 검토한다. 만약 미비한 점이 있으면 다음 프로세스에서 반드시 시정한다. 이를 피드백 컨트롤(feedback control)이라고 한다.

| 상품관리의 기능과 책임 |

상품관리는 판매 · 매입과 떨어질 수 없는 밀접한 관계를 가진다. 뛰어난 상품관리는 판매나 매입의 성공에 크게 공헌한다.

   뛰어난 상품관리는 소매업의 재무를 보다 건전하게 해주며 이익증진에도 기여하는데 그 관계는 〈도표 2-2〉와 같다.

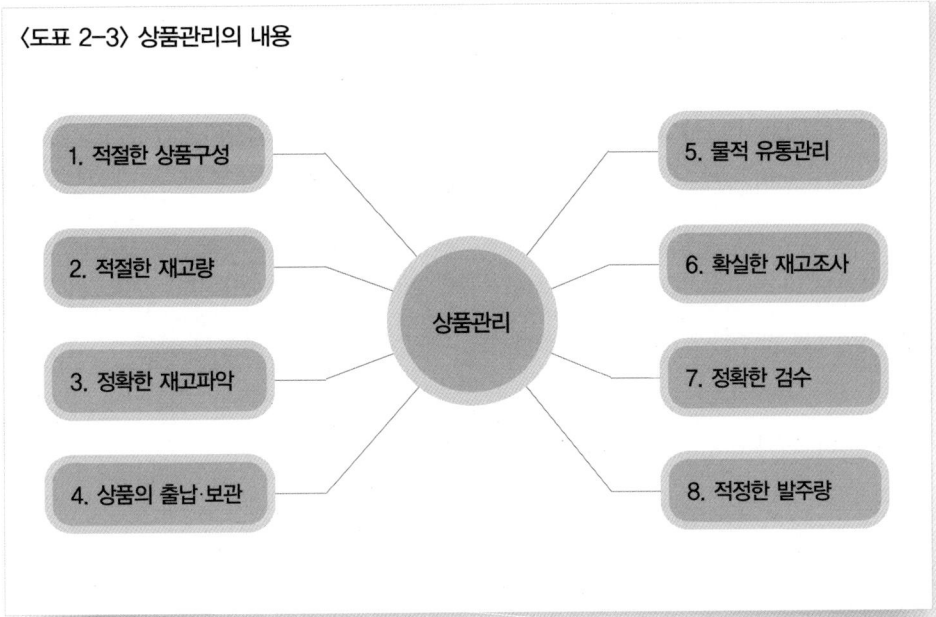

〈도표 2-3〉 상품관리의 내용

상품관리의 기능과 내용을 종합한 것을 상품관리 일이라고 한다면 여기에는 다음과 같은 여덟 가지가 포함된다.

1) 적정한 상품구성을 실현한다.

상품관리 기능 중 하나는 적정한 상품구성을 실현하는 일이다. 고객에게 최대한의 만족을 제공하는 동시에 소매업체도 최대한의 이익을 얻기 위해서는 적정한 상품구성이 관건이 된다.

2) 적정한 재고량을 유지한다.

상품관리는 적정한 재고량을 유지하는 데 있어 중요한 기능을 발휘한다. 즉, 앞서 말한 적정한 상품구성에 입각해 각각의 상품 재고량을 적정하게 유지하고 동시에 점포 전체가 총 재고량을 적정하게 유지하는 일이다. 과잉 재고를 보유하는 것은 자본이 헛되이 잠식되고 있다는 것을 의미한다. 또 불량재고의 발생 원인이 되기도 하며, 쓸데없는 보관비용을 발생시켜 손익에 나쁜 영향을 끼치고 판매에도 마이너스가 된다.

3) 적정한 발주량을 결정한다.

적정한 1회 발주량을 결정하는 것은 매입 또는 매입관리의 중요한 활동이면서 상품관리의 일이기도 하다. 다시 말해서 1회 발주량 결정은 매입관리와 상품관리와의 접점에 있는 일이라고 해도 좋다.

1회 발주량을 어느 정도로 하는 것이 가장 경제적이고 유리한지를 결정하기 위해서는 매입 기술을 습득하는 것도 중요하지만 동시에 상품관리에 입각해 결정해야 한다.

4) 정확한 재고 파악

재고상품은 그 수량을 매일 정확하게 파악해야 한다. 이것은 적정 재고량을 유지하기 위해서, 또 적정 발주량을 결정하기 위해 빼놓을 수 없는 일이다.

5) 정확한 검수 실시

매입처로부터 상품이 납품된 경우에는 정확한 검수가 이루어져야 한다. 검수란 납품된 상품을 전표와 비교해서 주문한 상품과 실제 납품된 상품이 품질, 사이즈, 치수, 수량 등이 정확한지, 배송 중 손상은 없었는지를 점검한 뒤 수령하는 일이다.

검수가 정확하게 이루어지지 않으면 나중에 매입처와의 사이에 여러 가지 문제가 발생할 수 있다.

6) 상품 출납과 보관

납품된 상품은 검수를 완료한 후 창고에 반입, 보관하고 매장 요청에 따라 출고하는 것이지만, 여기에서는 다음과 같은 관리가 필요하다.

입·출고 시에는 반드시 전표와 상품이 함께 움직이도록 해야 하며, 또한 보관 중 상품이 손상되지 않도록 관리해야 한다.

7) 물류 관리

물류관리란 물적 유통관리의 용어다. 물적 유통이란 상적 유통에 대응하는 말로 상품의 수송, 재화의 취급 및 보관을 뜻한다.

물류관리는 소매기업의 규모가 커질수록 상당한 중요성을 갖게 된다.

8) 확실한 재고조사

POS 데이터나 전표 상으로 아무리 정확하게 재고상품을 파악하고 있어도 시간이 경과하면 현품과 장부상에 오차가 생긴다. 그러므로 계획을 세워 정기적으로 현품 재고조사를 하는 것이 바람직하다.

09

고객이 만족하는 상품관리

| 상품관리의 내용 |

품절을 없애려고 하면 재고가 늘어난다. 그리고 재고가 늘어나면 자연스럽게 상품 선도가 떨어진다. 그렇다고 해서 다시 재고를 줄이면 매출은 떨어지고 고객 수도 줄어든다. 참으로 단순하고 쉬운 것 같으면서 복잡하고 어려운 것이 소매점의 상품관리다.

상품관리는 '점포에 오는 고객이 쇼핑 후 만족감을 가지고 돌아가게 하기 위해서는 어떻게 하면 좋을까? 그리고 또 다시 오게 할 수 있는 조건은 무엇일까?' 라는 목적에서 시작된다.

상품관리 내용을 구체적으로 살펴보면 다음과 같다.

① 점포에 원하는 상품이 있다.
② 선도가 좋다.

③ 품절이 없다.
④ 청결한 매장.
⑤ 가격이 싸다.
⑥ 계산대에서 기다리지 않는다.
⑦ 판매원의 응대가 호감이 간다.
⑧ 선택하기 쉽게 진열이 돼 있다.
⑨ 통로가 다니기 쉽다.
⑩ 새로운 상품이 있다.
⑪ 가격이 알기 쉽게 돼 있다.

그렇지만 이것 가운데서 고객 신뢰를 얻기 위한 최대의 일은 '고객이 원하는 때, 원하는 상품을, 원하는 양만큼 구입할 수 있도록 선도가 좋은 상태로 상품을 관리, 유지하는 일'이라고 할 수 있다. 따라서 '상품관리는 품절이 없어야 하고 선도를 좋게 유지한다'는 두 가지 측면에서 생각해야 한다.

결과적으로 좋은 매장은 다음과 같은 요건을 갖춰야 한다.

(1) 품절이 없어야 한다. '품절을 없애려면, 재고가 증가하고 선도가 떨어진다. 재고를 줄이려면 품절이 증가한다.'라는 딜레마에 빠질 수 있는데, 잘 팔리는 상품은 품절되고, 팔리지 않는 상품은 재고가 쌓이는 상태는 아닌지 점검한다.

(2) 선도가 좋은 상품으로 구성돼 있어야 한다. 고객이 필요로 하는 상품은 언제 오더라도 구비돼 있고, 무엇을 고르더라도 선도가 좋은 상태로 진열돼 있도록 선도관리에 힘써야 한다.

이와 같은 매장을 만들기 위한 상품관리 계획을 '상품관리 시스템'이라고 부르고, 이 시스템을 사용해 좋은 매장을 실현하는 순서를 '상품관리 기술'이라고 부른다.

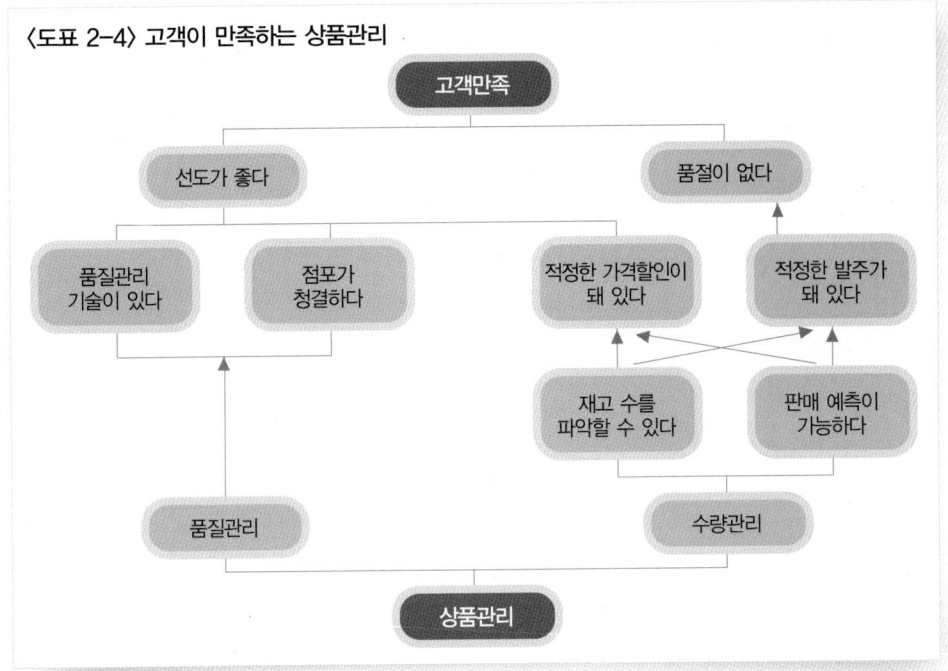

〈도표 2-4〉 고객이 만족하는 상품관리

| 상품관리 종류 |

고객을 만족시키는 상품관리는 다음 그림과 같이 두 가지 기술로 되어 있다.

① 수량관리(unite control)

② 품질관리(quality control)

1) 수량관리

다른 이름으로 단품관리라고도 한다. 이것은 단품별 판매 추이를 고려해 재고량을 조절, 품절을 방지하는 기술이다. 단품별 판매 추이를 과거 자료(POS 데이터)를 통해 예측하고, 재고량을 조절하는 것을 의미한다.

또한 수량관리는 또 다른 용어로 다음과 같이 부른다.
(1) 유니트 컨트롤(unit control)
(2) 단품관리
(3) 재고관리

수량관리는 단품별 동향을 다음과 같이 파악하고 재고량을 조절하고자 하는 목적이 있다.
(1) 시간대별 관리
(2) 일별 관리
(3) 주간별 관리
(4) 월별 관리
(5) 계절별 관리
(6) 분기별, 반기별 관리
(7) 연간 관리

이와 같이 수량관리를 통해 품절을 예방하고 부동재고 및 가격인하 로스를 줄이는 한편 상품구성을 고객 욕구와 일치시킨다. 이를 실현하기 위한 방법은 적정수량을 발주하고, 발주 타이밍을 잘 맞추며 팔리지 않는 상품을 제거하는 것이다.

그러나 한 가지 상기해야 할 것은 매장에 있는 상품 대부분은 발주에 의해 입고된 것이다. 그러므로 '발주점의 결정', 이것이 수량관리의 궁극적인 목적이 되는 것이다.

2) 품질관리

품질관리란 단순히 상품 선도를 좋게 유지한다는 뜻이 아니다. 넓은 의미로써 모든 사람이 공감하고 고객에게 만족을 줄 수 있는 모든 서비스를

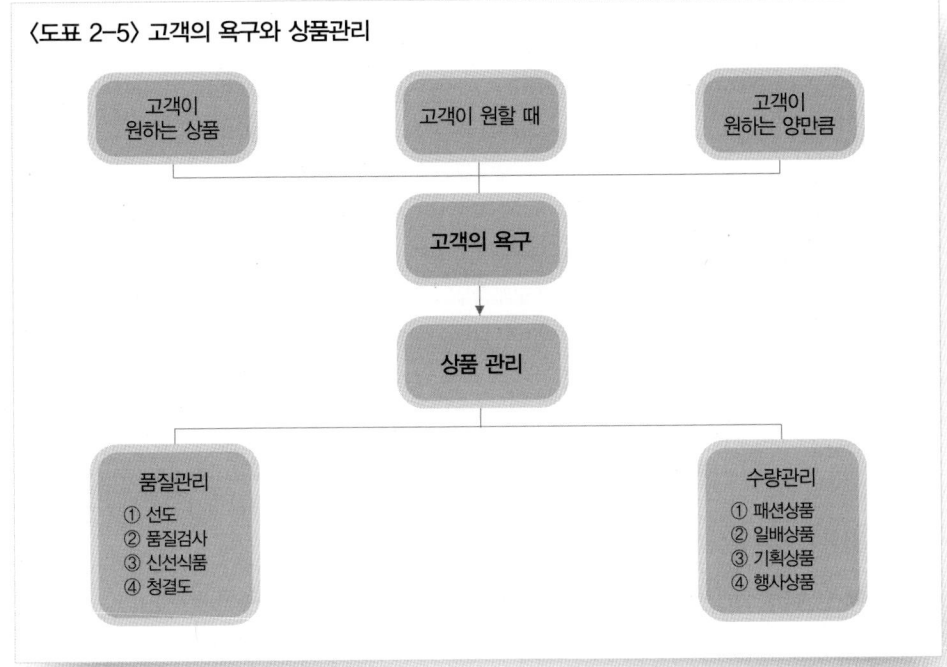

〈도표 2-5〉 고객의 욕구와 상품관리

총칭한다고 할 수 있다.

　구체적으로 아래와 같은 세 가지를 들 수 있다.

　(1) 풍부한 상품구성

　(2) 품절이 없는 매장

　(3) 청결한 매장

　상품관리의 두 가지 기술 즉, 수량관리와 품질관리를 하려면 품절이 없어야 하고 선도가 좋아야 할 뿐 아니라 과잉재고가 없고 잘 팔리지 않는 상품이 없고, 무리한 작업이 없어야 한다.

　잘 팔리지 않는 상품이 없다면 상품구성이 잘 되어 있는 것이다. 또 가격 인하 로스가 줄어들고 무리한 작업이 없으면 노동 생산성이 향상될 뿐 아니라 현재 이익을 유지하면서 고객에게 보다 싼 가격으로 제공할 수 있다.
상품관리는 다음과 같은 이익 증대를 실현 가능하게 한다.

1) 수량관리가 가능하다.

수량관리의 기대 효과	성 과
가. 품절이 없어진다.	매출액 향상
나. 과잉재고가 없어진다.	재고액 감소
다. 안 팔리는 상품이 없어진다.	가격인하 로스 감소
라. 선도가 좋아진다.	이미지 증대, 이익 향상
마. 무리한 작업이 사라진다.	이직률 감소

2) 품질관리가 가능하다.

품질관리의 기대 효과	성 과
가. 안 팔리는 상품이 줄어든다.	매출액 향상
나. 전반적인 상품의 선도 수준이 높아진다.	가격인하 로스 감소
다. 무리한 작업이 사라진다.	생산성 향상

10

상품특성에 의한 상품관리

| 상품관리 시스템 |

슈퍼마켓이나 할인점의 상품관리 시스템은 크게 다음과 같은 세 가지 유형으로 구분된다.

〈도표 2-6〉 상품특성에 의한 상품관리 유형

1) 패션 상품

계절별, 유행 주기별로 판매 양식이 변하는, 즉 라이프사이클이 비교적 짧은 상품을 가리킨다.

대상	의류, 구두 및 신변잡화류	
상품특성	유형별로 판매가 변한다.	
상품관리 도구	① 매장 전개도	② POS 시스템
상품관리 포인트	① 안 팔리는 상품의 조기 발견	② 잘 팔리는 상품의 보충작업
진열방식	행거(hanger)	
발주방식	예측방식	
발주시점	재고와 판매를 POS데이터를 보면서 발주	
상품구성 교체	계절별로 교체	
상품관리 효과	안 팔리는 상품의 로스 감소	

2) 항상 상품(=선반 할당 상품)

비교적 일정한 수준으로 판매가 유지되고 주로 곤돌라에 진열돼 판매되는 상품으로 항상(basic) 상품이라고 부른다.

대상	가공식품, 일용잡화, 실용의류(양말)	
상품특성	일정한 판매형태 유지	
상품관리 도구	① 진열대장, 프라이스 카드(price card)	② POS 시스템
상품관리 포인트	① 보충 발주수의 결정	② 안팔리는 상품의 제거
진열방식	곤돌라	
발주방식	발주점 발주	
발주시점	매장의 재고수가 발주점 이하면 발주	
상품구성 교체	6개월마다 한 번(분기마다 한 번)	
상품관리 효과	① 재고일수 감소	② 노동생산성 향상

3) 신선식품

1차식품으로 부패하기 쉽고, 재고가 거의 필요 없는 상품이다. 즉, 농·수·축산물 등의 생식품을 가리킨다.

대상	1차식품(농·수·축산물), 일배식품, 즉석식품
상품특성	부패하기 쉽고 거의 재고를 갖지 않는다.
상품관리 도구	① 발주대장, 진열지도서　　　　② POS 시스템
상품관리 포인트	① 판매수량 예측　　　　　　　② 선도관리
진열방식	냉장 쇼케이스, 평 진열대
발주방식ㅂ	예측 발주 방식
발주시점	수요를 예측하고 재고를 보면서 발주
상품구성 교체	수시
상품관리의 효과	① 가격 인하　　　　　　　　② 로스 감소

| 대형상품 & 기타상품 관리 |

1) 대형상품

가구 등 대형상품은 특별한 상품관리 시스템이 필요하다. 대형상품의 상품관리 시스템은 '매장에 재고를 두지 않는 대신 샘플 상품과 주문서를 비치, 고객이 주문하면 물류센터에서 배송할 수 있는 체계'를 갖추고 있는 것을 말한다.

2) 상품관리 예

① 일반상품

품절되지 않도록 주의한다. 안 팔리는 상품은 골라내 커트하고, 품목별 페이스 수를 조정한다.

② 특매상품

특매기간 동안 판매할 상품의 적정한 예측과 판매 후 잔여상품의 처분 계획을 수립한다.

③ 계절상품

본격적인 판매시즌 전에는 재고를 유지하고, 판매시즌 후에는 처분하는 방식이다.

④ 행사상품

상품구성 계획 및 위탁 판매시에는 상품을 보존 관리하는 시스템이다.

⑤ 신규상품

신규상품은 도입 후 판매량을 매주 조사·분석해 계속 확대할 것인지, 커트할 것인지를 결정한다.

11

단품관리의 의미

| 단품관리의 개념 |

1) 단품관리의 의의

단품관리는 소매업 경영에 있어 반드시 풀어야 할 과제이다.

고객에게 항상 최적의 상태인 매장을 보여 주는 것이 시대를 불문한 변하지 않는 대원칙이다. 뿐만 아니라 이것 자체가 지금에 와서는 새로운 그리고 보다 깊은 의미를 가져오고 있다.

고객들은 보다 엄격한 잣대로 점포와 상품을 선택하고 있다. 또한 소매업자 입장에서는 동업태뿐 아니라 타업태와 다원적인 경쟁을 하고 있으므로, 이러한 상황 속에서 고객과의 긴밀한 관계를 지속적으로 유지하는 것이 성장의 열쇠이다.

어떻게 하면 고객에게 최적의 매장을 선사할 수 있는가의 열쇠는 단품관리가 쥐고 있다고 할 수 있다.

2) 단품관리의 새로운 의미

'어떻게 하면 매장의 상품구색을 고객의 욕구와 일치시킬 수 있을까?' 라는 물음에 단품관리의 새로운 의미가 있다. 바꾸어 말하면, '새로운 상품을 어떤 방법으로 교체해 나갈 것인가?' 라는 것이다.

이러한 점포 측의 활동 자체가 고객에게 있어서는 매력 있는 점포, 새로움이 있는 점포, 쇼핑이 즐거운 점포로 보여지게 된다. 고객 욕구와 상품구색을 일치시키고, 또 기존상품과 신규상품을 계속 교체해 나가는데 있어 가장 기초적인 작업은 '무엇이 몇 개 팔리고 있는가(혹은 팔리고 있지 않은가)?' 를 파악하는 것이다. 점포가 판매하는 하나하나의 상품 움직임을 숫자로 확실하게 파악하는 일이 그 첫걸음이다.

그러나 단순히 숫자로 파악하는 것만이 본래의 목적은 아니다. 점포 지지도와 매출을 증가시키고, 또 파는 측이 구비한 상품이 결과적으로 어떠한 평가를 받았는지를 객관적인 데이터로 분석하는 것, 바로 이것이 숫자로 파악하는 작업의 의미이다.

| 단품관리의 목적 |

오늘날 많은 점포가 판매 및 관리 노력을 취급하는 전 품목에 골고루 분산하기 때문에 결과적으로 잘 팔리는 상품이 부족한 매장이 되는 경우가 발생한다. 엄밀한 의미에서 이런 점포는 고객 입장에서 보면 사고 싶은 상품이 많은 풍부한 구색의 좋은 점포는 아니다. 고객은 많은 상품이 진열돼 있더라도 자신이 원하는 상품이 눈에 띄지 않으면 매력 없는 점포로 인식한다. 오히려 상품이 너무 많아서 고르기 힘들어 하고 쇼핑을 망설이게 된다.

1) 풍부한 매장의 조사(사례)

풍부한 매장에 관해 다음과 같은 조사 사례가 있다. 슈퍼마켓 매장면적 3.3㎡당 원가 재고액이 다음과 같은 세 개의 점포를 조사한 사례다.

(1) 갑 매장 : 100만 원(동일 품종 모두 취급)의 재고.

(2) 을 매장 : 60만 원(동일 품종 중 A · B · C 분석상의 A · B급 상품 취급)의 재고.

(3) 병 매장 : 40만 원(동일 품종 중 A · B · C 분석상의 A급 상품과 구색 상품 일부 취급)의 재고.

앞의 세 매장을 소비자들에게 보이고 난 뒤 "상품구색이 가장 풍부한 곳은 어디인가?"라고 물었다. 응답자 중 다수가 병 매장(40만 원 재고)이라고 답했다.

그 이유는 고객이 관심을 갖는, 즉 잘 팔리는 상품이 한 눈에 보이는 병 매장이 쉽게 눈에 들어오기 때문이라고 했다. 100만 원, 60만 원 재고 점포의 경우는 다른 상품들에 가려 관심 상품이 좀처럼 눈에 잘 띄지 않는다.

그렇기 때문에 소매업체가 실시하는 '줄이기(상품 축소)'는 중요하게 접근해야 할 기술적 과제라 할 수 있다. '줄이기'는 또 다른 용어로 '수량관리' 혹은 '단품관리'라 표현하기도 한다.

점포에서 '줄이기'를 하려고 노력해도 판매를 하다보면 어느 사이인가 취급품목 수가 늘어나는 것이 보통이다. 따라서 오늘날 같은 저성장 시대에는 지속적으로 단품관리를 하는 것이 매우 중요하다.

〈도표 2-7〉 POS 전산등록 및 조회 장표(예)

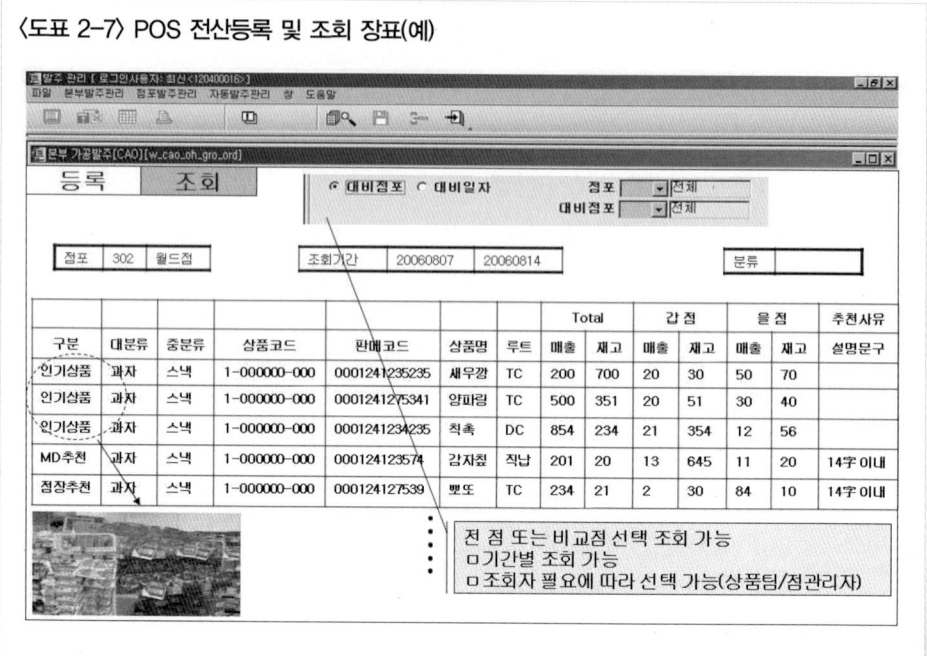

2) 단품관리 목적

소매기업 경우 이미 상품의 각 품목마다 순이익을 내고 있으며, 그 순이익 정도에 따라 진열 페이싱 수를 조절하거나 진열 위치를 변경하고 혹은 취급을 중단하거나 새로운 상품으로 교체 진열하고 있다. 이들 모든 작업은 컴퓨터(POS / EOS)에 의해 병행 처리되고 있다. 소매업체들은 취급품목마다 순이익을 내기 위해 다음과 같은 항목들에 관해 정확한 수치를 갖고 상품진열에 활용하고 있다.

① 제품의 판매수량
② 제품의 원가율
③ 제품의 로스율

④ 제품의 물류비용

⑤ 제품의 보충발주 및 진열에 투입되는 인건비 코스트

최근 특히 중시되는 것은 데이터를 저장하는 컴퓨터의 하드웨어보다 축적된 데이터를 객관적으로 파악해 판매에 활용하는 소프트웨어 부분이다. 이것은 '어느 상품이 얼마만큼 팔리고 있는가?', '어느 상품이 어느 정도밖에 팔리지 않고 있는가?'를 파악하는 것이 가능해졌기 때문이다.

3) 단품관리의 첫 걸음

상품 움직임을 객관적인 숫자로 확실하게 파악하는 것이 단품관리의 첫 걸음이라고 했다. 그렇다고 해서 단순히 숫자로 파악하는 것이 단품관리의 본래 목적은 아니다.

POS 데이터를 객관적인 데이터로 형상화해 판매하겠다는 파는 측의 판매 의지와 결합시켜 판단할 때만이 살아 있는 숫자로써 의미를 갖게 된다. 여기서 말하는 객관적인 데이터란, 판매 의지를 바탕으로 구색할 상품의 단품별 판매 수를 기초로 해 과학적으로 검증해 나가는 것이다. 그리고 그 다음에는 파악된 POS 데이터와 매장의 판매 의지를 고객의 요구(needs)와 일치시키는 작업을 계획적으로 실행해 나가는 것을 말한다.

12

단품관리의 기본

| 단품관리의 대상 상품 |

매장에 진열된 모든 상품이 단품관리의 대상이 되는 것은 아니다. 예컨대 딸기 같은 신선식품류, 혹은 의류 등의 패션 상품은 계절마다 상품 컨셉트가 바뀌기 때문에 과거의 판매 실적은 참고는 되지만 수치적 뒷받침으로 활용하기 어렵다. 또한 시금치 같은 채소류도 날씨와 요일, 시기, 온도 등에 따라 판매량이 변하기 때문에 마찬가지다.

　가공식품, 잡화류 같은 생활필수품이나 일용품 경우는 특수한 몇몇 품목을 제외하고는 신선식품이나 패션 상품과는 다르다. 아무리 상품의 라이프사이클이 짧아졌다 하더라도 비교적 일정 기간 동안 판매가 가능한, 단품관리 대상이 되는 상품군이라 할 수 있다.

　이들 공산품을 다른 용어로 표현하면 '항상상품'이라고 한다. 이와 같은 상품군은 과거 판매 데이터를 근거로 진열 위치와 진열 수량을 결정하지 않으면 판매 효율이 높아지지 않는 특성이 있다. 따라서 이들 상품은 정확하고 객관성 있는 판매 수량 데이터를 확보하지 못하면 정확한 단품관리를 할 수 없게 된다. 왜냐하면 수치적 척도를 갖지 않는 진열은 쌓아 놓은 것에 불과할 뿐 높은 판매 효율을 기대할 수 없기 때문이다.

예를 들면 서로 다른 4개의 제조회사가 만든 동종의 라면이 있을 때, 이 중 C라면은 눈으로 보기에 판매도 안 되고 이익액도 그리 많지 않다. 그래서 C라면을 취급 중단하고 신상품인 D라면을 새로 도입해 판매하고 싶어도 D라면이 C라면보다 판매도 잘 되고 이익도 좋다는 확실한 근거가 없어 망설여진다.

C라면 대신 D라면을 취급하거나 C라면의 진열량을 줄이고 B나 A라면의 진열량을 늘리는 것을 경험이나 추측만으로 계산해 상품구성을 바꾸는 것은 몹시 어렵다. 이럴 경우 C라면을 계속 팔 때보다 나쁜 결과가 나올 수 있기 때문에 성공할 확률도 그리 높지 않다.

이와 같은 이유 때문에 공산품 진열에는 객관적인 판매 데이터가 필요하다. 즉, 단품관리는 단품별 판매 개수를 정확히 파악한 후에만 비로소 전개할 수 있다.

| 단품관리의 기본 |

1) 단품관리의 정의와 수법

단품관리의 정의와 수법은 다음과 같이 정리할 수 있다.

① 단품관리 상품의 특성 : 의류, 생활잡화, 생활필수품

② 상품군은 숲이고, 상품은 나무다. 숲을 보고 나무를 본다. 그리고는 나무를 보고 숲을 제대로 가꾸는 것이 단품관리다.

③ 단품관리를 하면 진열집기가 결정되고, 나아가 매장이 결정되고, 점포가 결정된다. 이와 더불어 정보나 물류 시스템이 결정되는 것은 물론, MD 시스템도 결정된다.

④ 단품관리란 단품 코드를 각 상품에 붙이거나 단품별 발주나 재고관리를 하는 것이 아니다.

2) 단품관리의 기본

단품관리의 기본을 정의하면 다음과 같다.

(1) 단품관리는 단품별 판매 개수를 파악해 곤돌라 진열시 좌우 관계를 결정하고 단품별 연간 평균 판매액을 파악해 곤돌라 진열시 상하 위치를 결정한다.

(2) 단품관리는 단품별 판매량을 파악해 곤돌라 진열시 진열량을 결정하고 단품별 연간 평균 매익액을 파악해 곤돌라 진열시 진열위치를 결정한다.

즉, 단품관리의 기본은 '곤돌라의 좌측에 진열할 것인가?', '우측에 진열할 것인가?' 아니면 '중간에 진열할 것인가?' 에 대한 판단과 몇 페이싱(facing : 판매 수에 의해 결정)을 진열할 것인가를 결정하는 것이다.

단품별 연간 평균 매익액은 곤돌라 진열시 상하 위치 판단의 데이터로 활용한다. 이것은 곤돌라에 상품을 진열할 때 골든라인(golden line : 우위 위치)에 진열할 것인지, 아니면 위쪽이나 아래쪽에 진열할 것인지 하는 진열의 우위 위치를 결정하는 것이다.

〈도표 2-8〉 효율을 높이는 진열기술

C 위치 _ 매출 이익은 평균보다 높으나, 판매 개수는 평균보다 적은 상품들을 진열

A 위치 _ 연간 평균 매출 이익이 높은 상품들을 진열

B 위치 _ 인기상품을 주로 진열(판매 개수는 많으나 매출이익은 해당 진열대 내 평균보다 낮은 상품 진열)

 그 결과 연간 평균 매익액이 높은 상품을 눈에 잘 띄는 곳에 진열, 이익을 높이겠다는 의도다. 소비자 대다수가 많이 사용해 판매가 잘 되는 인기상품 경우, 대부분 단위당 판매 이익이 적다. 이익도 적으면서 작업량이 많은 이런 상품들을 구태여 좋은 위치에 진열할 필요는 없다는 이유에서다. 곤돌라에 골든라인이 아닌 최상단이나 하단에 진열해도 판매에 큰 무리가 없는 인기상품은 골든라인에서 빼야 한다.

 인기상품보다 덜 판매되더라도 이익이 좋은 상품, 신상품 등을 골든라인에 진열해 판매 촉진을 꾀하고 이익을 보다 확보하는 것이 단품관리가 추구하는 기본 목표다.

인기상품의 허실

'인기상품이라고 해서 반드시 이익이 남는 상품은 아니다!'

인기상품이란 ABC 분석에서 A군에 속하는 상품으로 대다수의 소비자가 일상생활에 필요로 하는 상품이며, 구매 빈도가 높은 상품이다.

그러다보니 인기상품은 어느 점포에서나 취급하고 있다. 더군다나 각 점포들은 고객을 유인하기 위해 가격을 낮춰 판매한다. 그 결과 개당 판매 이익액은 도입기보다 형편없이 낮아지게 된다.

일반적으로 인기상품은 빈번한 보충 진열 및 재고 보유 등으로 인건비 등의 코스트가 높아지기 때문에 이익 측면에서 보면 의외로 기여도가 낮은 상품인 경우가 있다.

설령 점포 측에서는 이익 없이 저가로 판매하더라도 고객 입장에서 보면 어느 점포나 그 가격대로 판매하기 때문에 싸다는 생각을 하기 어렵다. 그저 이익 없이 싸게 파는 그 가격도 이익을 남기는 다른 상품과 별반 차이가 없다고 생각하기 쉽다.

그러나 이런 말을 하면 대개의 경우 '금새 팔려 회전율이 높습니다' 혹은 '많이 팔리므로 총 이익액은 많습니다' 라고 이야기한다. 이것은 부분적으로는 맞는 이야기이다. 왜냐하면 작업 코스트 등 비용을 계산하지 않았기 때문이다.

이와는 반대로 인기상품은 아니지만 꾸준히 팔리는 상품이 있다. 이러한 상품은 ABC 분석상에서 B급에 해당하는 상품이지만 의외로 예상을 웃도는 이익을 가져다 준다. 바로 이러한 상품을 찾아내 진열대 골든라인에 진열하는 것, 바로 이것이 철저한 단품관리를 통해 효율을 높이는 진열 기술이라고 할 수 있다.

13

단품관리의 전개과정

'숲을 보고 나무를 본다' 는 말이 있다. 여기서 숲은 카테고리이고 나무는 단품을 가리킨다. 먼저 숲을 보고 나무를 본다. 그런 후에 나무를 보고 숲을 제대로 만드는 것이 단품관리이다.

단품관리를 하다보면 진열집기가 결정되고, 나아가 매장이 결정되고, 더 나아가서는 점포가 결정된다. 정보나 물류시스템이 결정되는 것은 물론이고 머천다이징 시스템도 결정된다. 그러므로 단품관리란 상품 하나하나의 움직임을 파악해 관리하는 것을 의미한다. 상품 하나란 POS가 인식하는 최소 단위의 SKU(Stock Keeping Unit)를 말하며, 움직임이란 최소 단위의 상품이 언제, 얼마만큼 입고돼 얼마나 판매되고 얼마만큼 이익을 냈는지를 아는 것을 말한다. 다시 말하면 상품 팔림새를 파악해서 어떤 상품이 언제 몇 개 팔리는지 사전에 숙지, 상품 준비를 계획적으로 하자는 것이다.

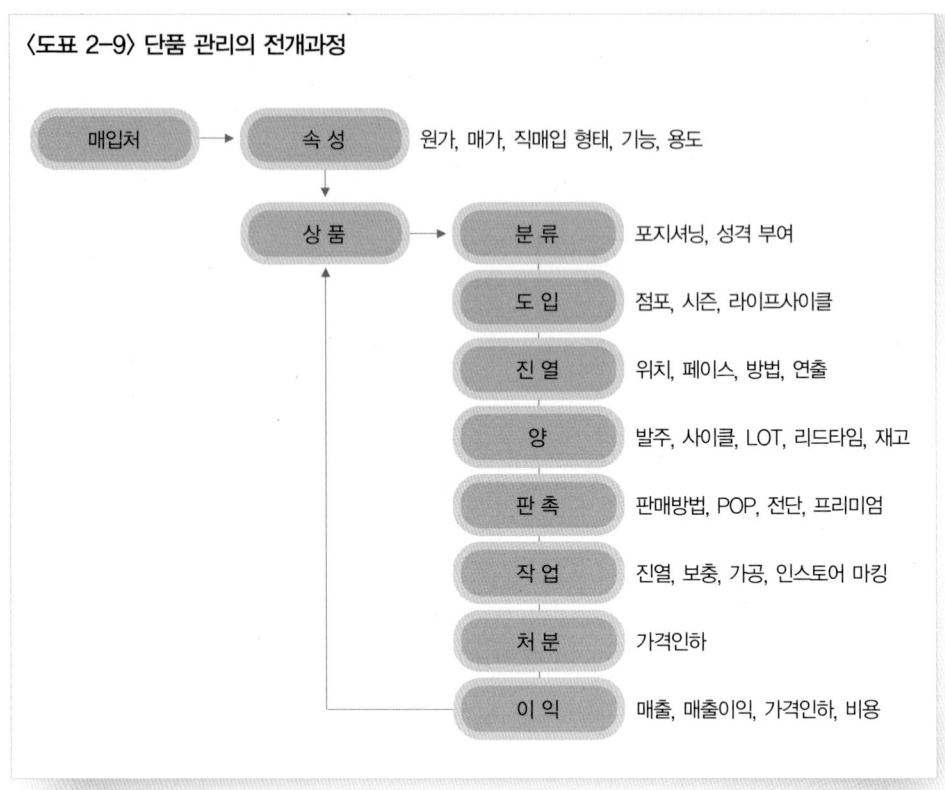

〈도표 2-9〉 단품 관리의 전개과정

단품관리는 점포관리에 있어서 상품매입·발주·진열·재고·매출·이익에 대한 목표를 계획적으로 수립, 실천해 잘 팔리는 상품은 적절한 진열을 통해 취급을 확대하는 적극적인 머천다이징 행위를 가리킨다.

〈도표 2-9〉는 단품관리의 전개과정을 요약한 표이다.

〈도표 2-10〉 부동 품목의 퇴치

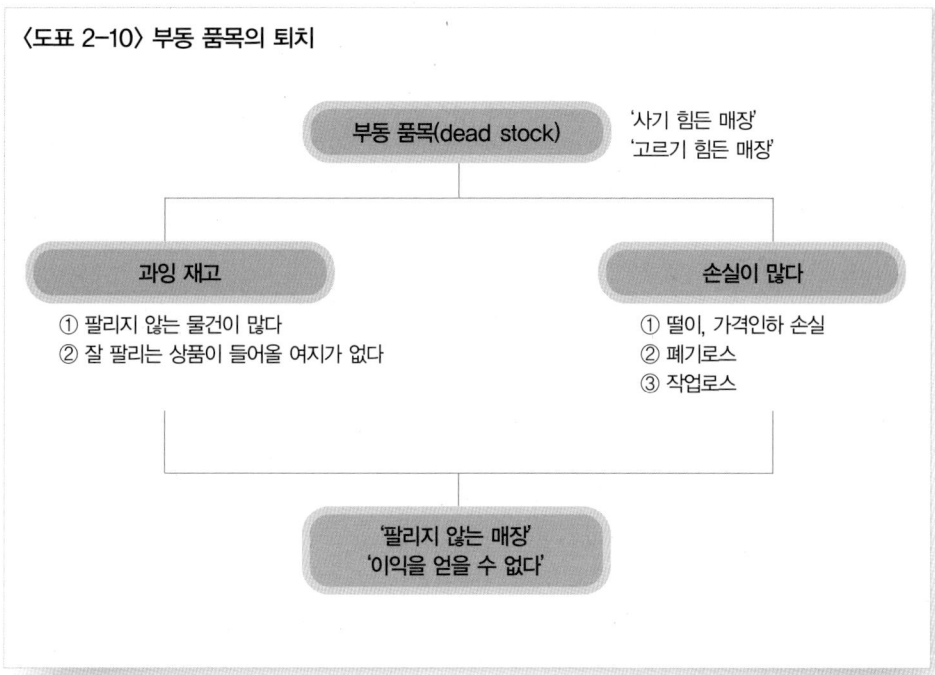

| 단품관리의 전개 |

1) 팔리지 않는 상품 파악

팔리지 않는 상품이 매장에 많이 있다고 하는 것은 다시 말하면 팔리는 상품이 들어오지 못하는 매장이라는 의미이다. 팔리는 상품을 진열하고 싶어도 매장에 재고상품이 많아 진열할 수가 없게 된다. 따라서 팔리지 않는 상품을 파악하는 일이 우선돼야 한다.

팔리지 않는 부동 상품은 곧 과잉재고가 돼 고객은 그 점포를 사기 힘든 매장, 구색이 나쁜 점포, 아무 매력이 없는 소매기업으로 인식한다. 이렇게 되다보면 매장에서는 가격인하 로스나 손실이 많이 발생하게 된다.

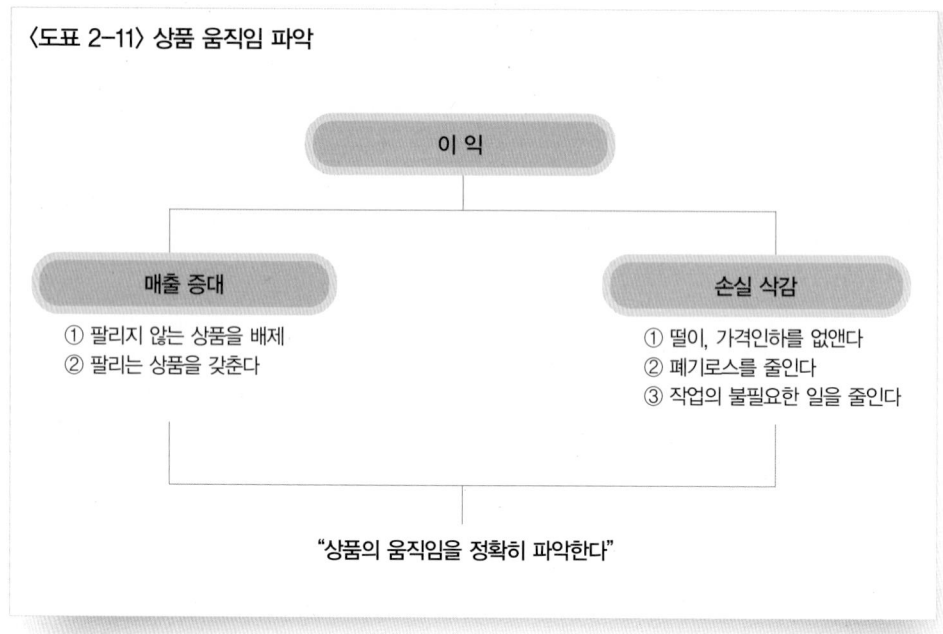

2) 상품 움직임 파악

매장에서는 상품의 움직임을 〈도표 2-11〉과 같이 정확히 파악해야 한다.

이것은 팔리지 않는 상품을 배제하고 대신 그 자리에 잘 팔리는 상품을 구색하는 것을 말한다. 이렇게 하면 매출 및 이익증대와 곧바로 연결될 뿐 아니라 떨이판매, 가격인하에 따른 손실이 줄어들고, 불필요한 작업이 없어져 생산성도 향상된다. 상품의 움직임은 다음과 같이 파악한다.

① 어떤 고객이, 어떤 동기로 구입했는가?

② 어떤 요인으로 팔렸는가(가격, 디자인, 맛, 원료의 양·질 때문인지, 팔리지 않았다면 어떤 것이 고객 요구와 맞지 않았는지)?

③ 진열 수(페이싱)는 알맞은가, 보기 쉬운가, 고르기 쉬운가, 비교하기 쉬운가, 아이템 구성은 적당한가?

〈도표 2-12〉 판매 수와 매익률 조사표

구분		매익률		
		25% 이상	20~24.9%	20% 미만
판매개수	300개 이상			
	100~299개			
	100개 미만			

④ 진열 위치는 적합한가(객동선은 매장의 어느 위치인가, 선반의 높낮이, 연관 진열 및 앤드 진열은 어떠한가)?
⑤ 판촉 효과는? 발주 방법 및 발주 단위는?

다음으로 단품별 판매 수와 매익률을 구체적으로 파악한다.

판매수와 매익률 조사표는 다음과 같은 순서로 작성한다.
① 매출 상위·하위 상품 10개 아이템을 고른다.
② 팔린 상품은 팔리게 된 공통 요인을 조사, 분석한다. 예를 들어 메이커, 브랜드, 산지, 제조법, 단가, 특매효과, 앤드 진열 판매실적 등을 조사해 분석한다.
③ 판매 실적결과를 근거로 새로운 구색 계획을 수립한다.
④ 데이터와 시장흐름에 근거한 오퍼레이션(운영 : 발주, 진열, 재고, 매출, 이익에 대한 목표를 계획적으로 수립해 실천하는 것)을 전개한다.

3) 구색 검증

구색 검증을 위해서는 처음에 나름대로의 상품구색을 갖추고, 다음은 스스로의 판단으로 발주를 하고, 스스로의 의지로 상품 만들기를 하며, 사전에 수립된 판매 계획에 따라 매장을 만들어서 상품(매장) 스스로가 고객에게 좋은 점을 호소하도록 하고, 실제 판매된 단품별 판매 수를 바탕으로 검증해 나간다. 만약 목표한대로 판매가 되지 않았다면 다음과 같이 검토해야 한다.

(1) 상품을 교체한다.
(2) 진열 방법이나 페이싱을 변경한다.
(3) 가격을 재고한다.
(4) 조리 방법이나 포장을 변경한다.
(5) 경쟁점 상황을 조사한다.
(6) 우수 점포를 견학한다.

구색 검증 과정을 정리하면 다음과 같다.
① 확보한 데이터 및 시장조사에 근거해 구색한다. 다시 말하면 무엇을 어떻게 갖추고, 어떻게 진열 수(페이싱)를 할당하고, 어떻게 보충·발주·관리할 것인지를 결정해 구색한다. 처음 구색할 때 가장 중요한 것은 '무엇을 몇 개 팔려고 하는가?'를 명확히 아는 것이다.
② 무엇이 몇 개 팔리고 있는가(현재 상황의 구색 아이템을 바탕으로 실판매 수를 파악)를 조사, 분석한다.
③ 데이터를 통해 검증한다. 처음에 구색한 아이템이 판매 데이터 조사 결과 어떠했는지를 분석한다.
④ 상품구색에 있어 차별화된 기준을 설정한다. 예를 들면, 자점은 이 지역에서 어떠한 점포인지, 어떤 컨셉트로 영업을 하는지, 어떠한 구색 방침을 가졌는지 등 해당 부문·카테고리별 진열기준과 데이터를 조합해 상품

구색 기준을 새로이 설정한다.

⑤ 처음 한 구색의 기준과 대조하면서 데이터를 분석, 검토한다. 경쟁점 조사나 메이커의 정책, 고객 요구 변화 등도 아울러 조사해 분석한다.

⑥ 새로운 대책을 수립한다. 앞의 분석결과를 바탕으로 대책을 세운다. 새로운 구색 정책, 아이템 리스트를 짜서 페이싱을 조립한다. 다음은 이것을 가설로 해서 구색 변경을 실시하고 새로운 구색에 대한 고객 반응을 또 다시 파악한다. 그리고 지속적으로 이 같은 과정을 반복한다.

| 업무개혁 단계 |

〈도표 2-13〉는 단품관리 실행을 위한 구체적인 업무 개혁 단계이다.
이와 같이 단품관리에 의한 업무 개혁을 성공적으로 이뤄내기 위해서는 다음과 같은 업무 계획의 사상과 목표를 고려해야 한다.

1) 사상
① 모든 단품부터 들어간다.
② 점포는 안 팔리는 상품을 발견하고, 바이어는 잘 팔리는 상품을 발굴한다.
③ 상품 매입과 매출상태를 균형 있게 조성한다.

2) 점포 단계의 목표
① 잘 팔리는 상품을 파악해 매장 재고는 가급적 잘 팔리는 상품으로 구성한다. 잘 팔리는 상품이 진열돼야 하고 품절을 일으켜서는 안 된다. 따라

〈도표 2-13〉 소매기업의 업무 개혁 단계(사례)

| 1단계 | 1+2단계 | 1+2+3
단계 | 1+2+3+4
단계 | 1+2+3+4+
5단계 |

제5단계 : 자본과 노동생산성 상승 단계
제4단계 : 매출 급증 단계
제3단계 : 매출 총 이익률 상승단계(매출증가 수반)
제2단계 : 재고 감소 단계(매출 총 이익률 수반)
제1단계 : 재고 감소 단계

〈표〉 세부 해설

제1단계 : 부진 상품을 제거한 후 '발주, 배송, 미납, 자체 납품, 품절, 결품' 따위에 대한 시스템적 접근이 필요하다.

제2단계 : 총 재고를 줄이고 로스(loss)를 적게 한다.

제3단계 : 잘 팔리는 상품(신상품&개발상품)과 구색상품을 도입한 후 품목별 페이싱(facing)을 조절한다.

제4단계 : 폭발적으로 매출 급증, 매출증대 요인 및 지속적 매출증대 요인 관리체제 확립

제5단계 : 실적에 따른 진열 스페이스 할당 탄력화, 업무 할당작업, POS 작동을 포함한 단품 정보 시스템 확립

제5단계 이후, 실행업무
① 로스 감소, 계약 시스템 확립과 배송시스템의 혁명 및 단품 정보 시스템 확립
② 점포의 자주성 확립 및 점포와 본부의 이상적 팀플레이 체제 구축
③ 단계별 업무계획 수립
④ 이상의 성과를 확인하고 본격적인 점포 전개 & 신 업태 진출 등 새로운 유통채널 개척 본격화

서 발주 ~ 납품시간이 지켜져야 한다.

　② 전원 파트타이머로 운용 가능한 시스템을 구축해야 한다.

　③ 초보자도 3개월 정도만 매장에서 근무하면 발주 가능한 시스템이어야 한다.

　④ 점두 정보, 시장조사 정보를 바이어(매입자)에게 피드백 한다.

3) 매입 단계의 목표

　(1) 발주서에 계약 개념을 도입한다(책임 발주).

　(2) 미납, 선도, 재고 회전까지 포함한 페널티 계약을 체결한다.

　(3) 목표(결품률, 클래스, 라인마다 상품회전율 목표)를 설정한다.

　(4) 배송, 저스트 인 타임(just in time) 시스템을 정비한다.

　(5) 연간·주간계획 등에 의거한 계획적인 판촉, 그리고 이익을 확보하는 판촉을 전개한다.

　(6) 마케팅 감각을 갖춘 인력으로 조직을 구성한다.

　결론적으로 단품관리는 구색 개선을 통해 지역시장의 수요와 상품구색의 일체화를 이루려는 점포 측의 노력이라 할 수 있다.

14

단품관리 실무

| 단품관리는 부동상품 제거에서부터 시작한다 |

효율을 높이는 단품관리는 부동상품 퇴치에서 시작된다. 모든 점포의 진열면적은 한정돼 있다. 또한 사회 환경 변화에 따라 소비 형태는 다양해지고 이에 따라 신상품은 매일 쏟아져 나오고 있다.

1990년대 초반에는 2~3가지 이유식만이 매장에 진열돼 있었다. 그 당시에는 ABC 분석에 따라 A거래처와 B거래처 상품만을 진열, 판매하는 일이 전부였다. 그런데 지금은 A거래처에서 제조하는 이유식만 하더라도 3~5종이 되고, 또한 매 품종마다 3, 6, 9개월용과 같이 성장 단계별 서로 다른 상품을 출시하고 있다.

이제는 과거처럼 거래처에 대한 ABC 분석만으로 상품구색을 기획, 구성할 수 없게 됐다. 잘 나가는 선두 메이커의 이유식에도 상권에 따라 인기

상품이 달라지기 때문에 상품별 세심한 배려가 필요하다.

만약 매장에 안 팔리는 부동재고가 많이 있다고 가정해 보면 어떤 부작용이 발생할까?

고객 입장에서 보면 매장에 상품은 많은 것 같은데 막상 사려는 상품은 찾기 어렵고, 고르기도 어려운 매력 없는 매장으로 보인다.

점포 측에도 다음과 같은 문제점이 생긴다.

첫째, 팔리지 않는 상품이 많기 때문에 잘 팔리는 신상품이 들어오기 어렵다. 진열장소도 부족하고 자금운영도 부담스럽다. 창고는 창고대로 진열대는 진열대대로 늘 어려움을 겪는다. 막상 잘 팔리는 상품이 들어온다고 해도 특별한 조치가 없는 한 진열작업에 손이 많이 간다.

둘째, 장기간 안 팔리고 자리만 차지하게 되므로 상황에 따라서는 가격인하 판매 등을 하게 되어 당초 이익계획에 차질이 발생한다. 또한 장기간 안 팔리다보니 상품 라벨이 변색되거나 훼손될 수 있다. 이때 손실이 또 발생한다.

셋째, 불필요한 노동력이 투입된다. 안 팔리는 상품으로 인해 진열대는 진열대대로 창고는 창고대로 이리 옮기고 저리 옮기는 불필요한 작업이 발생한다.

따라서 과거의 판매 데이터를 합리적으로 분석, 부동상품을 퇴치하고 잘 팔리는 상품을 갖추려는 노력이 끊임없이 요구된다.

| ABC 분석과 구색 갖춤 |

1) 구색 갖춤의 전제사항

ABC 분석 결과를 상품구색의 기준으로 삼는다. 상품구색은 다음과 같은 전제 하에 출발한다.
(1) 무엇을 어떻게 갖추고
(2) 진열량을 어떻게 결정하고
(3) 보충진열은 어떠한 방법으로 시행하고
(4) 발주관리는 어떻게 할 것인가?
(5) 이를 위해 ABC 분석을 하다.

이 경우, POS 데이터로부터 무엇이 몇 개 팔렸는가만 파악해서는 안 된다.
첫째, 무엇이 몇 개씩 팔리는가.
둘째, 무엇을 몇 개 팔 것인가 하는 판매 의지가 같이 연계돼 있어야 한다.
단순히 축적된 데이터에 의한 수치의 배열은 소용없다. 데이터 수치를 기초로 하되 의지를 가지고 구색하고 판매계획에 따라 매장을 만들어야 한다. 그리고 고객의 수요 욕구와 상품구색을 일치시켜야 한다.

2) ABC 분석과 상품 커트
취급 품목 가운데 팔리지 않는 상품은 ABC 분석을 참고로 해서 다음 그림과 같이 정기적으로 제거해 나간다.
이 경우 '그 상품을 제거해도 수요를 대체할 수 있는 다른 상품이 있다' 라는 것이 상품 제거시 전제조건이 된다. 이 조건을 충족시키기 위해서는 카테고리 전체 상품을 대상으로 ABC 분석을 하는 게 아니라 소비자의 선택 대상이 되는 카테고리를 ABC 분석하는 게 좋다.
예를 들면 음료수(1.5ℓ 페트병)라면 음료수 전체를 ABC 분석하는 것이 아니라 천연주스, 탄산음료, 이온음료 등으로 구분해 각 그룹별로 ABC

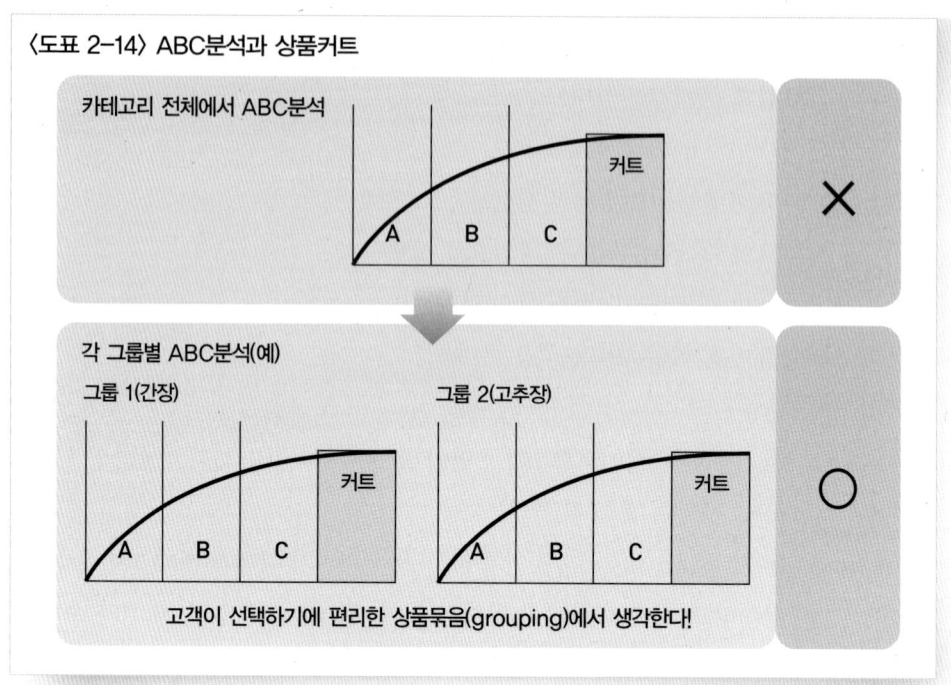

〈도표 2-14〉 ABC분석과 상품커트

분석한다.

ABC 분석은 단순히 매출액 기준뿐 아니라 다음 〈도표 2-15〉 처럼 판매수량, 순이익, 타점의 ABC 분석 등도 참고해 진행한다.

3) ABC 분석 방법

104페이지에 나온 〈도표 2-16〉처럼 ABC 분석을 전개해 나간다.

첫째, 가로축에 상품 품목 수를, 세로축에 매출액의 누적 백분율을 설정하여 파레토 곡선을 그린다.

둘째, 상품은 매출액이 높은 순서로 배치한다. 위의 그림처럼 매출액을 하나씩 누계해서 그래프로 그려 나간다. 판매실적 파악시 상품의 중점관

〈도표 2-15〉 ABC 분석의 종류

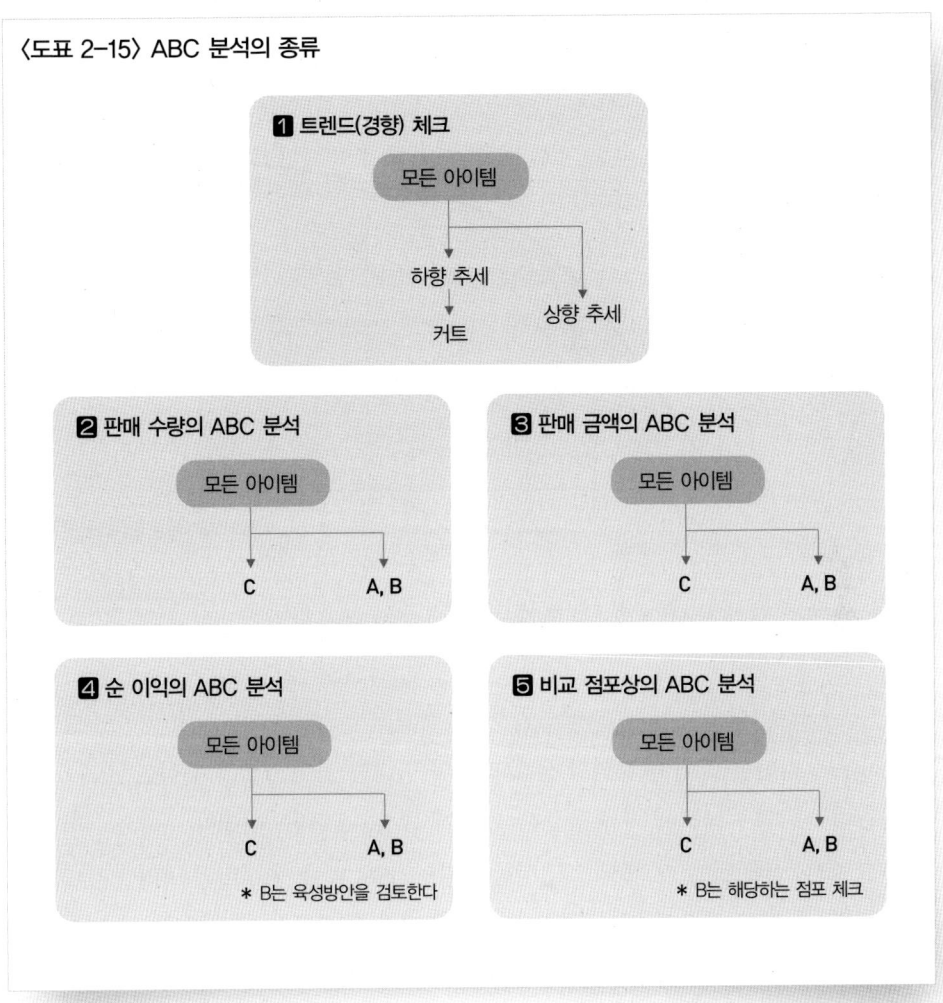

리는 매우 중요한 요소이다. 이는 매출 전체에 커다란 영향을 주는 품목(중점 관리 상품)을 파악하는 것으로 진열량의 결정 등 중점적인 관리에 유용하다.

셋째, 세로축에 매출액 총 합계를 100%로 하고, 75%인 곳과 95% 전후인

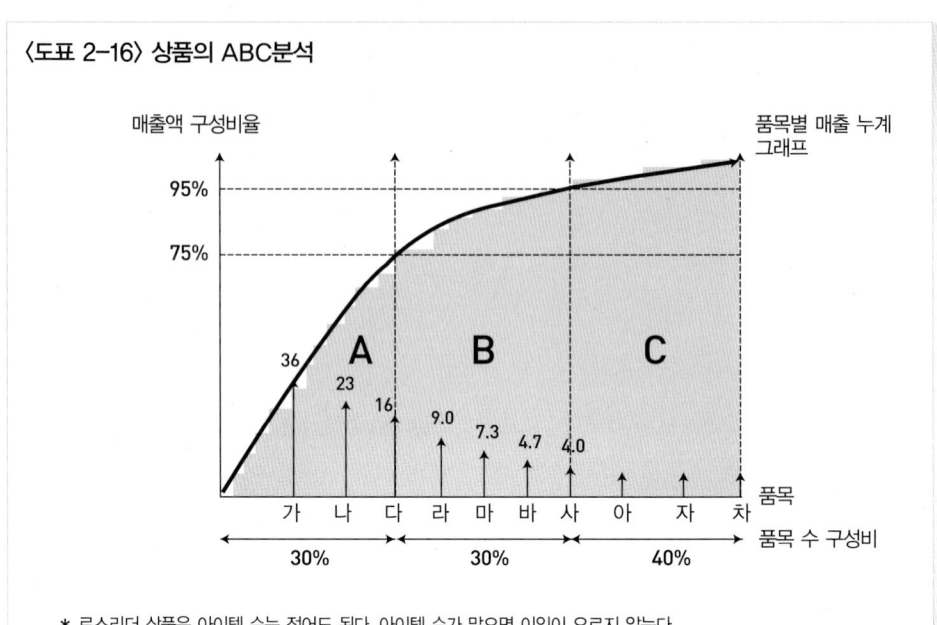

〈도표 2-16〉 상품의 ABC분석

* 로스리더 상품은 아이템 수는 적어도 된다. 아이템 수가 많으면 이익이 오르지 않는다.

곳에서부터 직선을 그어 나가면서 선 그래프와 만나는 곳에서부터 수직선을 긋는다. 이 각 수직선에 의해 상품은 ABC 세 그룹으로 나누어진다.

위 그림의 그래프는 '가'에서 '차' 상품까지의 누계 매출 구성비를 나타낸 것이다. 이 가운데 품목 가, 나, 다의 매출 구성비 합계가 75%를 점하고 있다. 따라서 가, 나, 다 품목은 전체 매출액에 주는 영향이 크므로 중점적으로 관리할 필요가 있다. 전체 상품 중 중점 관리 상품을 선정하기 위해 ABC 분석을 검토해야 한다.

이를 정리하면,

(1) A는 주역상품, 대개 30% 정도로 매출액에 75% 정도를 차지한다.

(2) B는 준주역 상품, A와 합하면 대개 60% 정도로 매출액의 95%를 차지

한다.

(3) C는 조역상품, 약 40%로 그 상품 수는 많아도 매출액 5% 정도인 상품이다.

예컨대 매출액을 올리고 싶을 때는 A 상품의 매출을 10% 올리면 전체적으로 75%나 올라가지만, C 상품 경우에는 20%를 올려도 전체적으로는 1% 정도 밖에 오르지 않는다.

그러므로 효율을 높이고 싶다고 생각 할 때는 결과 및 성과에 커다란 영향을 주는 A 상품을 중점적으로 팔고 또 관리해야 한다.

(1) A 상품은 매장의 주역이다. 이 주역상품을 제일 좋은 장소에 풍성하게 진열한다.

(2) 그 가운데서도 가장 잘 팔리는 상품은 어떤 가격대, 색상, 사이즈, 소재인지를 조사해보는 것이 필요하다.

(3) B 상품은 지금은 그다지 눈에 띄지 않지만, 장소를 바꾸거나 좋은 점을 찾아 권장하면 주역상품으로 탈바꿈할 확률이 높다.

(4) C 상품도 B 상품과 같이 장소를 옮겨 진열하는 등의 노력을 하고, 그래도 팔리지 않으면 빨리 처분하는 등의 대응책을 세워야 한다.

4) 취급 중단시 체크 항목(재점검)

상품 취급을 중단하기 전 어째서 그 상품이 팔리지 않았는지 그 원인을 규명한다. 이것을 하지 않고 손쉽게 중단해 버리면, 축소 균형이 돼 손해가 발생한다.

① 진열 위치에 문제는 없었는가?
② 주변 경쟁점과 비교해 판매가는 적정했는가?
③ 충분한 상품 지식을 갖고 판매했는가?

④ 점차적으로 판매가 늘어날 상품은 아닌가?
⑤ 계절적인 영향 때문은 아닌가?
⑥ 상품 구성상 보조 상품(구색 갖춤 상품)은 아닌가?

Part 03
상품분류

15 상품분류 의의
16 상품분류 체계 기준
17 T.P.O.S분류의 의의

15

상품분류 의의

| 상품분류 |

점포 레이아웃의 기본은 부문화, 즉 상품을 관련 부문별로 분류하는 것이다. 그리고 이들 상품을 어떻게 진열할 것인지 기본 방침을 정하고, 각 부문에 어떻게 공간을 할당할 것인지 정한다. 그 다음 각 부문별, 각 품목에 대해 어떻게 공간을 할당할 것인지 정하는 것이다.

부문화란 한마디로 정리하면 취급하는 상품을 부문별로 나누는 것이다. 다시 말해 무엇인가 공통점이 있는 품목들을 한 부문으로 모으는 것을 말한다.

일반적으로 슈퍼마켓 경우, 점포 규모에 따라 차이는 있지만 대략 8,000~1만 5,000품목 정도를 취급한다. 또한 백화점 취급상품은 수십만 종

〈도표 3-1〉 일본 편의점의 상품구성

부문	품목	품목 수(개)
생식품	청과, 선어, 염장식품, 정육, 가공육, 쌀 등	100~150
즉석식품	밥, 도시락, 햄버거, 조리빵, 어묵, 즉석음료	200~500
일배품	반찬, 생면, 수제비, 만두 등	30~400
가공식품	냉동식품, 유제품, 통조림 컵라면, 조미료, 기호품, 레토르트 식품(카레, 소스, 짜장)	600~700
주류	양주, 맥주, 소주, 청주 등	250~400
과자	캔디, 초콜릿, 사탕, 스낵 등	350~400
일용 잡화	서적, 문구, 화장품, 경 의류, 우표, 담배, 완구 등	1,200~1,500
서비스	택배, 복사, 세탁, 사진현상, 공공요금 수납, 현금인출	-
합 계		3,000~4,050

에 이르므로 이를 합리적으로 분류, 관리해야 효율적인 상품구성을 할 수 있다.

소형점인 편의점만 보더라도 매장 규모에 따라 다소 차이는 있겠지만 3,000~4,500품목을 취급한다.

이렇게 많은 상품을 취급해야 하는 소매업이 이와 관련해 합리적인 의사결정을 내리려면 상품을 관리 가능한 그룹(묶음, 집합군)으로 분류해 집중적으로 관리할 필요가 있다. 그러므로 소매업에 있어 상품분류는 중요한 의미를 가지는데, 그 이유는 분류 방법이나 기준에 따라 구체적인 적용기법이 달라지기 때문이다. 구체적으로 분류의 적용기법을 살펴보면 다음과 같다.

① 재고 및 발주 통계 제도의 설정 수량 관리
② 재고 판매 및 가격 통계를 포함하는 백업 자료 정비
③ 고객이 필요로 하거나 원하는 대체상품, 신상품을 개발하기 위한 상

품의 그룹별 관리

④ 고객의 구매패턴 연구와 판매 증대방안 발견 등이 그것이다.

상품을 어떻게 분류하는가는 점포 만들기에 있어 가장 어려운 문제다. 상품분류를 잘 하면 선택하기 쉬운 매장이라는 평가를 받아 매출이 증대한다. 그래서 모든 점포에서는 상품분류에 주의를 기울이고 있다.

이론상으로는 소비자의 라이프스타일이나 구매 습관에 기초해 분류하는 일이라고 할 수 있다. 그러나 실제 소비자의 구매 습관이나 라이프스타일로 분류하는 것은 몹시 어려운 일이다.

| 상품분류 기준 |

상품분류에는 여러 가지 방법이 있는데, 먼저 그 서열 기준을 정하는 일이 중요하다. 예를 들어 의류매장에서 블라우스를 분류할 경우에 사이즈, 디자인, 연대순 가운데 어떤 기준으로 분류할 것인가 하는 것이다. 이처럼 의류는 그 상품의 특성이나 라이프사이클에 의해 분류 기준이 달라진다.

만약 블라우스를 라이프사이클별로 분류할 경우에는,

① 도입·소개하는 시기에는 '스타일, 디자인 분류'가 우선된다.

② 판매성장기에는 '사이즈 분류'가 우선되고, 디자인이나 색상은 다음이다.

③ 처분기가 되면 '가격 분류'가 우선이다.

이와 같이 분류의 문제는 상품 특성에 따라 상당히 어려운 것이지만 그만큼 중요한 것이기도 하다.

그러나 상품 분류의 핵심 포인트는 고르기 쉬운 매장을 만드는 것이며, 제조업 위주가 아닌 소비자 측면에서 행해져야 한다는 것이다.

상품분류(부문화) 기준을 자세히 살펴보면 다음과 같다.
① 제1기준 : 동종 상품을 한 부문으로 분류하는 방법
　　예) 정육, 생선, 과일, 채소, 스웨터, 블라우스, 내의 등
② 제2기준 : 소비자 구매동기에 의한 분류
　　예) 선물용품, 바캉스용품, 유아용품, 주방용품 등
③ 제3기준 : 상품 저장 혹은 진열 집기에 의한 분류 방법
　　예) 냉동식품, 냉장식품, 온장식품 등
④ 제4기준 : 특정 고객층을 대상으로 분류하는 방법
　　예) 유아용품, 실버용품 등
⑤ 기타 분류
　　㉮ 용도에 따른 분류 - 레저용품, 등산용품
　　㉯ 계절에 따른 분류 - 크리스마스 용품, 추동용품
　　㉰ 재료에 따른 분류 - 철물, 플라스틱 제품, 죽 제품
⑥ T.P.O.S 분류

소비자의 사용방법, 즉 'time', 'place', 'occasion', 'lifestyle'의 약자로 '시기, 장소, 동기, 라이프스타일' 별로 분류한다. 이와 같은 분류 순서는 실제적으로 소비자의 사용방법에 따라 선택 순위가 우선된다. 또한 매장 면적, 상품구성 계획, 가격정책에 의해 순서가 변하기도 한다. 매장이 작은 경우는 굳이 이 순서를 따를 필요는 없다.

| 상품분류 내용 |

1) 아이템(SKU ; 단일품 관리 단위)

상품분류상 가장 작은 단위로 상품을 쪼갠 것이다. 이 단위로 '상품 코드'가 부여되며 고객도 아이템(또는 SKU) 단위로 상품을 구입한다. 고객 요구는 아이템마다 다르다. 따라서 아이템마다 '판매개수를 예측해 발주하고 재고를 보유한다'는 판단을 해야 한다. 재고과잉이나 품절 같은 문제도 아이템 단위로 검토하지 않으면 안 된다.

SKU(발주, 진열관리 단위)는 Stock Keeping Unit의 약어로, 같은 아이템에서 색상, 사이즈별로 1SKU가 된다.

2) 중분류(class ; 구입관리 단위, 품종)

유사한 아이템을 묶어 분류한 것을 중분류라고 한다. '묶는다'는 의미에서는 최소의 분류다. 중분류는 실무상 구입액을 파악한다는 점에서 매우 중요하다.

3) 대분류(line ; 상품구색 갖추기 관리 단위, 품군)

몇 개의 중분류를 묶은 것으로, 상품분류상으로는 품번과 중분류의 중간 분류다. 상품구색 갖추기, 또는 상품 동향을 정리하는 단위가 된다. 즉, 상품구색 갖추기 관리 단위라고 정의된다.

신규점포를 개점할 때에는 부문(품번)구성(=merchandising mix)이 정해진 뒤에 그 품번에서 어떻게 상품을 구성할 것인가 검토할 때 대분류(assortment unit)단위로 편성해 상품구색 갖추기를 정한다. 이 자체만으로 작은 가게의 기능을 갖고 있어 미니 점포(mini shop)라고도 부른다.

또한 매장 만들기의 기본 단위로 각 코너별 공간 할당(space allocation)에 사용된다. 계절마다 매장 변경시 각각의 대분류마다 고객 요구 및 동향에 따라 매장을 넓히거나 좁히기도 할 때 판단 단위로 이용된다.

4) 부문(품번 ; 금액상품 관리 단위)

점포에서는 이 단위로 POS에 등록해 분류하기 때문에 'POS 분류'라고도 한다. 따라서 부문(=품번)은 매출을 금액으로 파악할 수 있는 최소 단위이기도 한다. 재고조사에 의한 실재고와 장부재고를 비교하는 것으로 부문(품번)마다 손실금액을 명확하게 알 수 있고 회사의 영업실적 평가를 위한 기본 정보가 되는 단위다.

5) 과(科 ; 이익 관리 단위)

과는 부문을 몇 개 모은 단위다. 이 단위를 이익관리 단위라고 하는 것은 이 단위에서 회사 관리상의 손익계산을 하기 때문이다. 매출액, 매익액 평가뿐 아니라 인건비, 판촉비 및 기타 일반관리비 등의 비용을 배분해 얼마나 이익이 있었는지 또는 손해를 보고 있는지 그 경영실태를 분명하게 하는 것이 이익관리 단위다.

6) 사업부

상품분류 중 가장 큰 단위로 상품라인을 크게 특징, 성격, 생활양식 등의 요소로 과를 묶은 단위다. 기본적으로는 고객 생활의 의식주에 대응해 의류, 식품, 잡화, 전문점 사업부로 구성하는 것이 보편적이다.

〈도표 3-2〉 상품 분류 내용 사례

구분	분류 명칭	분류 의미	보기
1	아이템(SKU)	단일품 관리 단위	오렌지주스 200g(100%)
2	중분류	구입관리 단위	오렌지주스 100%, 오렌지주스 50%
3	대분류	상품구색 갖춤 관리 단위(미니숍 개념)	천연음료
4	부문	금액상품 관리 단위	음료
5	과	이익관리 단위	가공식품
6	부	사업부 관리 단위	식품

〈도표 3-2〉처럼 대분류는 상품라인이 분류 기준인데 이 경우 구매빈도 차이는 무시된다. 또한 최종 분류인 소분류는 고객이 단 품목에 대한 선택 결정을 촉구하기 위한 분류이므로 무엇을 선택 기준의 우선순위로 삼아야 하는가를 생각해야 한다. 거기에는 품종, 품목이 충실하게 있어야 한다.

| 상품분류 방법 |

1) 상품분류 체계

상품분류의 최종 목표는 고객이 보기 쉽고, 선택하기 쉽고, 사기 쉬운 매장을 만드는 것이다. 그러나 현실적으로 매입·판매를 원활히 하기 위한 분류로 사용하는 것이 보통이다. 일반적으로 사용되고 있는 기본적인 상품분류 체계는 다음과 같다.

〈도표 3-3〉 소매업 측면에서 분류

부문(department)	손익관리 단위(profit center)
품군(line)	매장구성 및 상품구색 관리 단위(corner)
품종(class)	중요한 속성별 관리
품목(item)	진열 결정 단위
단품(unit)	발주 및 단품관리 단위

이러한 분류 체계를 사례로 보면 다음과 같다.

〈도표 3-4〉 상품분류 사례

부문	기호식품	비식품
품군	음료	세제
품종	천연음료/탄산음료/이온음료/과즙음료	세탁세제
품목	오렌지주스 100%, 오렌지주스 50%	분말세제
단품	오렌지주스 100% 1.8ℓ, 1ℓ, 500㎖	분말세제 2kg

2) 소비자 구매 패턴을 기준으로 한 분류

① 편의품 - 보통 값이 싸다. 최소의 쇼핑 코스트로 구매되는 품목으로 소비 빈도가 높은 식품, 우유, 치약 같은 생활필수품 등이 있다.

② 선매품 - 비교적 여러 점포를 돌아보며, '제품 특징', '가격', '품질', '색상', '디자인' 등을 비교해 선택·구매하는 상품. 편의품보다 쇼핑 코스트가 많이 소모된다. 의류, 구두나 일상 전자제품 등이 있다.

③ 전문품 - 구매하기 위해 가장 많은 쇼핑 코스트가 소모되는 제품으로 강한 브랜드 선호와 상품에 대한 충분한 지식을 갖고 구매하는 상품이 대부분이다. 주로 하이패션 상품이나 피아노, 전문 음향기기, 고급 가구 등이

이에 속한다.

편의품은 최소의 구매 노력, 즉 사기 전에 미리 생각하거나 구매 전에 계획을 세우지 않는 경우가 대부분이다. 그러나 선매품 경우는 구매 노력이 편의품보다 높다. 선매품은 사기 전에 어느 정도 미리 생각하고 구매하기 전에 계획을 수립한다.

또한 전문품은 최대의 구매 노력을 기울인다. 지나치다 싶을 정도로 미리 생각하고 구매 전에 계획을 세우는 것이 원칙이다.

3) 상품구성상 분류

① 종합상품(general merchandise)

의류, 신발류 및 가정용품 등 다양한 품목으로 구성된 것을 말한다.

② 한정 계열품(limited - line merchandise)

남성 의류, 여성 의류와 같이 특정 계열 내 상품을 말한다.

4) 수요 동향에 따른 분류

① 필수품(staple goods)

수요가 일정하고 유행 변화 등에 거의 영향을 받지 않는 상품. 식료품, 문구용품 등이 있다.

② 유행품(fashion goods)

계절이나 주기별로 유행이 있다. 디자인, 색상, 재질 등이 자주 바뀌는 의류가 이에 속한다.

5) 상품 배치에 따른 분류

① 기초품(basic goods)

구매하러 올 때마다 대다수 고객이 빈번하게 구입하는 품목이다. 이 상품은 고객이 점포 내 어디에 진열돼 있든지 찾아가서 구입한다. 예를 들면 조미료, 분유 등이 있다.

② 충동품(impulse goods)

충동적으로, 비계획적으로 구입되는 상품으로 진열대를 지나치면서 구입하게 되는 품목이다. 구매율을 높이기 위해서 진열할 때 눈에 잘 띄는 위치에 진열한다.

6) 상품관리에 따른 분류

① 패션 상품군

화장품, 의류와 같이 패션성이 강하나 판매 기간은 짧으며 변화가 심한 다품종 소량 생산 상품군이 이에 해당된다.

② 필수 상품군

식료품과 같이 판매 기간도 길고 반복성이 높은 소품종 대량생산 상품군으로 기호식품, 일용잡화 등이 있다.

③ 영구성 상품군

가구나 가정용 전기기기와 같이 견본 상품을 점내에 진열해두고 새 상품을 배송센터에서 배달하는 상품군이다.

〈도표 3-5〉 상품관리에 따른 분류별 특성

	패션 상품군	필수 상품군	영구성 상품군
판매 방법	현품 판매	현품 판매	샘플 판매
진열 방법	진열집기 이용(행거, 마네킹)	곤돌라 선반에 진열	샘플 진열
상품 성격	계속성과 반복구매 적음 상품수명 짧고, 다품종 소량판매	계속성과 반복구매 크고, 단품 대량판매	계속적인 반복성을 갖고 있으며, 제품에 따라 상품수명 한정
평균단가 및 총 이윤 폭	중간 정도	낮음	높음
관리 자료	단품 판매재고 자료	적정 진열 재고기준 자료	재고 보충자료 제조업체 생산 현황자료
관리상 요점	주력 상품의 신속한 파악과 보충, 가격인하 시기 관리	품절 방지 보충 구매력의 적정화	제조업체나 유통 재고의 정확한 재고 파악

자료 _ 大槁周治 '소매경영 입문(1973)'

7) 판매 정책에 따른 분류

현재 소비자 구매 경향과 구매 패턴 및 고객 선호도 등을 감안해 분류 계획을 세워야 하며 매장규모 및 위치 등도 고려해야 한다.

① 주력상품 - 필수상품이라고도 하며 고객이 특정 점포를 방문해 찾는 점포의 기본이 되는 상품이다. 이 유형의 상품은 점포 내 판매액이나 이익액상 점유 비중이 가장 큰 상품으로, 업종에 따라 계절이나 월별로 바뀌는 경우도 있다.

예를 들어 슈퍼마켓처럼 식료품을 파는 매장인 경우는 '과일, 채소, 생선, 정육' 등 매일 매일 식탁에 오르는 기본적인 식품을 말하며 남성의류 매장이라면 슈트, 재킷 등을 말한다. 이러한 주력상품은 고객을 매장 안 깊숙한 곳까지 끌어들이는 역할을 하므로 주통로 주변에 배치하는 것이 기본이나 다소 접근성이 떨어지는 매장 안쪽 주통로 끝에 배치해도 무방하다.

② 보조상품 - 주력상품의 관련 구매품목이다. 식료품 매장의 경우 과일을 먹을 때 필요한 과도·포크·접시 등이 이에 해당하며, 남성의류점이라면 셔츠나 가디건 등이 이에 속한다.

③ 충동상품 - 이 범주의 상품은 비교적 저가이며 크기가 작은 것으로 구매를 자극한다고 해서 자극 상품이라고도 한다. 슈퍼마켓 경우 껌, 초콜릿 등 계산대 매대에 진열돼 있는 상품이 이에 해당하며, 남성의류점에서는 넥타이, 양말 등이 해당한다. 이 같은 상품은 1년 내내 계속 취급하며, 출입구나 계산대 같이 눈에 잘 띄는 곳에 진열해야 효과적이다.

④ 계절상품 - 계절적으로 한정해서 취급하는 상품이다.

⑤ 전략상품 - 점포 전체나 장기적인 관점에서 고객 흡인력이 높거나 혹은 판매나 이익 증대에 공헌도가 높은 상품이다.

8) 상품전략에 따른 분류

① 기본 상품군(basic items)

수요가 많고 비교적 적정가이면서 품질이 좋은, 시장 형성 및 성장기에 있는 상품을 말한다. 연간 꾸준히 판매되는 고회전 상품군으로, 주고객을 대상으로 판매를 주도하는 품목이다.

② 보완 상품군(test items)

기초 상품군을 보완해서 유행을 예측하려는 품목으로 소비자 반응을 살피기 위한 상품군을 말한다. 기초 상품군보다 약간 격이 높거나 낮으며, 가격은 약간 싸거나 비싸다. 색조 면에서는 더 화려하거나 혹은 더 우수한 상품으로 표준적인 실용품과 약간 다른 것을 원하는 고객을 목표로 한다.

③ 제시 품목군

일반적인 추세보다 조금 앞서 유행하는 상품으로 판매 수량이 많지 않아서 판매나 이익 증대에 크게 공헌하지는 않으나 눈에 잘 띄는 품목군으로 매장 분위기 개선에 활용된다. 이 상품의 경우 소비자 반응이 좋아지면 기본 상품군으로 전환된다.

④ 촉진 품목군

고객의 저가 수요를 충족시키거나 다른 품목군의 판매를 촉진하기 위한 품목군으로 '로스리더 품목'이라고 한다.

| 상품분류의 효율적인 방식 |

상품관리에 있어서 효율적인 방식은 수많은 품목을 체계적으로 분류하는 것이다. 즉, 모든 상품을 체계적이고 합리적으로 분류함으로써 시스템화와 자동화를 실현하는 것이다.

각 소매기업의 취급상품은 기업의 영업방향과 경영정책에 따라 적절하게 분류할 수 있다. 오늘날과 같이 생활이 풍요로워지고 상품도 다양한 사회의 상품분류는 고객의 라이프사이클을 고려해 더욱 세분해야 한다.

다음은 국내 편의점의 상품구성과 매출액 구성비 현황이다.

〈도표 3-6〉 편의점 주요 상품별 매출 구성비

(단위 : %)

상품부문	2006	2007
가공식품	16.4	17.0
조미료	0.3	0.4
기호품(커피 등)	0.7	0.8
냉동식품	0.4	0.4
음료(청량·주스·건강)	10.7	10.9
양곡류	0.1	0.2
면류	2.3	2.5
안주류	1.3	1.1
기타	0.6	0.7
일배가공식품	12.7	12.2
가공육	1.2	0.8
어묵	0.2	0.2
반찬	0.3	0.3
빵(일반·제과)	1.2	1.3
우유(흰·가공)	6.6	6.6
아이스크림	3.1	2.9
기타	0.1	0.1
일배생식품	0.7	0.6
야채	0.1	0.1
계란	0.1	0.1
청과	0.3	0.2
정육	0.1	0.1
기타	0.1	0.1
패스트푸드	5.0	4.3
찬 즉석음료	0.2	0.2
더운 즉석음료	0.4	0.1
도시락	2.8	2.4
조리빵	0.8	0.9
기타	0.8	0.7

과 자 류	6.0	6.3
스낵·껌 등	4.4	4.2
초콜릿	1.5	1.6
기타	0.1	0.5
주 　 류	7.7	7.4
맥주	4.8	4.8
소주	1.6	1.6
양주	0.6	0.5
과실주·기타	0.7	0.5
잡 　 화	5.5	5.0
세제류	0.6	0.5
세면비누	0.8	0.7
화장지	0.8	0.7
화장품	0.5	0.5
기타	2.8	2.6
문구·완구·팬시	0.6	0.6
서적·잡지	0.6	0.4
담　　배	43.9	44.1
복　　권	0.9	2.1
총　　계	100.0	100.0

자료 _ 한국편의점협회

16

상품분류 체계 기준

| 상품분류 체계의 기본 개념 |

오늘날 일반적으로 소매기업에서 사용하고 있는 상품분류의 기본 개념은 다음과 같이 정리할 수 있다.

1) 매입 효율성을 고려한다.

슈퍼마켓이나 할인점 같은 소매기업은 많은 공급업체로부터 상품을 공급받고 있다. 그러다 보니 많은 거래선에 보다 좋은 상품을, 보다 싼 가격에, 적당한 양을 지속적으로 매입하는 것이 매우 중요한 업무가 되었다.

예를 들어 달걀을 어느 부문에서 취급할 것인지 정할 때, 거래처가 정육도매 시장에 있으면 축산부문, 농산시장인 경우에는 농산부문, 전문 도매상일 경우에는 일배부문 거래선과 매입 담당자에 의해 결정되는 경우도 있다.

물론 어느 업종이든 생산부터 소비자에 이르는 유통경로는 거의 정해져 있다. 각각의 루트가 합리적이건 아니건 간에 상품을 안정적으로 매입하기 위해서는 채소는 농산시장을, 생선은 수산시장을 이용할 수밖에 없는 것이다.

2) 인스토어 오퍼레이션 측면에서 본다.

점원 한 명이 관리해야 하는 매장이 여기 저기 흩어져 있으면 작업하기 어렵다. 또 창고에서 너무 멀어서도 곤란하다. 검품, 적재, 가격표 부착, 진열, 발주 등의 작업은 단시간, 단거리에서 끝내야 한다. 또 전문성을 요하는 작업을 미숙련자에게 시키거나, 전문인에게 누구나 할 수 있는 작업을 시켜서는 안 된다. 이는 낭비이기 때문이다.

그러므로 점포 작업을 분업화해 쓸데없는 노력을 줄이고 개개인의 능력에 맞게 효율적으로 일할 수 있도록 상품분류가 이뤄져야 한다.

미국이나 유럽은 기능과 직능을 중심으로 조직화된 사회이므로 전문 기술을 요하는 과일, 정육, 베이커리, 야채, 약국 등과 전문성이 낮은 드라이 그로서리, 채소, 약국 및 데일리, 일용잡화 등의 두 부문으로 구분해 분류하고 있다.

3) 데이터 관리가 쉬운 상품분류이어야 한다.

EOS나 POS 도입이 늘어나면서 상품분류는 단품을 기호화하는 데 중요한 의미가 있다. 발주작업을 손쉽게 하고, 속도를 높이고, 발주 착오를 줄이고, 원가·판매가를 정확하게 관리하고, 매출관리 및 재고관리를 신속·정확하게 하고, 나아가 매입대금 지불도 정확히 처리하는 우수한 시스템을 가동시키려면 그 목적에 맞는 상품분류가 필요하다.

〈도표 3-7〉 매장의 작업 시스템 구조

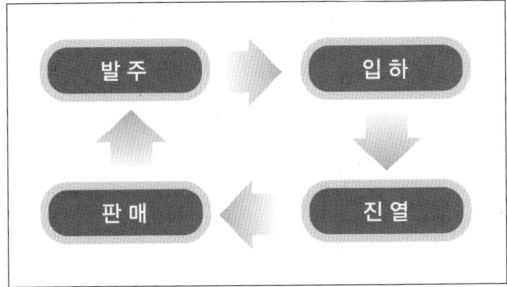
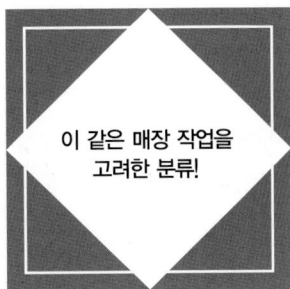

특히 세금과 관계되는 외세, 내국세 관련 상품의 분류나 과세 품목, 비과세 품목의 분류가 이에 해당한다. 결국 상품의 기호화는 그 정보를 어떤 목적에 이용할 것인가에 따라 이용방법이 달라진다.

크게는 발주업무와 재고관리, 원가·판매가 관리의 합리화를 주목적으로 한 것과 판매효율을 측정하고 상품구색이나 가격정책에 이용하려는 목적이다. EOS, POS는 후자에 맞는 도구라 할 수 있다.

| 판매효율을 높이기 위한 상품분류 기준 |

판매효율을 높이기 위한 상품분류는 무엇을 기준으로 삼는가가 중요하다. 예를 들면 생선회의 판매효율을 구하는 경우, 가격을 기준으로 분류할 것인가, 어종별로 할 것인가, 용기에 담는 방법으로 분류할 것인가, 무게로 결정할 것인가와 같은 분류 기준이 필요하다.

또한 곤돌라나 진열매대 같은 공간효율적인 측면에서는 상품 소재지가 분류 기준이 된다. 이와 같이 어떤 목적으로 얻은 데이터인가에 따라 상품 분류 기준이 달라진다.

1) 상품정책을 수립하기 쉬운 상품분류

전단 상품, 특매 상품, 봉사 품목 등 소매기업에 따라 각양각색으로 특매 상품을 일반 상품과 구별하고 있다. 더불어 계절상품, 히트상품 등 연중 판매가 불가능한 한정기간 판매 상품도 별도로 분류하고 있다.

대부분의 경우, 현실적으로 연중 판매하는 항상 상품의 분류보다 이와 같은 계절상품의 분류가 매우 복잡하기 때문에 명확하게 관리되지 않고 있다. 그러나 경쟁력과 집객력을 높이고, 매출 공헌도가 높은 계절품 경우 분류 체계를 명확히 확립해야 보다 강한 경쟁력을 발휘할 수 있다.

2) 영업 활동 측면의 상품분류

① 원가를 밑도는 판매가 설정으로 경쟁력, 집객력을 높이기 위한 상품 (로스리더)

② 원가보다 약간 높은, 처음부터 낮은 가격으로 판매가를 설정한 전략 상품

③ 판매 수량이나 매입 수량을 제한한 일정량의 상품

④ 점장이나 부문장이 의도적으로 싸게 판매하는 상품

⑤ 점내나 점두에 임시 매장을 만들어 판매하는 상품(행사상품)

⑥ 판매기간을 한정한 상품이나 싸게 팔지 않는 상품

⑦ 위탁상품 같이 통상적으로 매입하지 않는 기타 상품 등

이상과 같이 다양한 상품정책을 수립하기 위해서는 다양한 판매방법에

따른 분류가 있다. 이를 일상 업무로 정해 그때그때 임시방편적으로 처리한다.

3) 고객 측면의 상품분류

고객이 구입하기 쉬운 매장분류와 상품분류 기준을 정하는 것은 대단히 복잡해 단순화가 곤란한 영역이다. 그러나 요약하면 다음과 같이 구분해 정리해볼 수 있다.

(1) 매입 습관에 따른 분류

점포를 개점하면 고객으로부터 매장 위치에 대한 질문을 많이 받게 된다. "○○은 어디 있습니까?", "XX는 어디 있습니까?" 그러나 대략 3개월만 지나면 고객도 새로운 매장에 익숙해져 이 같은 질문이 줄어든다.

고령자들은 재래식 스타일의 전문 업종 점포에 익숙해져 있다. 그러므로 어물전, 정육점, 야채 상회 같은 분류가 쉬울 것이다. 때문에 고령자가 많은 지역, 소득 수준이 낮고 새로운 생활양식을 쉽게 받아들이지 않는 고객이 많은 지역이라면 이들에게 맞춰 상품을 분류해야 할 것이다.

반면 혁신적인 상품분류는 고령자보다 신세대층의 내점 빈도가 높은 상권의 소매 점포에 도입하기 쉽다. 또 젊은층이 많고 소득 수준이 높으며, 새로운 문화에 대한 흡수력이 높은 지역에도 도입하기 쉽다.

(2) 객층에 의한 분류

자녀 지향, 남성 지향, 고령자 건강 지향 등 취미성이나 기호성 등에 의한 분류를 말한다.

(3) 용도에 의한 분류

메뉴 분류는 최근의 분류방법 중 가장 대표적인 것이다. 그러나 소형 슈퍼마켓 한도를 초월한 용도별 분류는 오히려 고객 불만을 살 수 있다. 메뉴

분류는 매장이 크고 객수가 많으며 상권도 넓은 점포에 유효한 상품분류 방법이다.

(4) 소재, 산지에 의한 분류

1차식품은 소재, 산지 등 유통의 큰 흐름에 따른 분류가 일반적이고 고객도 이에 익숙해져 있다. 또 세제, 주방용품 같은 상품도 소재를 묶음으로 분류하는 편이 구입하기 쉽다.

(5) 매장면적과 적합성

작게는 $330m^2$부터 넓게는 2만 $3,000m^2$에 이르기까지 다양한 규모의 점포를 모두 하나의 상품분류로 묶으려고 하면 문제가 발생한다. 왜냐하면 매장면적과 업태가 다르면 같은 상품이라도 그 상품 역할에 차이가 생기기 때문이다.

예를 들면 화장품 경우, 미국의 백화점은 중장년층을 대상으로 하는 기초 화장품을 주력 판매한다. 젊을 때는 그리 비싼 고급 화장품을 필요로 하지 않는다. 반면 대형마트는 기초 화장품이라도 가격이 저렴한 스킨, 로션 따위를 판매하고 주로 메이크업 화장품을 판매한다. 왜냐하면 젊은 사람들은 그것으로도 충분하기 때문이다.

이상으로 상품분류에 대해 알아보았다. 그러나 상품분류는 매장면적과 그 매장에 전개되는 상품분류 방법이 조화를 이뤄야 하고 또한 상권이나 입지 특성에도 부합돼야 한다는 것을 기억해야 한다.

오늘날 몇몇 소매기업의 상품분류에 혼란이 보이는 것은 이와 같은 상품분류 전략이 결여돼 있기 때문이다.

17

T.P.O.S 분류의 의의

| T.P.O.S 분류의 의미 |

관리하기 편하다고 판매자 입장에서 매장을 분류하는 것은 좋은 방법이 아니다. 경쟁이 심화된 오늘날 슈퍼마켓이나 할인점 같은 셀프서비스 매장에 가장 필요한 것은 '판매자 입장'에서 '소비자 입장'으로 발상을 전환하는 것이다.

따라서 점포구성이나 상품구성, 판매방법이나 각종 서비스에 있어 새로운 시도가 필요하다. 물론 상품구성에서 사용자 입장과 구매자 입장의 상품개발이 기본적인 전제가 돼야 한다. 하지만 매입상품에 대해서도 이제까지의 사고방식을 바꾸지 않으면 새로운 상품개발을 해도 고객에게 다가가기 어려울 것이다.

1) 분류 조건

상품분류를 영어로 번역하면 어소트먼트(assortment)다. 어소트먼트란 한 품목씩 선정해 조합시키는 것을 의미한다. 예를 들어 한 품목씩 선정한다는 것은 100품목 가운데 한 품목만 취해 앞에 세우고 99품목은 그 뒤를 따르도록 한다는 의미다.

이 때 '어떤 T.P.O.S 혹은, 어떤 용도의 상품구성을 할 것인가?' 라는 전제가 우선 상품정책으로 정해져 있어야 한다. 그 다음 품목별로 선정해야 한다. 선정하기 쉬운 기준으로 대분류, 중분류, 소분류로 나누는 것이다.

이것을 보다 향상된 분류 조건으로 만들기 위해서는,

첫째, 편리하게 선택할 수 있는 분류이어야 한다.

둘째, 사용자 입장에서 편리한 분류(동시에 사용하는 것이 거기에 갖춰져 있다는 것을 의미), 즉 하나의 T.P.O.S로 짜여 있어야 한다.

셋째, 실제로 '분류명'을 사용할 때는 소비자가 알기 쉬운 일상용어로 표현돼 있어야 한다. 그러나 실제에 있어서는 제조업체에서 사용되는 용어가 사용되고 있다.

넷째, 보기 쉬운 형식과 양식이 조화된 형태로 분류돼야 한다. 이것은 진열기구 사용방법, 혹은 셀프 케이스의 칸막이 판 사용방법 등이 문제가 되기 때문이다.

다섯째, 아름답게 연출돼야 한다. 예를 들면 색상별 분류의 경우, 강조하는 색상이 돋보이도록 연출할 뿐 아니라 다른 색상과도 잘 어울려야 한다.

여섯째, 분류를 주기적으로 변경해야 한다. 분류를 주기적으로 변경하지 않으면 개점 때 분류한 상태로 고착돼 시류 변화에 따르지 못하기 쉽다.

일곱째, T.P.O.S로 분류하는 경우에는 목표로 하는 객층 설정이 문제가

〈도표 3-8〉 미국 할인점에서 배우는 상품분류(예)

	대분류	중분류		예 외
A	청소용품	· 실내청소 · 주방청소 · 집 주위 청소	· 마루청소 · 욕실청소 · 청소기 부품과 소모품	· 승용차 청소 – 자동차용품 매장 · 아웃도어 청소 – 정원용품 매장
B	주방용품	· 조리 · 베이킹 · 냉장고용 · 식사 설거지 · 키친 타월	· 행주 · 쓰레기 처리 · 수납 · 가스 테이블용 · 주방용 소형가전	· 주방 청소 – 청소용품 매장
C	식탁용품	· 식기 · 유리잔, 컵 · 식탁보, 런천매트	· 식탁에서 사용하는 자질구레한 도구 · 식탁의자, 방석, 커버 · 어린이용	· 선물용 식기세트 – 시즈널 선물용품(계절품)
D	수납	· 장롱용(의류, 침구중심) · 수납 찬장용(청소도구, 세탁용품, 욕실용품) · 널판지 상자 · 선반	· 만능 잡화 정리용 · 플라스틱 상	· 주방의 수납 – 주방용품 매장 · 사무용품의 수납 – 홈 오피스 · 공구의 수납 – 공구용품 매장
E	윈도우 커버링	· 거실용 · 주방용 · 침실용	· 침실용 · 아이방용 · 설치용구와 부품	· 목욕용 커튼 – 목욕용품 매장 · 침실용 다른 상품과의 코디네이트 – 침실용품 매장
F	욕실용품	· 화장실용 · 세면대용	· 타월류	· 샴푸 – HBA 매장 · 욕실의 청소용품 – 청소용품 매장
G	홈 오피스	· 대인용 문구 사무용품 · 각종 사무서류 형식	· 수납 · 하이테크 가구와 그 관련	· 아동문구는 별도 독립

자료_ 이용국 '새로운 매장구성' 72페이지, FOTEX)

된다. 더욱이 주력 객층에 대해서는 명확한 구별이 필요하다.

그러나 고객 입장에서 보면 구매의사 결정자, 즉 구매자와 실제 사용자가 일치하는 경우와 그렇지 않은 경우를 구별할 필요가 있다.

예를 들면 베이비용품은 아기가 사용하지만 구매자는 어머니다. 식료품을 예로 들면 술안주용 생선매운탕 거리는 주부가 구매하지만 먹는 사람은 남편이다.

또한 할인점의 남자의류 경우, '스포츠웨어, 액티브웨어(팀 스포츠), 청바지 룩' 같은 겉옷은 대부분 남성이 직접 산다. 그러나 '와이셔츠, 넥타이, 잠옷, 속옷, 손수건, 양말' 같은 의류는 주로 여성이 남성을 대신해서 구입한다.

따라서 이러한 요소도 분류의 중요한 고려사항이다. 당연히 남녀별, 세대별로 문제를 정리해야 한다. 객층에 대한 포인트가 달라지면 분류방법도 달라진다.

2) 분류 결정 순서

분류 결정의 첫 번째 요소는 내점빈도 파악이다.

분류의 결정 순서로 가장 큰 틀을 꼽으면 상권 크기와 내점빈도라 말할 수 있다. 가령 상권 인구가 3만 5,000명이라면 내점빈도는 2일에 한 번 혹은 3일에 한 번 정도라고 볼 수 있다. 그러나 상권 인구가 5만 명이라면 주 1회 정도 될 것이다. 또한 상권 인구가 10만 명이라면 월 1~2회 정도 내점하게 될 것이다. 이에 비해 상권 인구가 50만 명이면 월 1회 내점도 어려워진다. 100만 명 이상이 되면 연 3~4회밖에 생각할 수 없다.

따라서 위와 같이 2~3일에 한 번, 주에 한 번, 월에 1~2번인 내점빈도 가운데 한 가지를 정해 상품구성을 해야 한다. 또한 정해진 내점빈도 이외의 것, 다시 말해서 그 밖의 상권 인구를 위해 상품을 배치하는 것은 곤란하다.

이와 더불어 구매빈도를 고려해 상품을 분류해야 한다. 일반적으로 구

〈도표 3-9〉 빈도 분석표의 예

분류	빈도	상품명
기호품	매일	과일, 우유, 요구르트
	2~3일	야채, 생선, 빵, 계란
	5~7일	육류, 과자, 라면, 화장지, 티슈
일용품	10~15일	쌀, 잡곡, 샴푸류, 세제류, 치약
	1개월	주류, 조미료, 복사용지, 양말
	2~3개월	화장품, 필름, 넥타이, 부인복
전문품	6개월	구두, 커튼, 주방용기
	연간	양복, 명절선물, 선물세트
	1~3년	안경, 손목시계, 컴퓨터, 휴대폰
내구품	3~5년	에어컨, 자전거
	5~8년	자동차, 텔레비전, 카메라, 가구, 가전
	10년 이상	오디오, 피아노

매빈도가 높은 상품은 매출단가가 낮고, 빈도가 낮은 상품은 단가가 비싸다. 이러한 상관관계를 생각하고 분류에 임해야 한다.

두 번째 요소는 T.P.O.S다. 첫 번째 요소인 내점빈도는 그 점포의 장사종류 또는 층(플로어) 구성에 영향을 준다. 당연히 하나의 T.P.O.S로 짜이게 된다. T.P.O.S로 짜인다는 것은 가격 범위(Price zone)와 가격 포인트(price point)는 품종별로 하나가 되며 품종 수는 늘어나도 품목 수는 현재보다 훨씬 적어지는 것을 의미한다. 가격 범위가 작기 때문에 재료나 재질 및 산지, 생산자 범위는 한정된다. 범위가 한정되면 바이어는 생산자와 직접 접촉하는 시간이 길어진다.

세 번째 요소인 소분류는 사이즈(규격, 크기)나 양 따위로 분류하는 것이다. 그러나 대분류와 중분류는 앞서 말한 두 가지 요소만으로 곤란하다.

보다 다양한 볼거리를 연출하기 위해 세 가지 요소를 추가로 고려해야 한다. 하나는 배색이나 색채, 두 번째는 스타일, 세 번째는 룩(look)과 테이스트(taste)다. 어느 부분의 어느 품목 그룹을 강조할 것인가로 볼거리를 제공할 수도 있다. 주의할 것은 그것이 소분류라 해도 어떤 룩, 어떤 색채, 어떤 용도인가는 중분류와 소분류 사이의 분류에서 강조돼야 한다.

이와 같이 강조하는 분류를 만드는 이유는 '핵 매장' 구축을 위한 것이며, 그것은 타사와 차별화하고 많은 양을 팔고 다른 매장과 구별하기 위함이다. 또한 매장은 계절마다 변화돼야 한다. 즉, 매장분류 또는 상품분류에 있어 소분류는 계절마다 항상 변해야 하며 이것이 계절감을 느끼는 매장분류의 절대조건이다.

3) 정확한 분류에서 얻을 수 있는 효과

(1) 고객은 매장분류가 정확하면 풍부하다는 인상을 받는다. 이것은 도매업이나 제조업 그리고 점포 측에서 풍부하다고 느끼는 것과 전혀 다르다. 사람들이 지역 일번점이라고 말하는 곳은 상품이 많거나 적든 간에 풍부함을 가지고 있다는 특징이 있다.

(2) 고객이 판매원에게 묻지 않고도 즐겁게 선택할 수 있다. 좋은 점포는 반드시 이 요소를 갖고 있다. 그러나 이렇게 되기까지는 몹시 어렵다. 이것은 품질 레벨에 있어 일정 '수준의 통일'이 문제가 되기 때문이다. 의류를 예로 들면 다음과 같이 말할 수 있다. 20만 원대 저가 남성정장과 10만 원대 고가 와이셔츠가 어울리지 않는 것처럼 어울리지 않는 가격대의 상품이 한 매장에 같이 존재해서는 곤란하다는 것이다. 식료품 경우에도 삼겹

살은 중등육 이하의 저가 상품만 판매하면서 쌀은 최고급품만 판매하면 고객은 그 점포를 믿을 수 없게 된다.

(3) 쇼핑자체가 즐겁게 된다. 또한 구입하고자 하는 상품이 그 매장에 갖춰져 있고 다른 점포보다 원하는 상품이 한 곳에 훨씬 풍부하게 갖춰져 있어 편리하다.

이것은 흔히 원스톱 쇼핑이라는 형태와 유사하지만 그런 의미는 아니다. 현재 백화점에서 실시하고 있는 가격존은 넓고 용도가 광범위하고 각양각색이므로 결코 원스톱 쇼핑은 아니다. 오히려 상황별 코디네이션(coordination)이라고 표현하는 편이 정확하다.

(4) 점포 측에서 상품관리가 쉬어진다. 이것은 인간과 시간 측면의 생산성 향상을 위한 조건이기도 하다.

(5) 상품 자체가 무대인 매장에서 상품 스스로 배우로서 연기를 해 고객에게 감동과 기쁨을 줄 수 있다. 별도로 점포 측이 비용을 들여서 설명을 하거나 판촉을 할 필요가 없다. 이런 의미에서 효과적인 분류는 많은 비용을 삭감할 수 있다. 그 뿐 아니라 고객 자신이 극장인 점포에서 즐거운 쇼핑을 하고 구입한 상품을 사용하는 즐거움과는 또 다른 기쁨, 즉 쇼핑 그 자체만으로 즐거움을 맛볼 수 있다.

상품분류의 조건을 요약해서 정리하면 다음과 같다.
첫째, 상품지식을 바탕으로 고객의 구매요인이 무엇인가 파악한다.
둘째, 파는 쪽보다 사는 쪽 입장에서 편리해야 한다.

셋째, 분류된 상품 그룹의 성격이 알기 쉽도록 표현돼야 한다(POP 포함).

넷째, 상품 제안을 위해 그룹별로 포인트 프레젠테이션이 매력적이어야 한다.

상품분류를 통해 얻을 수 있는 효과는 상품의 다양함을 보여줄 수 있고, 판매원 도움 없이 상품을 비교 선택할 수 있으며, 점내 적정 재고량을 파악할 수 있다는 것이다. 또한 한정된 매장면적을 적절하게 활용할 수 있으며, 고객에게는 찾는 상품이 있다는 것을 확신시켜 줘 다시 매장을 찾도록 만드는 것이다.

그러나 무엇보다 매장을 지속적으로 정리·정돈하고 개선해나가는 자체가 훌륭한 시도라 할 수 있다.

잠시라도 소홀히 하면 여러 상품이 섞이게 된다. 그래서 고객은 원하는 상품을 사기 위해 보물찾기를 해야 한다. 즉, 상품분류는 취급상품을 필요 이상으로 세분해놓는 것이 아니라 고객의 구매편의를 고려해 쇼핑이 편리하도록 상품을 모아놓는 것임을 잊어서는 안 된다.

Part 04
상품구성

18 상품화 전개과정
19 상품계획과 상품구성
20 상품구성의 본질
21 품목구성의 기본원리
22 상품구성의 기본원칙
23 적정 규모 실현을 위한 상품구성
24 상품구성 전개방법
25 상품구성과 가격구조

18 상품화 전개과정

| 상품화 의의 |

'어떻게 하면 상품구색이나 상품구성을 적절히 할 수 있는가' 하는 것이 소매점 영업활동의 시작이다. 그를 위한 소매점포의 상품관련 활동을 상품화(merchandising)라 한다.

상품화 활동에는 다음과 같은 것들이 있다.
① 협의의 상품화 활동으로 상품계획 수립
② 상품구매 활동
③ 가격설정 활동
④ 재고관리
⑤ 판매 활동

상품화 활동은 소매유통 그 자체를 총칭하는 활동이라 할 수 있다. 그러나 상품화라는 용어는 1920년대 초 미국 제조업체의 상품정책이나 마케팅 개념으로 사용되었다. 당시에는 구매 활동에 중점을 두었으나 점차 그 중점은 판매, 판매촉진, 상품, 서비스 재고관리 등 다양한 영업 관련 활동을 포함하는 방향으로 해석됐다.

1950년대 중반 이후에는 상품화 계획이 구색·구성(assortment)이라는 의미로 바뀌게 되었는데, 이는 '수직적, 종적인 제품·서비스 계열을 수평적, 횡적인 계열로 전환시키는 것'을 상품화의 핵심으로 보는 것이라 할 수 있다. 이러한 입장에서는 상품화를 '소매업이 제공할 상품의 구색 또는 구성의 결정'으로 보게 된다.

이러한 관점에서 보면 상품화 활동에는 계열구성과 품목구성의 두 가지 결정이 포함된다. 따라서 상품화 결정은 '계열구성 → 품목구성 → 개별품목 선정' 등의 절차를 밟아 이뤄진다.

미국마케팅학회에서는 상품화 계획을 '적절한 장소에 적절한 시간에 적절한 수량으로 또한 적절한 가격으로 적절한 상품 또는 서비스를 유통시키는 데 필요한 계획과 통제'라 정의하고 있다.

| 상품화 전개과정 |

상품화 활동의 근본은 상품구성, 즉 품목구성 결정에 있는데 그 순서는 다음과 같다.

1) 상품계획 [(경영이념·경영방침) + (기업 정보 : 소비, 경쟁, 지역 특성)]

① 상품 예산 결정
② 가격구조 결정
③ 품목구성 책정
④ 개별품목 설정
⑤ 품목별 재고수량 결정

2) 판매실시
① 구매계획 수립
② 구매처 선정 · 개발
③ 개별품목 선택
④ 상담 · 발주

3) 수하 · 검품
① 검수 기준 결정
② 품질 · 규격 검사
③ 수량 검토
④ 송품장 검증

4) 분류 표시 부착
① 매장별 분류
② 가격설정, 가격라벨 첨부
③ 구매, 판매부문 통지
④ 후방창고 및 작업장(백룸)으로 이동

5) 재고관리

① 물적관리

② 금액관리

③ 내용관리

6) 진열·연출

① 진열, 장식, POP

② 상품보충

③ 기타 매장환경

④ 광고 홍보 행사

7) 판매실시·목표달성

① 접객정보 제공

② 작업관리

③ 판매업무

④ 고객 수요 충족

8) 기록 분석(내부정보)

① 판매기록 분석

② 판매원 의견 수집

③ 고객의 소리 분석

④ 추세분석

이와 같은 과정은 상품구성이나 구색이 결정된 다음 상품 계열별로 수

행되는 상품화 활동으로, 상호 관련돼 있다. 또한 상품구색·구성결정에 속하는 품목 결정을 중심으로 하는 상품계획에서 비롯된다. 이에 따라 구매가 이뤄지고 수하·검품, 분류, 바코드 라벨 부착, 재고관리, 진열·연출 등의 물적 유통 활동을 거쳐 전시되고, 판매촉진 활동을 통해 소비자에게 전달된다.

19

상품계획과 상품구성

상품계획(merchandising)이란, 상품의 생산부터 소비에 이르기까지 전 과정을 계획, 통제하는 일을 가리킨다. 또한 상품구성은 상품구색을 갖추는 일로 아이템과 진열량의 조합을 말한다.

| 상품계획 수립 |

상품계획의 자세한 수립 내용은 다음과 같다.

1) 명확한 사전 계획에 의해 구색 갖춤을 한다.

점포에서 상품의 구색 갖춤은 점포 컨셉트에 근거해서 명확히 실시돼야 하는데 그 구체적인 내용은 다음과 같다.

① 부동 상품의 제거 작업을 실시한다.
② 상품의 ABC 분석 후, B급 상품은 A급으로, C급 상품은 B급 상품 수준으로 판매를 증대시키기 위해 진열 위치를 변경한다. 즉, 곤돌라 진열대에서 상·하 진열 위치를 변경한다(팔고 싶은 상품, 이익이 많은 상품을 우위(優位) 위치).
③ 경쟁점이나 경합점과 비교해 차별화된 상품구색을 구비한다.
④ 경쟁점이나 경합점과 비교해 가격대별 상품구색을 갖춘다.
⑤ 곤돌라와 엔드매대에 진열할 상품을 명확히 구별해 엔드매대에 진열할 상품을 선정한다.
⑥ 상품별로 팔림세를 파악해 품절되거나 과잉재고가 발생하지 않도록 진열 페이싱(facing)을 조절한다(=선반 할당).

2) 상품계획시 단품관리와 판매 계획은 항상 연계돼야 한다.

POS 데이터에 의해 상품 갖추기를 객관적으로 실행한다 하더라도 다음과 같은 원칙에 입각해 계획과 시행방안을 적기에 수립해 상품 갖추기를 한다.

① 무엇을, ② 어디서, ③ 언제, ④ 누구에게, ⑤ 어떻게, ⑥ 얼마만큼

여기서 '얼마를 팔 것인가'라는 ① ~ ⑤까지의 판매 목표를 먼저 수립한 다음에야 비로소 그것을 달성하기 위한 구체적인 계획을 수립할 수 있다.

POS 데이터(판매)는 판매 목표와 판매 계획을 먼저 수립한 다음 활용하는 게 바람직하다. 단순히 POS 데이터 숫자에 근거해 상품 갖추기를 해서는 곤란하기 때문이다.

고객은 판매 의지가 없는 매장에서 상품을 구입하지 않는다. 타 점포와는 다른 차별화된 상품 갖추기와 진열 기술이 없으면 고객은 다른 점포로

발길을 돌린다.

'무엇을 판매할 것인가?', '어떤 상품을 중점으로 폭넓게 진열할 것인가?' 하는 것이 매장 운영에 반영될 때 이상적인 상품계획으로 이어져 점포를 활성화시킬 수 있다. 유통업에 있어 이익의 원천은 점포이고 이익의 근본은 상품이기 때문이다. 따라서 상품 계획에 있어 단품관리와 판매 계획은 항상 연계돼야 한다.

다음 〈도표 4-1〉은 상품계획과 상품관리의 전개 순서를 그림으로 정리한 것이다.

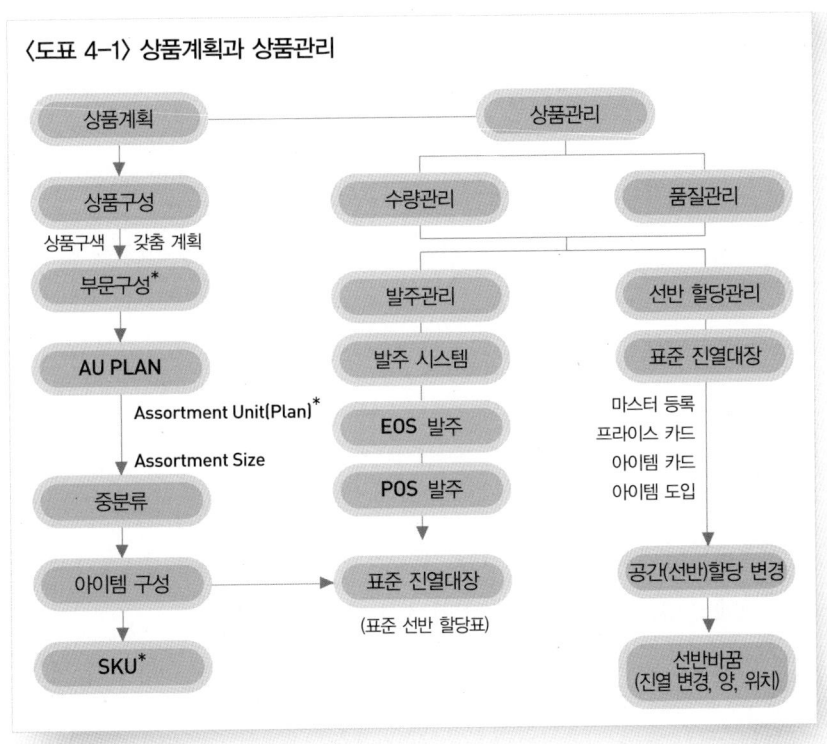

용어 해설

① 부문구성
→ 점포의 매장 구성은 부문의 조합에 의해서 만들어진다는 뜻이다.

② assortment plan(=일명 AU)
→ 일명 AU(Assortment Unit)라고도 하는데 이것은 상품구색 갖추기 관리 단위를 의미한다. 몇 개의 중분류를 묶은 것으로 상품분류상 품번과 중분류의 중간 분류다. 상품구색 갖추기 또는 상품의 동향을 정리하는 단위가 된다. 소매점에서 각 부문은 어소트먼트 단위로 돼 있고 어소트먼트의 조합으로 결정된다. 어소트먼트 유닛에는 매출 규모에 상응하는 3~6종류의 규모별 사이즈의 표준 패턴(assortment size)이 설정된다.

또한 어소트먼트 유닛 사이즈(AU size)를 결정할 때는 아이템 구성별로 적정하게 사용하는 곤돌라 대수와 진열 밸런스를 맞춰 효율을 높여야 한다.

이와 비슷하게 사용하는 용어로 카테고리(category)라는 것이 있는데 이것은 패션 유행상품의 분류상 단위다. 대분류(AU)를 작게 몇 개로 분해한 것으로 상품 동향 파악에 쓰인다.

③ SKU(Stock Keeping Unit)
→ 이것은 상품분류상 가장 작은 것으로 상품을 특정화한 것이다. 이 단위로 상품 코드가 부여되고 고객은 아이템 단위로 상품을 구입한다. 고객 요구는 아이템마다 다르기 때문에 판매 개수 예측, 발주 및 재고량 판단은 아이템별로 해야 한다. SKU는 Stock Keeping Unit의 약어로 같은 아이템에서 색, 사이즈마다 1SKU라 한다.

| 상품계획 수립의 전제조건 |

다음은 상품계획 수립을 위해 사전에 파악해야 할 조사내용이다.

1) 무엇(What)
① 상품의 특징은?
② 경쟁 상품은?
③ 경쟁 상품의 특징은?
④ 관련 상품은?
⑤ 고객이 바라는 상품은(색, 디자인, 포장, 가격 등)?

또한 해당 소비자의 연령별, 소득별, 직업별, 성별 구성 내용도 함께 파악한다.

2) 장소(Where)

① 지역적으로 보아 어느 지역, 어느 점포에서 잘 팔릴까?

② 매장의 어느 장소에 상품을 진열해야 하는가?

아울러 소비자는 어디에 살고 있는지, 소비자는 상품을 주로 어떤 용도로 사용하는지 파악한다.

3) 시기(When)

① 가장 잘 팔리는 시기는?

② 가장 안 팔리는 시기는?

③ 일정하게 팔리는 상품인가?

즉, 가장 구입에 용이한 시기는 언제인지 파악해야 한다.

4) 누구(Who)

① 누가 주된 소비자이며, 구매자는 누구인가?

② 구매에 영향을 주는 이는 누구인가?

5) 방법(How)

① 구입 방법은?

② 대금 지불 방법은?

③ 상품 사용 방법은?

④ 주된 사용 용도는?

⑤ 1회 구매량은?

6) 이유(Why)

① 왜 특정 상품만 사는가? 혹은 사지 않는가?

② 왜 자점포에서 사는가? 혹은 사지 않는가?

③ 왜 타점포에서 사는가?

20

상품구성의 본질

| 취급해야 할 상품과 취급해서는 안 되는 상품 |

할인점이나 슈퍼마켓 상품구성에 있어 취급해야 할 것과 취급해서는 안 될 것이 있는데 그 내용은 〈도표 4-2〉와 같다.

| 취급해야 할 품목 |

먼저 취급해야 할 품목에는 다음과 같은 것들이 있다.

1) 기본(basic) 아이템 · 필수품

〈도표 4-2〉의 A그룹 가운데 기본(basic) 아이템이라는 말의 뜻은 다음과

〈도표 4-2〉 취급 상품의 취사선택

그룹	취급해야 할 상품	취급해서는 안 될 상품
A	• 필수품 중 기본품(basic) • 대중품(popular item) • 실용품(구매빈도가 높은)	• 취미품 • 고가 수입품(명품) • 저급품(=저질품)
B	• 인기(hot)상품 • 대중(mass-fashion) 상품 • 유행 상품 • 매출 호조 상품	• 트렌드 상품 • 첨단유행(high fashion) 상품 • 유효기간 경과 품목, 이연품 • 매출 부진 상품
C	• SB(Store Brand) • PB(Private Brand) • 계절품(seasonable item)	-
D	• 구입하는 입장의 상품 • 사용하는 입장의 상품	• 파는 입장의 상품 • 만드는 입장의 상품

같다. 만약 제조업체가 생산하는 생활필수품 모두를 취급하려면 매장면적에 한계가 있다. 따라서 각 소매점별로 독자적인 기준 아래 취급 아이템을 선정한다.

예를 들어 마요네즈라는 품종의 경우 이를 제조해 판매하는 기업은 '가, 나, 다' 세 곳이며, 각 기업별로 300g, 500g, 700g, 1kg이라는 네 가지 규격의 튜브 마요네즈를 생산한다고 가정하자. 이럴 경우 점포에서 12품목 모두를 취급하기 어렵기 때문에 〈도표 4-3〉과 같이 7가지 종류만 선택해 취급하는 식이다.

이 경우 어떤 형태이든 소매기업 나름대로의 독자적인 방침이 필요하며 그 방침 아래 선정해 취급하는 품목이 기본 아이템이다. 바꿔 말하면 베이직이라고 하는 것은 자기 점포가 보다 기본적이라고 생각하는 것으로 그

〈도표 4-3〉 마요네즈 베이직 아이템 취급 사례

제조사	품명/규격	300g	500g	700g	1kg
가	마요네즈(튜브)	○	○	○	-
나	마요네즈	-	○	○	-
다	마요네즈	-	○	-	○

점포의 개성이며, 경합점포와 차별화 요인이 된다.

그러나 언제나 계속해서 팔리는 품목, 혹은 항상 구색 맞춤이 되는 품목이라는 의미로 '베이직'이라는 말을 쓰는 것은 잘못된 것이다. 소매업에서의 베이직이라는 것은 소매점포에 따라 그 내용이 다르기 때문이다.

2) 고급품과 저급품

기본 생필품의 반대가 되는 것은 특정 부류의 취미용품, 고급품, 그리고 저급품 등이다. 고급품이라면 흔히 고가의 수입상품이나 명품 등을 연상하기 쉽다. 그러나 이런 경우의 수입상품은 고급품이면서도 취미용품에 속하기 때문에 베이직 아이템으로 보기에 문제가 많다.

얼마 전까지 외국의 유명 브랜드 모조품인 시계, 보석, 가방 등이 부당하게 고급품 행세를 한 일이 있다. 이 같은 엉터리 고급품이 아닌 순수한 의미에서 고급품의 반대어는 대중품이지만 여기서는 저급품, 혹은 저질품이라는 말로 쓰인다. 이 말의 속뜻은 한 가지 실제적인 용도를 감당하지 못하는 부적절한 물건이라는 뜻이다.

따라서 '저급품'이라 해서 반드시 저가(低價)상품인 것은 아니며, 고가상품에도 저급품은 있을 수 있다.

3) 핫 상품(hot goods)

B그룹에서 말하는 핫 상품이란 현재 계속적으로 팔려나가는 인기상품을 말한다. 이것은 소매기업에서 자체개발한 상품을 말하는 경우도 있지만 대부분은 소비재 기업에서 만든 매입상품을 가리킨다. 이것은 원츠(wants) 상품 중에서도 특히 신제품을 뜻하지만 그렇다고 해서 신제품 모두가 '핫' 상품이 되는 것은 아니다.

핫 상품의 반대어는 트렌드(trend) 상품이다. 트렌드 상품이란 신제품 모두를 뜻하기도 하지만 그 대부분은 팔리지 않는 상품이며 그 가운데서 극히 일부만 핫 상품이 되는 것이다. 따라서 트렌드 상품이라고 해서 무조건 취급해서는 안 된다. 다만 그 가운데서 인기상품 조짐이 보일 때에는 신속히 팔리려는 상품만 도입해 판매해야 한다. 왜냐하면 잘 팔리는 트렌드 상품을 완전하게 갖추고 있는 점포야말로 '팔리는 점포'가 되기 때문이다. 그러나 한 가지 분명한 것은 핫 상품이 되지 않는 것을 트렌드 상품이라고 해서 무조건 취급하는 것은 문제가 있다.

4) 하이패션과 매스패션

패션상품에도 구별이 필요하다. 대개 '하이패션'과 '매스패션'이 구분없이 받아들여지고 있으나 구색 갖춤의 방침에서 이 두 가지는 엄격히 구별돼야 한다. 즉, 하이패션은 트렌드 상품에 속하며 그것은 대부분의 경우 생산량도 적고, 개발비가 많이 소요된다. 따라서 자연스럽게 소매가격도 높아져 고급품이면서 취미상품이 된다. 더욱이 소량만 팔리면 당연히 유행이라고 말할 수 없다. 많은 '하이패션' 가운데 극히 일부만 '매스패션'이 된다.

매스패션이란 트렌드 상품인 하이패션 중에서 소매업체가 핫 상품으로 발굴, 대량 생산함으로써 제품 코스트를 낮춰 낮은 소매가격에 팔리게 만드는 것이다.

이렇게 되면 누구나 쉽게 구입할 수 있으므로 쉽사리 보급돼 유행되는 것이다. 따라서 유행 상품은 곧 매스패션인 것이다. 소매점포가 대형점 또는 체인화를 지향할 때는 하이패션을 취급하지 않고 이 같은 매스패션을 취급해야 한다. 이 경우 일반적으로 핫 상품을 '패셔너블 아이템'이라고 표현한다.

5) SB · PB 브랜드 상품
(Part 01_ '06 상표와 디자인' 부분 참조)

6) 계절상품(seasonable item)
계절상품은 소매기업에 있어 매출을 리드하는 유리한 품목이며, 소매점에서 철저하게 추구해야 할 상품 분야다. 따라서 소매기업의 구매업무를 담당하는 사람은 각기 자기 담당 범위에서 계절품 집하 루트를 명확히 시스템화하지 않으면 안 된다.

예를 들면 산지 농가들은 채소 · 과일 등의 계절상품 출하시기를 약간씩 조정해 왔다. 그 이유는 계절을 조금씩 앞지르거나 뒤처지게 함으로써 보다 높은 가격을 확보할 수 있기 때문이다.

그러나 본래 절기에 적합한 계절상품이어야 하는 것은,
① 그것이 자연의 습성에 따라 먹거나 사용하는 측에 적절하며
② 가장 생산 원가가 싸고, 소매가격도 낮으며
③ 매장에서 상품이 고객에게 공감을 일으키는 데 가장 적합하고
④ 점포에 활기를 불어넣기 때문이다.

그럼에도 불구하고 현실적으로 생산자나 판매자 측에서 이를 실현하기는 매우 어렵다. 따라서 상품구매 부서는 계절품 집하 대책에 관한 장기 계획이 필요하다. 적어도 1년 전에는 준비 작업이 시작돼야 한다.

| 취급해서는 안 될 품목 |

매출 호조(好調)라는 말은 '인기(hot)' 상품을 포함해 한창 팔려나간다는 의미이고, 매출 부조(不調)는 잘 팔리지 않는 품목으로 인해 매장이 침체를 보인다는 뜻이다. 〈도표 4-2〉의 B그룹에서 '유효기간 경과 상품', '이연품(移延品)'도 취급해서는 안 된다.

한편, 같은 B그룹에서 선매품(先買品)이라는 말은 상품 특성상 선매품이어서는 안 된다는 의미다. 만약 고객이 상품을 고르기 위해 이곳저곳을 다니게 만든다면 구색 갖춤이 잘 됐다고 할 수 없다. 어떠한 상품 분야건 간에 고객이 그 점포를 선택하고 사러 갈 수 있는 신뢰관계를 구축해야 한다. 이와 같은 의미에서 선매품은 취급해서는 안 될 품목에 포함된다.

원칙적으로 다음과 같은 상품들은 취급하지 않는다.

(1) 현금 판매 및 이동이 불가능한 상품(너무 크거나 무겁거나 관리가 복잡한 상품)

(2) 진열장소, 판매기간(90일 이상 진열초과 상품)

(3) 가격 인하 및 유효기간 초과 위험 등에 비춰 주문량이 너무 크거나 많은 상품(고가 상품)

(4) 일평균 판매가 매우 미미한 상품

(5) 판매량이 아주 미미하며, 그 상품이 생산자의 유일 생산품목인 경우

(6) 포장이 셀프서비스 판매에 적합하지 않은 상품(포장 안에 무엇이 들어 있는지 불분명하거나 상품설명서를 읽을 수 없거나 로스 위험이 큰 상품)

(7) 개당 단가가 50원 이하인 상품

| 항상 조합해야 하는 품목 |

상품구성에 있어 취급 상품을 조합해 구성하는 것은 중요하다. 점포에서 조합시켜 취급해야 할 상품은 다음과 같다.

1) NB와 PB(=SB)

상품구성에 있어서 NB와 SB, 혹은 PB와의 관계는 항상 함께 생각해야 한다. 여기에는 NB가 아닌 로컬 브랜드도 포함된다.

소매업계의 경험 법칙에 따르면 어떠한 업종, 업태라도 NB와 SB는 항상 병존해야 하는 것으로 돼 있다. 일반적으로 PB와 SB 등이 전체 품목 수의 20~30%를 구성하는 것이 바람직한 구색 갖춤이라 할 수 있으나 오늘날 할 인점이 성숙기에 접어들면서 이 비율은 지속적으로 증가 추세에 있다.

2) 니즈(needs) 상품과 원츠(wants) 상품

니즈* 상품의 구색 갖춤은 단번에 할 수 없다. 먼저 원츠* 상품을 확보한 후에 니즈 상품을 추가하는 방식으로 진행돼야 한다.

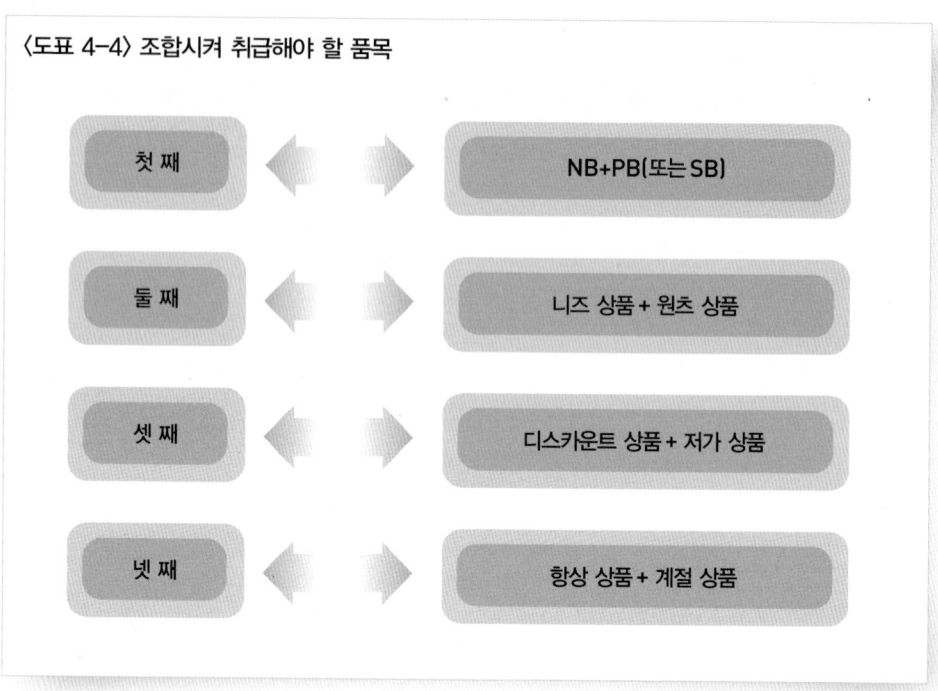

〈도표 4-4〉 조합시켜 취급해야 할 품목

용어 해설

① 니즈(needs ; 기본적 욕구)

마케팅에서 가장 기본적인 개념은 인간의 욕구에 관한 것으로 여기서의 기본적 욕구란 인간이 결핍 또는 박탈감을 느끼는 상태를 말한다.

인간의 기본적 욕구는 매우 복잡하다. 이는 의식주, 따뜻함, 안전에 관한 기본적인 생리욕구, 소속감, 영향력, 사랑에 관한 사회적 욕구, 지식과 자기표현에 관한 개인적 욕구 등을 포함한다.

기본적 욕구가 충족되지 못했을 때 인간은 불행을 느끼게 된다. 불행을 느낀 인간은 그 욕구를 충족시킬 수 있는 대상을 찾든지 아니면 그 욕망을 소멸시키려 노력한다.

② 원츠(wants ; 2차적 욕구)

2차적 욕구란 기본적 욕구를 충족시키기 위한 것으로 문화와 개성에 의해 형성된다. 하와이에 사는 사람은 배고플 때 빵, 수프, 햄버거와 콜라 등을 원하지만 한국에 사는 사람은 밥, 국, 찌개, 탕, 나물 등을 원한다.

2차적 욕구란 기본적 욕구를 충족시킬 수 있는 것으로 문화적으로 정의된 것을 뜻한다. 생산자들은 자사 제품에 대한 욕망을 불러 일으키기 위해 구체적인 행동을 취하게 된다. 즉, 자사 제품과 소비자 욕구를 연결시키려고 노력하며 자기 제품이 여러 개의 특별한 욕구를 충족시켜 줄 수 있다고 선전하게 된다.

3) 디스카운트(discount) 상품과 저가(cheap) 상품

디스카운트 상품과 저가 상품은 흔히 함께 염가상품으로 번역되고 있으나 이는 옳지 않은 번역이다.

생산상의 제도나 관습과 다른 형태로 만들어진 상품으로 값이 싼 것을 디스카운트 상품이라 한다. 이에 반해 유통 단계에서 이제까지의 제도나 관습과 같은 방법으로 나타나 싸게 팔리는 것이 저가 상품이다.

따라서 구색 갖춤으로 먼저 저가 상품을 갖추는 것이다. 그런 후에 기술이 향상되면 서서히 디스카운트 상품을 늘려 나간다. 더욱이 이 두 가지는 NB와 SB의 관계와 같이 영구히 공존시켜 나간다.

4) 항상 상품(staple)과 계절(seasonal) 상품

서구 소매업계의 경험법칙으로 볼 때 그로서리* 부문에서 계절상품의 바람직한 상품구성 형태는 대형 슈퍼마켓에서는 전체 매장의 10~20% 정도로 알려져 있다.

용어 해설

*** 그로서리(grocery)**
식품뿐 아니라 일용품, 잡화도 포함된다. 이 경우 식품이란 정육, 농산, 생선 등 생식품을 제외한 통조림, 과자, 음료 등을 가리키는 것이 보통이다. 이를 취급하는 업체 또는 업자를 그로서(grocer)라 한다.

21

품목구성의 기본원리

| 품목구성의 3요소 |

소매업에서 품목구성이라 함은 다음과 같다.

첫째, 품종이나 상품 라인별로 얼마만큼의 품목을 고르는가. 둘째, 이와 동시에 진열량을 어떻게 정하는가. 셋째, 이를 어떻게 진열하는가. 라는 3요소가 포함된다. 이를 총칭해 품목구성이라 한다.

〈도표 4-5〉에 나타난 품목구성의 기본원칙은 품목구성의 기본이 된다. 그리고 점포에서는 이것에 부가해 품질관리와 판매가격 설정의 문제가 논의된다.

상품은 먼저 '알려져 있는 상품, 관심있는 상품, 필요한 상품그룹'과 '알려지지 않은 상품, 관심이 없는 상품, 필요없는 상품그룹' 두 가지로 구분한다.

여기서 '알려지지 않은 상품, 관심이 없는 상품, 필요없는 상품그룹'은 당연히 상품구성에서 제외돼야 하므로 진열량도 0이어야 한다. 이것은 지극히 상식적인 원칙이지만 현실적으로 점포에 가보면 실상은 그렇지 못하다는 것을 알 수 있다. 왜냐하면 어느 점포를 가보더라도 그와 같은 상품이나 상품그룹은 존재하기 때문이다.

| 보이는 품목과 파는 품목 |

'알려져 있는 상품, 관심있는 상품, 필요한 상품그룹'은 다시 다음과 같이 둘로 나눠 구분해야 한다.

첫째는 '파는 품목'이고, 둘째는 '보이는 품목'이다.

1) 보이는 품목

〈도표 4-6〉에서 '보이는 품목'이란 앞으로 매출이 향상될 상품이란 의미다. 보이는 품목은 신상품이거나 혹은 점포가 라인 로빙(line robbing)*을 해나갈 품목을 의미한다. 또는 새로 개발된 SB나 PB 혹은 새로운 집하과정에서 개발된 품목 역시 여기에 해당된다.

인기상품도 발굴 초기에는 여기에 포함되는 경우가 많으며 이 상품은 진열할 때 반드시 자세한 쇼카드를 부착해 소구해야 한다. 그리고 SB나 PB에도 쇼카드를 붙여야 한다.

그런데 대다수 매장에서 '보이는 품목'을 조사해보면 대부분이 비회전 품목이거나 혹은 값이 너무 비싼 고가상품이다. 그래서 그 이유를 물어보면 점포 이미지를 높이기 위함이라고 하는데 이는 결코 옳은 생각이 아니다.

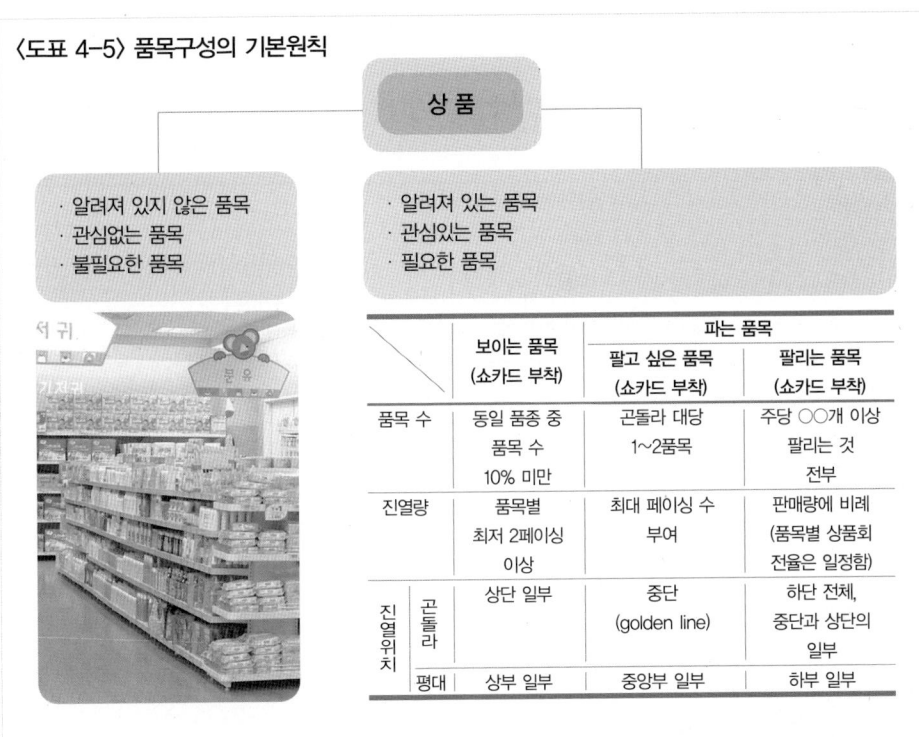

〈도표 4-5〉 품목구성의 기본원칙

보이는 품목이란 보일 가치가 있는 품목이어야 하는데 이런 품목은 오히려 고객을 실망시키거나 불쾌하게 할 수 있다. 더욱이 곤돌라 최상단은 고객 손이 잘 닿지 않는 곳이기 때문에 생각 없이 채워놓는 것은 옳지 않다.

용어 해설

* 라인 로빙(line robbing)
  '로브(rob)'는 훔친다는 뜻이며, 라인 즉 상품부문을 새로 개척해 종래의 상품부문에 추가하는 것을 말한다. 상품부문의 종합화라는 의미도 있지만 라인로빙의 중점은 보다 유리한 상품부문의 강화 또는 전환에 있다.

〈도표 4-6〉 취급 상품 수 결정을 위한 기준

상품시장 규모 동종상품(품질)	대형시장	중형시장	소형시장
많음	많은 수	약간	적음
평균	약간	적음	하나
적음	적음	하나	하나 또는 없음

주_ 예를 들어 간장의 경우 간장시장의 크기는 큰 대형시장이고, 시장에는 많은 수의 간장(동종)이 출시되어 있으므로 '많은 수'의 간장을 구색갖춤. 그러나 후추의 경우, 후추 시장크기도 작고, 동종 후추의 수도 많지 않으므로 적은 수, 하나 정도만 독점적 취급.

2) 품목 수

보이는 품목 수는 품종 가운데 10% 미만으로 하는 것이 보통이다. 어떤 품종, 예를 들어 '주방냄비'에 속하는 품목이 30품목일 때 보이는 것은 2품목이어야 하고 70품목일 때는 6품목 이하여야 한다.

일반적으로 할인점에서 각 상품의 수는 다음과 같이 결정한다.

(1) 소비 및 사용빈도(시장 크기)
(2) 브랜드 지명도
(3) 포장 크기의 다양성

3) 진열량

매장에 있는 모든 상품의 최저 페이싱은 2페이싱이다. 고객 입장에서 볼 때, 1열로 진열된 상품의 페이싱 수를 1이라 한다. 여기서 열은 세로로 나열된 것을 말한다. 2열로 보일 때는 페이싱 수가 2가 된다.

아무리 보이는 품목이라 하더라도 매장에서 최저 페이싱은 2 이상이어야 한다. 차라리 1페이싱 상품은 커트하는 게 좋다. 그 정도로 안 팔리는 상품이라면 굳이 취급할 이유가 없다.

4) 진열 위치

보이는 품목의 진열 위치는 곤돌라인 경우 상단의 일부, 2단 평대일 경우 그 상단의 일부, 1단 평대일 경우는 약간 안쪽의 일부가 된다.

| 파는 품목 |

'파는 품목' 일 때는 어떻게 해야 하는가. 파는 품목은 다시 팔리는 품목과 팔고 싶은 품목으로 나눠 생각한다.

1) 팔고 싶은 품목

'팔고 싶은 품목' 이란 경영 효율을 좋게 하기 위한 품목, 혹은 자사의 이미지를 강조할 수 있는 품목, 또는 자기업의 독자적인 상품으로 '보이는 상품' 가운데 팔리기 시작한 상품을 가리킨다. 즉, 자사만의 특별한 판매 목적이 담겨 있는 품목이 팔고 싶은 품목이다.

이런 품목에는 당연히 쇼카드를 붙여야 하는데 이 경우 그 내용은 간단명료해야 한다. 그 점포가 강조하고자 하는 '보이는 품목' 의 쇼카드와는 그 내용이 달라야한다.

흔히 '보이는 상품' 과 마찬가지로 생각해 팔다 남은 상품과 혼동하면 문제다.

2) 품목 수

진열대 한 대(곤돌라 한 대)당 1~2품목만 진열하는 것이 '팔고 싶은 품목' 의 바람직한 구성형태다. 만약 거기에 팔고 싶은 5~10품목을 모아 놓으면 소구성이 떨어지기 때문이다.

　진열대 한 대당 1~2품목만 놓게 되면 앞서 '보이는 상품'을 포함해 진열대 한 대당 붙여야 하는 쇼카드는 기껏해야 3매 이내가 된다. 흔히 곤돌라를 보면 전혀 쇼카드를 붙이지 않거나, 반대로 진열대 하나에 5매 이상의 쇼카드를 붙이기도 하는데 이렇게 하면 아무런 효과도 거둘 수 없다.

3) 페이싱 수

　'팔고 싶은 품목'의 진열량은 최대 페이싱 수를 확보해야 한다. 최대 페이싱 수라 해도 상품 밑에 보조구를 깔거나 안쪽을 비어 놓을 수 있으므로 최대 진열량이 되는 것은 아니다.

　페이싱 수를 많이 할애했다고 해서 반드시 상품으로 가득 채워야 하는 것은 아니다. 만약 상품을 페이싱 수만큼 가득 진열해 최대 진열량이 된다면 상품회전율은 악화되고 일부는 비회전 상품이 되기 때문이다. 이때는 보조구를 이용해 진열하기도 한다. 즉, 고객입장에서 볼 때 가장 많은 진열량으로 강한 이미지를 소구하려는 것이다.

　진열 위치는 곤돌라 중간 선반의 일부가 좋고, 평대라면 고객 눈에 진열보조구가 보이지 않는 안쪽 일부가 좋다.

| 팔리는 품목 |

1) 품목 수

　팔리는 상품의 품목 수는 주당 X개 이상 팔리는 것 모두가 해당된다. 이 X는 업종, 업태에 따라 달라진다. 냉장고 경우 1주 혹은 2주에 몇 대라는 표현도 가능하다. 어떻든 간에 이 x의 숫자는 해마다 늘려나가야 한다.

또한 부문 혹은 품종별로 X는 변화해도 좋으나 그 부문 혹은 품종 내에서는 일정하게 유지하지 않으면 관리에 문제가 발생한다.

2) 진열량은 판매량에 정비례

팔리는 품목의 진열량은 판매량에 비례시킨다. 그러므로 최종적으로 품목별 상품회전율은 일정하게 된다. 그런데 매장에서는 종종 일부 품목에 대해 고속 회전율을 올리는 것이 좋다고 생각한다. 그러나 고속 회전율에 집착하면 반대로 진열량이 너무 적어져 보충 진열 빈도가 늘고 오퍼레이션 코스트가 높아져 경영효율이 악화된다. 더욱이 이 경우 품절이 자주 발생해 오히려 점포 이미지를 떨어뜨리기 쉽다.

따라서 장기적인 측면에서 전체적으로 보면 상품회전율을 높여야 하지만 품목별로 보면 적어도 그 부문 내 품목별 회전율에 차이가 있어서는 안 된다. 회전율의 차이는 매출 차이에 따라 일어나는 것이 아니라 진열량에 따라 바뀌게 된다.

바꿔 말하면 품목별 판매량 격차는 1대 10에서 1대 30까지 크게 벌어지게 된다. 그렇게 되면 품목별 진열량은 1대 10, 또는 1대 30으로 벌어지는 게 원칙이다. 약간의 융통성을 발휘해 '파는 상품'처럼 페이싱 수를 많게 하고 진열량을 그만큼 많지 않게 하는 방법을 쓸 수도 있다. 그렇지만 기본적으로 품목별 진열량에 큰 차이가 있도록 하는 것이 바람직한 품목구성의 원칙이다.

3) 진열 위치

팔리는 품목의 위치는 곤돌라 경우 하단 모두와 중·상단 일부다. 평대는 고객과 접촉이 많은 대면 앞쪽이 주력 라인이다. 곤돌라 높이 및 평대에서의 위치 설정에 관해서는 다음과 같은 원칙에 따른다.

첫째, 곤돌라 상단과 평대 앞쪽은 고객 눈에 가장 잘 띄는 곳이므로 보이고 싶은 것을 그 자리에 놓는다.

둘째, 곤돌라 중단과 평대 안쪽은 만지기 쉬운 부분이다. 따라서 고객이 만져주길 바라는 품목을 놓는다. 이것은 시행착오를 겪으며 검증된 진열 위치의 경험법칙이다.

이 원칙대로 점포에서 실천하면 객수, 판매 수량, 매출액이 바람직한 방향으로 변화하게 된다. 또한 팔고 싶은 품목에 대해서는 보조구를 활용, 보다 돋보이게 연출해야 한다.

22

상품구성의 기본 원칙

| 상품구성의 기본 원리 |

상품구성은 품목과 진열량이 모여 만들어진 것으로 수치적으로 표현할 수 있어야 한다. 또한 상품구성을 어떻게 하느냐에 따라 점포면적이 좌우되므로 상품구성의 기본자세는 팔리는 상품을 중심으로, 고객이 관심 갖는 상품 위주로 구성해야 한다.

이런 이유로 고객의 관심이 없는 상품을 매장에 두어서는 안 된다. 그러나 실제 고객 관심을 파악해 이를 상품구성에 반영하는 것은 상당히 어렵다.

일반적으로 소매기업의 상품구성은 다음과 같이 두 가지 측면에서 구분해 생각할 수 있다.

첫째, 고객이 관심을 갖는 상품 즉, 일정 기간에 기준 수량 이상 팔리는 상품과 둘째, 판매 실험 중인 상품 혹은 고객이 관심 갖지 않는 상품으로 구분된다.

먼저, 고객이 관심을 갖는 상품이란 대다수 소매점에서 판매 중인 잘 팔리는 상품(ABC분석에서 A, B 등급에 해당)을 말하는 것이다.

한편, 판매 실험 중인 상품은 도입시 고객의 관심 유무를 알 수 없기 때문에 기간을 두고 관찰해야 한다. 처음부터 미리 기간을 설정해서 그 기간 내에 한 개도 팔리지 않으면 수요가 없는 상품으로 판단해야 한다. 여기서 일정 기간이란 품종에 따라 다르지만 대략 일주일에서 한 달 정도다. 어떤 품종이 평균 재고 기간 내에 한 개 이상 팔리지 않으면 이는 고객 입장에서 관심이 없는 상품으로 보아야 한다.

즉, 상품구성은 사용 성격이 비슷한 품목별로 나뉜다. 성공적인 상품구성을 위해서는 각 품목들이 아래 예시한 경우 중 최소 두 가지를 포함해야 한다.

첫째, 브랜드 간에 선택할 수 있어야 한다.
둘째, 디자인, 품질 및 상품 재료 등을 선택할 수 있어야 한다.
셋째, 가격 수준에서 선택할 수 있어야 한다.
넷째, 포장 크기나 종류 등을 선택할 수 있어야 한다.

1) 파는 상품

이와 같이 고객 입장에서 관심이 없는 판매 실험 중인 상품도 다시 세분하면 '파는 상품'과 '보이는 상품'으로 구분할 수 있다. 여기서 주체가 되는 상품은 파는 상품이다.

다음으로 '파는 상품'은 또 다시 '팔리는 상품'과 '팔고 싶은 상품'으로

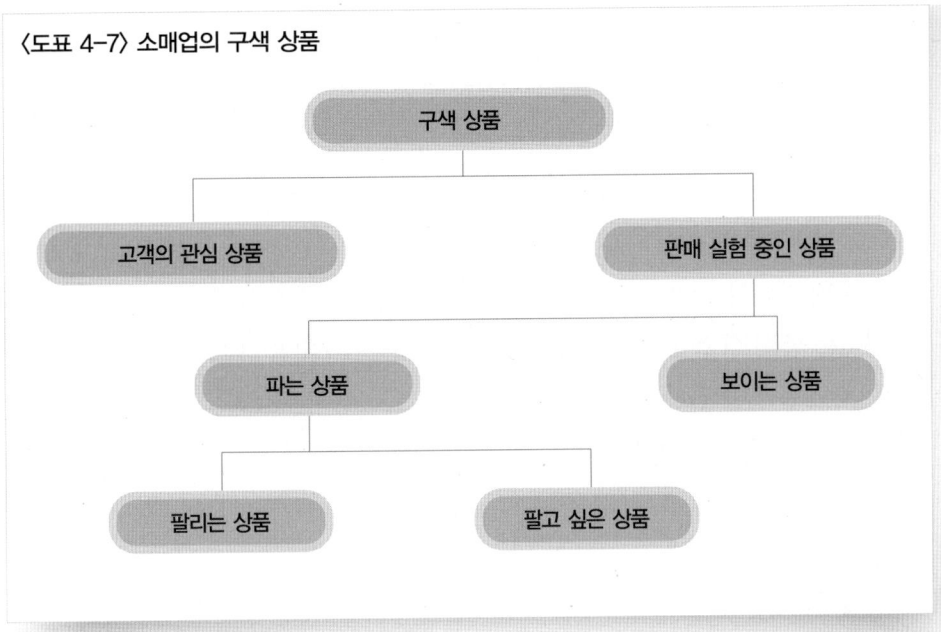

〈도표 4-7〉 소매업의 구색 상품

분류할 수 있다. 여기서 팔리는 상품이란 한 주에 몇 개씩이라도 조금씩 팔리고 있는 판매 가능성이 조금이라도 있는 상품을 의미한다.

2) 팔리는 상품

팔리는 상품의 출발점은 한 개부터 시작해서 점차 이 숫자를 증가시켜 나가는데 의의가 있다. 이렇게 관리해 나감으로써 유닛 컨트롤(unit control)이 진행되는 것이다.

3) 팔고 싶은 상품

'팔고 싶은 상품'이란 현재 몇 개밖에 팔리고 있지 않지만 이제부터라도 판촉을 강화해 노력하면 판매량을 증가시킬 수 있는 즉, 가능성이 엿보이는 상품이다. PB상품이나 비교적 조이익율이 높은 품목 혹은 점포의 개성이나 이미지를 변화시킬 수 있는 경영전략 상품 등이 포함된다.

그러나 '팔고 싶은 상품'에 해당되는 품목 중에서 일정 기간 판매 결과 어느 정도 팔릴 가능이 보이지 않을 때는 품종 내 한 품목 정도로 취급품목 수를 제한해야 한다.

흔히 할인점에서는 이 분류에 속하는 품목 수가 앞서 말한 몇 개씩이라도 '팔리는 상품'의 품목 수보다 많다는 것이 가장 큰 문제다. 그러므로 소매기업의 상품구성에 있어서 이 같은 기본원리를 충분히 이해하고 그 취급품목 수를 제한해 관리해야 한다.

| 새로운 상품구성의 의미 |

〈Part 03 - 상품분류〉에서 보았듯이 상품은 여러 가지 관점에서 다음과 같이 분류된다.
　① 용도별 분류(의류품, 식료품, 가정용품 등)
　② 고객의 구매행동별 분류(편의품, 선매품 등)
　③ 가격별 분류
　④ 품종별 분류
물론 이외에도 아주 다양한 방법으로 분류된다. 그와 같은 분류들의 특색과 진열량에 의한 결합, 즉 구색 갖춤을 상품구성이라 한다.

넓은 의미의 상품구성은 상품계열구성과 품목구성의 쌍방으로 이뤄진다. 계열구성을 풍부하게 하는 것이 상품 매력을 높이는 요소가 되나 한편으로는 규모의 제약 같은 각종 제약 조건도 있다. 따라서 파는 상품과 보이

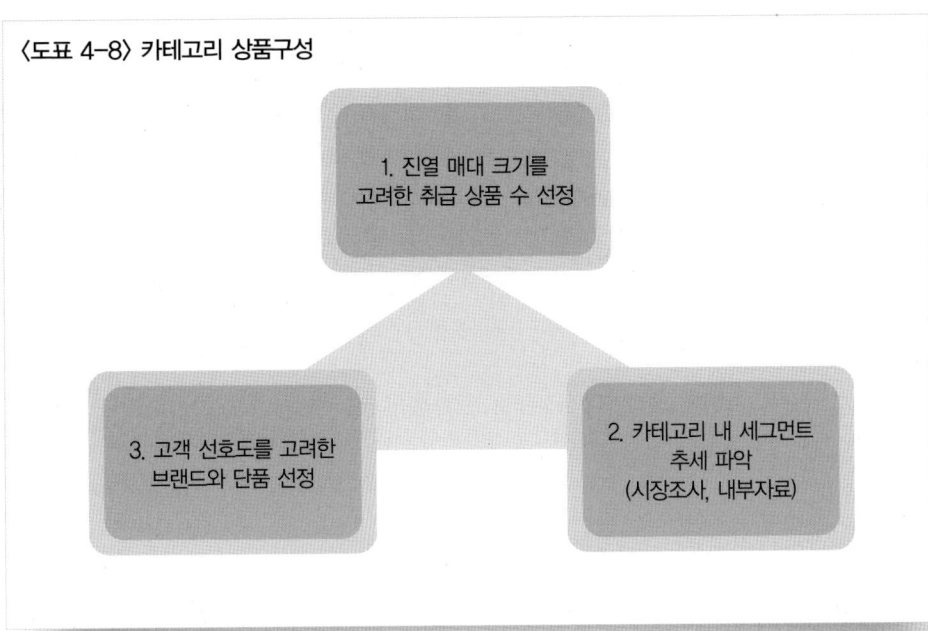

〈도표 4-8〉 카테고리 상품구성

는 상품을 구분해 취급하는 게 중요하다.

여기서 상품계열이란 동종·동류에 속하는 상품 그룹을 말한다. 예컨대 양품잡화점이라면 와이셔츠 계열, 넥타이 계열, 내의 계열 등의 방식으로 구분되는 것이다.

또한 AU(Assortment Unit)라는 분류가 있는데 이것은 대분류와 비슷한 개념으로 사용되고 있다. AU는 몇 개의 중분류를 묶는 것으로 상품분류상으로는 품번(금액상품 관리단위)과 중분류(구입 관리단위, 유사한 아이템의 묶음)의 중간 단위가 된다.

카테고리(category)는 본래 패션(유행)상품의 분류 단위로 AU를 세분해서 몇 개로 분해한 것이다. 이는 주로 상품 동향 파악에 사용된다. 카테고리란 짜여진 테두리 안의 한정된 범주 즉, 같은 범주에 소속된 부류나 부문을 가리킨다.

카테고리가 등장하게 된 배경으로는 시장환경의 급격한 변화, 빠르게 변해가는 소비자들의 구매형태, 동종 및 타 업계와의 경쟁, 넘쳐나는 정보 등에 적극적으로 대응하기 위해서다.

세분해서 살펴보면 다음과 같다.

① 제조업체 : 고객의 니즈를 만족시키기 위해 다양한 제품개발이 필요해졌다.

② 유통업체 : 시장에 나와 있는 다양한 상품들 속에서 자사가 취급한 상품을 효과적으로 선별해 관리하기 위해서다.

이외에도 품목구성은 상품계열(동종·동류에 속하는 상품 그룹) 중에서 타입, 스타일, 재질, 색조, 사이즈, 가격 등 서로 다른 각 품목의 연결 상태를 가리킨다.

또한 품목구성의 확대는 특정 상품계열에서 선호도, 사용목적, 구입예산 측면에서 최적품목이 많아 후보 상품군 중 고를 수 있다는 매력을 증대시킨다. 이를 상품 측면의 전문화라고도 한다.

| 카테고리 분류와 전략적 상품구성 |

점포에서 구색 갖춤은 상품구성과 분류 단위를 기본개념으로 상품구색이 이뤄져야 하므로 단순히 '품목, 진열량, 가격구성' 등의 조합만으로 상품구색을 갖춰서는 곤란하다. 특히 소매기업의 경쟁이 심화되는 요즘 새로운 묶음(grouping), 새로운 테마 설정에 따라 상품군을 분류해 구성하는 것이 좋다.

상품구성의 기본적인 사고방식 가운데 식생활 변화 및 다양화에 대응함에 있어서 가치관을 어떻게 분류할 것인가는 매우 중요한 요소다. 이를 위해서는 카테고리 단계에서 명확하게 전략을 세워야 하는데 여기서는 카테고리가 포인트가 된다.

왜냐하면 상품군으로서 카테고리는 구체적인 상품이 아니고 분류상 개념이기 때문이다. 카테고리는 범주, 분류의 틀이므로 용도·재료·거래선·메뉴·조리시간 등 여러 가지 방식으로 묶음이 가능하다. 따라서 T.P.O.S를 고려한 상품제공, 아이템 창조가 필요하며 사회적인 건강 지향 추세도 고려해야 한다.

상품구색의 풍부함과 깊이는 고급화가 아니고 다양성과 간편성, 사용의 용이성이라 할 수 있다. 특히 식료품 소매점은 보통 품종과 그레이드 중에서 식탁의 먹을거리 제공이 기본이라 할 수 있다. 따라서 아이템이 아니고 카테고리를 축으로 상품구색을 갖추는 것이다. 아이템 단계에서 요리제안이 아닌 카테고리 단계에서 상품구색 컨셉트를 명확히 하며 아이템을 구성하는 것, 이렇게 함으로써 마케팅적 접근을 위한 상품구색이 강화된다.

예를 들면 수산 매장의 고등어 경우 '횟감매장, 구이매장, 찌개매장' 이라는 카테고리 분류 속에 포함시킬 것인가, 아니면 고등어라는 카테고리 속에 포함시킬 것인가, 또한 진열 제공에 있어서의 분류는 어떻게 할 것인가를 정하는 것이다.

예컨대 'AAM 1.5V' 라는 소형 건전지가 있는데 이것을 카메라나 휴대용 카세트 플레이어가 있는 소형 전자제품 카테고리 분류 속에 포함시킬 것인지, 아니면 건전지라는 카테고리 분류에 포함시킬 것인지 판단해야 한다.

또한 이러한 분류와 함께 진열 위치는 매장에 있어 소재, 용도, 테마 설정에 따라 결정하는 것이다.

여기서 주의해야 할 것은 AAM 1.5V 건전지를 소형 가전매장에 진열해야 하는지, 또는 건전지 매장에 진열해야 하는지, 아니면 중복 진열해야 하는지와 같은 상품묶음은 상품구색 분류와 별도라는 것이다.

아이템 단계에서 팔리고, 팔리지 않는 것을 생각해서는 전략적인 상품구성이 어렵다. 따라서 먼저 카테고리를 명확히 분류한 후 전략적으로 어떻게 비중을 두고 아이템 구성을 할 것인지 생각한다.

즉, 먼저 카테고리 분류를 실시하고 시대 변화에 따라 그것을 변화시켜 나가고, 그러한 카테고리 분류에 근거해 아이템 종류, 수량, 진열방법을 결정해 나가야 한다.

| 계열구성과 상품구성 |

넓은 의미의 상품구성은 상품계열 구성과 상품계열 내에서의 품목구성 모두를 포함시키고 있다. 그러므로 이 두 가지를 명확히 구별해서 이해해야 한다.

1) 상품계열(merchandise line)

상품계열이란 동일한 성능을 갖고 있거나 동일한 고객층, 동일한 용도, 동일한 가격대에 속하는 형식으로 서로 관련성 있는 상품군을 말하며, 동종(同種)·동류(同類)에 속하는 상품그룹을 말한다.

예컨대 장류 묶음(group 또는 AU)이면 고추장 계열, 간장 계열, 된장 계

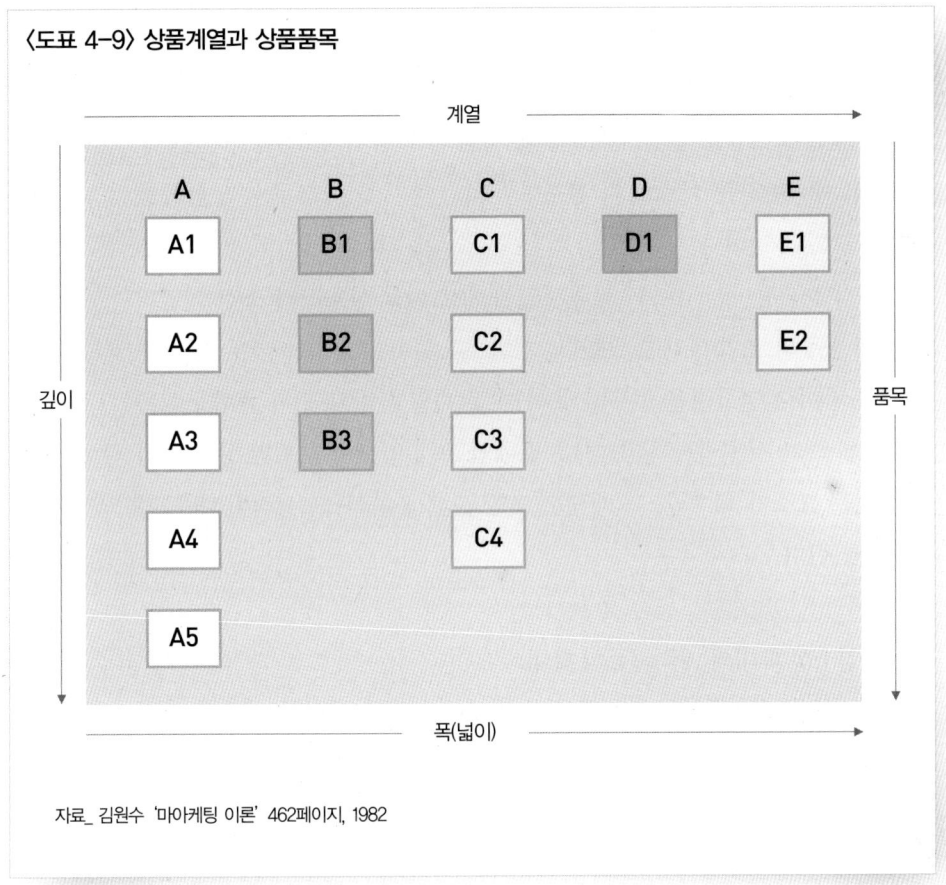

〈도표 4-9〉 상품계열과 상품품목

자료_ 김원수 '마아케팅 이론' 462페이지, 1982

열, 쌈장 계열 등으로 구성되는 것과 같다.

그러므로 상품의 계열구성은 한 점포 내에서 이들 전체의 상품계열이 어떻게 조합돼 다뤄지고 있는가 라는 전체적인 시각에서 구분해야 한다.

2) 상품품목(merchandise item)

상품품목이란 '크기, 가격, 형태 또는 기타 특성에 따라 명확히 구별할 수 있는 상품계열 내 하나의 품목단위 즉, 이들 상품계열에 포함되는 개개의 단품(unit)'을 말한다.

간장 계열에는 양조 간장, 천연 간장, 저염 간장 등이 있고, 양조 간장 중에도 1ℓ, 3ℓ, 5ℓ 하는 식으로 각 점포마다 약간씩 다른 여러 종류의 품목을 구성하고 있을 것이다.

또한 품목구성이란 하나의 상품계열 내에서 이들 상호간의 조건을 달리한 전체 품목의 조합 상태를 말한다.

이와 같이 계열구성을 풍부하게 하는 것(계열구성 확대)과 품목구성을 풍부하게 하는 것(품목구성 확대)은 소매업 고객 입장에서 보면 상품 매력을 높이는 요소가 되지만, 그 매력은 조합 상태에 따라 그 성격이 매우 다르게 나타난다.

3) 계열구성 확대의 매력(=폭의 확대)

계열구성 확대는 '그 점포는 고추장뿐 아니라 다른 다양한 장류를 횡적으로 조화를 맞춰 구입할 수 있어 편리하다'는 매력과 연결된다. 즉, 고추장, 간장뿐 아니라 다양한 장류 상품을 고를 수 있다는 것이다.

이와 같이 계열구성이란 점포가 취급하는 비 경합적 상품계열의 다양성이나 수를 나타낸다. 즉, 상품구색의 확대라는 의미다.

그 본질은 특정 용도, 예를 들면 T.P.O.S에 맞춰 동시에 사용하는 모든 품종이 한 곳에 모여 있어야 한다는 의미다. 구체적으로는 한 곳에 모여 있는 품종은 사용빈도와 구매빈도 그리고 필요로 하는 상권의 크기나 대상으로 하는 세대 수가 서로 엇비슷해 고객이 동시에 이 모두를 한꺼번에 구입할만한 상품구색을 말한다.

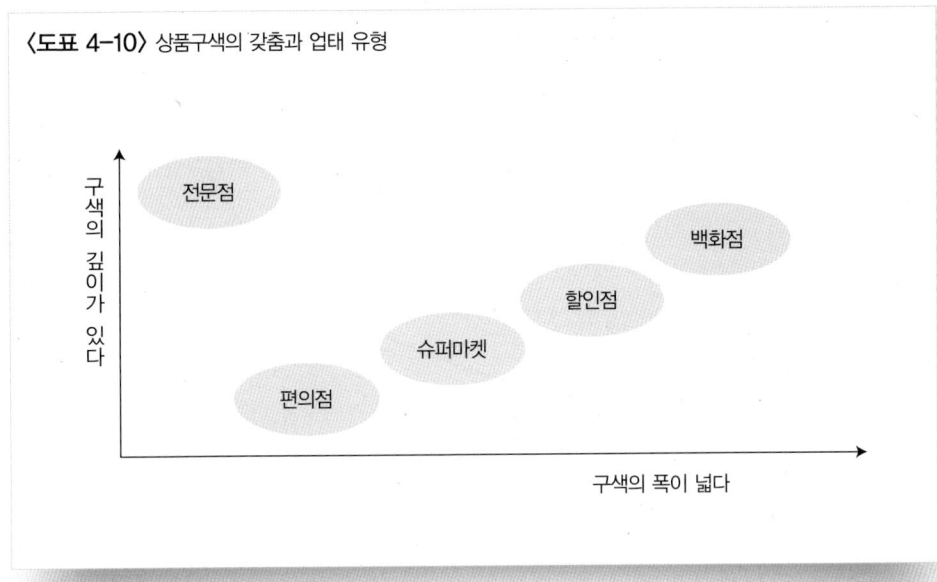

〈도표 4-10〉 상품구색의 갖춤과 업태 유형

이와 같이 동시에 사용하는 품종을 계열구성(=상품구색의 폭)이라 하고 이들이 한 곳에 모여 하나의 매장을 만들게 되면, 이 매장은 사용하기 편한 매장으로 고객에게 다가가는 것이다. 또한 이것이 이뤄지면 다음으로 컬러나 스타일이 조화를 이뤄야 한다. 즉, 색이나 형태의 코디네이션이 이뤄져야 한다. 예컨대 의류를 취급하려면 '외출복, 스포츠 웨어, 아동복' 가운데 어디까지 취급할 것인지 결정해야 한다. 〈도표 4-11〉에서 보듯이 많은 수의 품목을 판매하고, 상품구색 폭이 넓은 점포일수록 이용자의 방문 빈도가 높고 판매 수량이 많다.

4) 품목구성 확대의 매력(=깊이의 확대)

특정 상품계열(예, 간장계열, 고추장 계열 등)에서 많은 후보 품목군 가운데 기호, 사용 목적, 예산에 알맞은 최적의 품목을 고를 수 있어 편리하

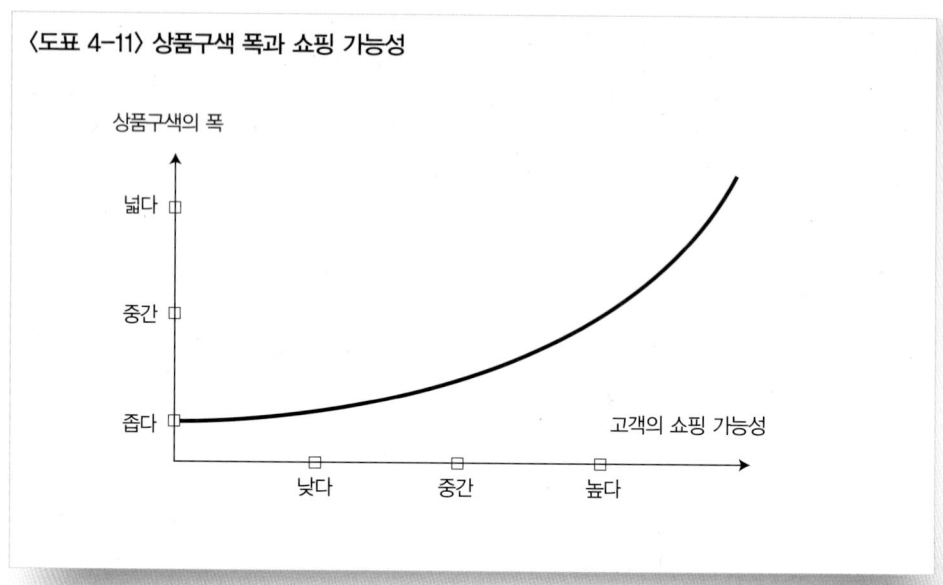

〈도표 4-11〉 상품구색 폭과 쇼핑 가능성

다는 매력을 증대시킨다. 예컨대 '무형문화재인 순창 할머니가 담근 고추장을 사려면 역시 이 점포뿐이야'라는 차별화된 매력을 갖게 한다.

품목구성 확대는 동일한 상품계열 내에서 이용 가능한 대체품과 같은 품목의 수를 말한다. 즉, 품목구성의 확대란 상품구색이 어떤 품목에 집중해서 품목 수가 많다는 의미다.

즉, 특정 품종 중에서 자점포의 프라이스 레인지(price range) 안에 품목 수가 집중해 특별히 많다는 의미다. 이 경우 특정 품종 내 품목 수만 특별히 많아야 하며 나머지 다른 품종은 품목 수가 적어야 한다.

또한 특정 소수 품목은 특별히 돋보이도록 진열량이 많아야 하고 그를 제외한 나머지 품목의 진열량은 상대적으로 적어야 한다. 즉 프라이스 포인트(price point) 주변 품목 수뿐 아니라 진열에 있어서도 매장을 찾은 고객이 진열의 강약을 느낄 수 있어야 한다는 것이다.

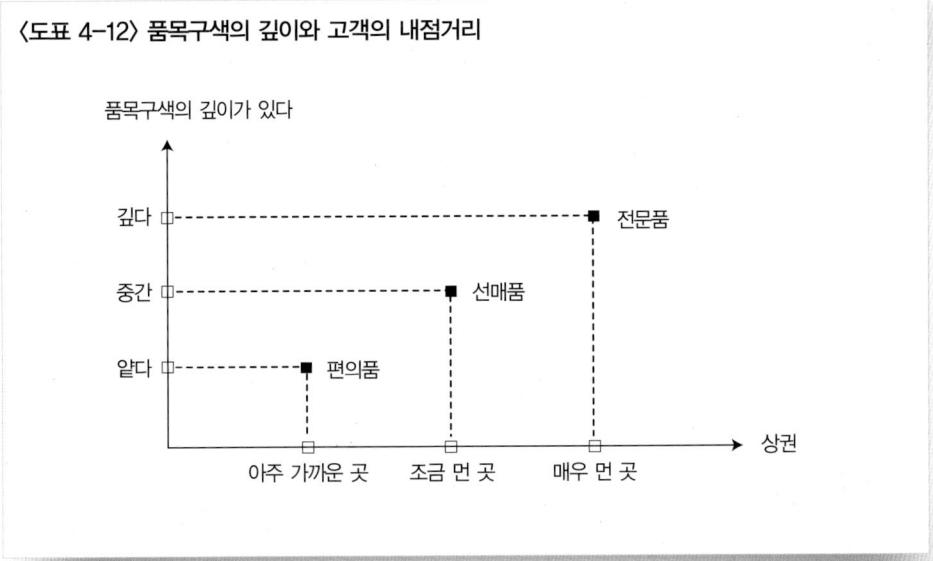

〈도표 4-12〉 품목구색의 깊이와 고객의 내점거리

소매업 상품구성에서 품목구색 깊이가 깊을수록 상권이 넓어지는 효과를 갖게 돼 고객 수가 늘어나게 되는데 그 내용은 〈도표 4-12〉와 같다.

그러므로 전문점 계열구성 깊이는 상대적으로 좁은 대신 품목구성은 깊다는 특징을 갖는다.

또한 〈도표 4-13〉처럼 품목구색 깊이가 깊을수록 이용 객수와 평균 구매단가도 높아 매출액도 높아진다.

예) PC용 프린터 사례

PC용 프린터를 예로 들면 가정이나 회사에서 주로 사용하는 'PC용 프린터'는 할인점 PC 매장에 반드시 갖춰야 한다. 그러나 간판제작 전문점 등 업소나 기업에서 사용하는, 예를 들면 '대형 현수막 제작용 프린터'는 할

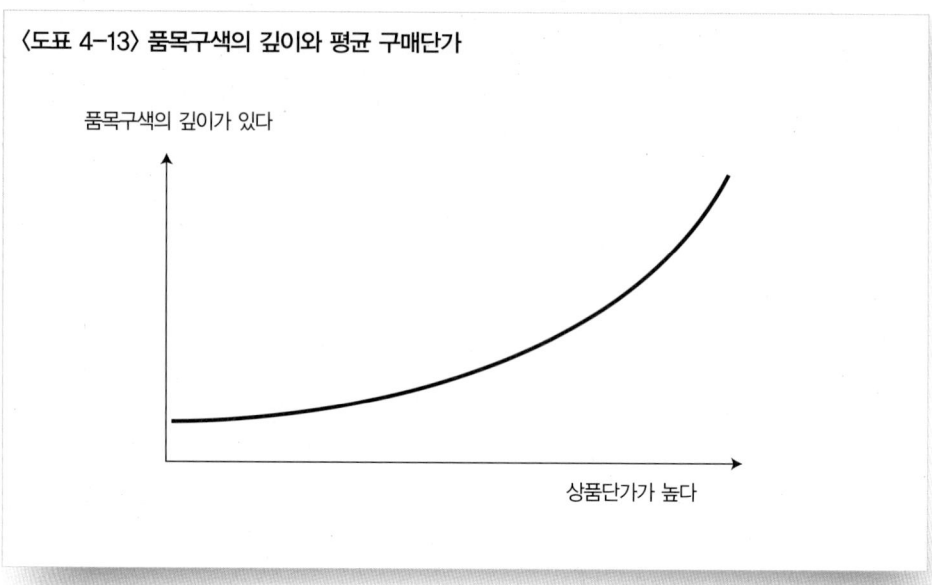

〈도표 4-13〉 품목구색의 깊이와 평균 구매단가

인점 매장에서 취급하지 않는다. 이 경우 프린터를 사용할 때 함께 사용하는 '잉크, 토너' 같은 소모품도 같은 분류의 같은 매장에 있어야 한다.

또한 취급하는 상품계열의 상호 관련성 정도를 상품구성의 밀도라고 하는데, 만약 어떤 점포에서 스포츠용품·도자기·커튼류 등의 계열상품을 다양하게 판매한다면 '그 점포의 상품구성 밀도는 낮다'고 말할 수 있다.

6) 계열구성 확대와 품목계열 확대시 주의점

앞에서 계열구성 확대 추진을 상품 면에서 종합화 정책이라고 한다면 특정 상품계열을 선택해 그 내용의 품목구성 확대를 추진하는 것을 상품 면의 전문화 정책이라고 할 수 있다.

〈도표 4-14〉 계열 구성 확대와 품목 계열 확대

계열 구성의 확대	품목 계열 확대
① 상품구색 확대 한 곳에 모여 있는 품종은 모두 사용빈도와 구매빈도, 필요한 상권 인구가 서로 비슷해 고객이 동시에 일괄 구입할 만한 상품구색 범위 ② 상품군의 컬러와 스타일 조화 ③ 컬러나 형태가 사용하기 편한 코디네이션	① 어떤 부문에 집중해서 우선 품목 수가 많다. ② 어떤 특정 품종 내의 품목 수만 많고, 다른 보다 많은 품종은 품목 수가 비교적 적다. ③ 특정 품목에 대해 진열량이 특히 많은 상태, 품종별로 특정의 몇몇 품목은 진열량이 많고, 다른 여러 품목의 진열량은 적다.

문제는 이 두 가지 정책을 동시에 채택하는 것은 매우 어렵다는 것이다.

〈도표 4-15〉처럼 점포면적 $100m^2$의 슈퍼마켓 농산물 매장이 있다고 가정하자. 여기서 수입과일류 계열, 국산과일류 계열, 채소류 계열, 나물류 계열, 구근류 계열의 다섯 가지 농산물 상품계열을 취급한다면 각 상품계열에 할당되는 점포 면적은 평균 $20m^2$다.

이 농산물 매장이 종합화 정책을 지향해 상품계열을 종전의 5계열에서 유기농 계열, 샐러드 계열 등 10계열로 늘릴 생각이라면 한 계열당 할당되는 평균 매장면적은 절반인 $10m^2$가 된다. 할당 면적이 절반으로 줄면 각 계열별로 진열할 수 있는 품목 수도 절반 가까이 줄어들 수밖에 없다. 각 계열별로 품목계열 내용이 빈약해져 전문화 정책은 그 만큼 후퇴한다.

앞의 예와는 달리 전문화 정책을 강조하고자 하면 반대로 종합화 정책을 다소 포기해야 한다.

예컨대 앞의 5계열 가운데 국산과일류 계열, 채소류 계열, 구근류 계열의 3계열을 중점화해 보다 폭넓은 품목구성을 이루고자 할 경우, 이들 3계

<도표 4-15> 상품계열 확대의 문제점

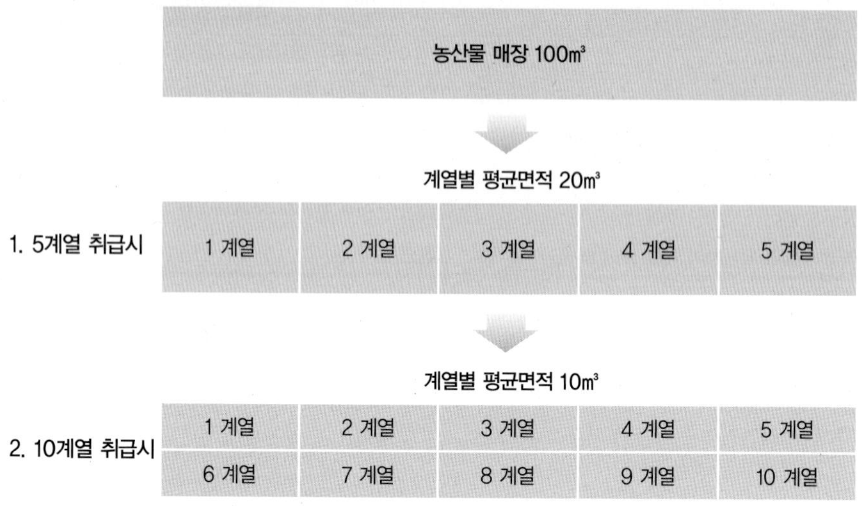

```
                    농산물 매장 100m³
                           ↓
                    계열별 평균면적 20m³
1. 5계열 취급시    | 1계열 | 2계열 | 3계열 | 4계열 | 5계열 |
                           ↓
                    계열별 평균면적 10m³
2. 10계열 취급시  | 1계열 | 2계열 | 3계열 | 4계열 | 5계열 |
                  | 6계열 | 7계열 | 8계열 | 9계열 | 10계열 |
```

열의 할당면적을 확장해야 하므로 결과적으로 나머지 2계열(수입과일류 계열, 나물류 계열)을 줄이거나 없앨 수밖에 없다.

일반적으로 '종합화'와 '전문화'의 조합적 측면에서 소매업은 다음 네 가지 기본 패턴을 사용해 상품구성을 하고 있다.

① 표준형(완전 종합형 상품정책)
② 상품 구성형(불완전 종합형 정책)
③ 인기상품 집약형(완전 한정형 상품정책)
④ 집약형(불완전 한정형 상품정책)

23

적정 규모 실현을 위한 상품구성

| 각 계열·부문·품종별 적정 규모 파악 |

풍부한 상품구성을 실현하기 위해서 첫 번째 해야 할 일은 업태에 따라 각 계열별로 적정 규모(매장 규모 혹은 진열 선반 크기)를 파악해 적정 규모의 기준을 정하는 일이다.

예컨대 적정 규모란 합리적인 상품구성을 바탕으로 진열한 상태로, 이를 본 고객이 풍부하다고 느낄 수 있는 상태를 의미한다. 그러나 일반적 의미의 풍부함은 결코 아니다. 그렇다고 해서 유통업계가 상식적으로 생각하는 규모나 공급업체 측이 생각하는 규모는 아니다.

아마도 공급업체가 생각하는 적정 규모는 자사가 생산하는 모든 상품을 풍부하게 진열할 수 있는 규모일 것이다. 즉, 자사에서 생산되거나 집하되고 있는 모든 상품을 갖추는 것을 적정 규모로 생각하기 쉽다.

만약 이런 식으로 상품이 갖춰진 매장을 찾은 고객은 결코 풍부하다고 생각하지 않을 것이다. 물론 무슨 상품인지 몰라도 상품이 산더미처럼 쌓여있기 때문에 그 양에 감탄할지는 모른다.

그러나 이 경우 무엇보다 중요한 것은 고객이 필요로 하거나 관심이 있는 상품이 갖춰져 있는가의 문제이지, 관심이 없는 상품이 산더미처럼 진열돼 있는 것은 무의미하다. 오히려 관심도 없는 상품에 관심 있는 상품이 섞여 잘 안 보이게 되므로 빈약한 이미지를 줄 수 있다.

오늘날 매장 레이아웃과 상품구성에서 무엇보다 중요한 것은 '고객이 원하는 것을 빠르고 정확히 찾을 수 있도록 하는 것'이다. 조사에 의하면 고객이 쇼핑 도중 토로하는 불만 가운데 가장 큰 것이 원하는 상품을 찾기 어려웠다는 점이라고 한다.

오늘날 소비자들 대부분이 매장에서 원하는 것은 매장 규모가 어마어마하게 크지 않아도 쉽게 물건을 찾을 수 있는 구조인 것이다.

예컨대 월마트(Wal-Mart) 매장의 평균 취급품목 수는 3만 5,000개 정도이지만, 달러제너럴(Dollar General)은 4,500개 품목에 불과하다. 적은 규모의 달러제너럴 매장에 적정 규모 이상의 품목을 진열하면 오히려 매장이 복잡하게 보여 고객 접근성이 떨어진다. 이런 이유로 달러제너럴 같이 규모가 작은 매장은 고객이 필요한 것을 쉽게 찾고 빨리 들어와 빨리 나갈 수 있도록 만들어주는 것이 중요하다.

1993년 FMI(Food Marketing Institute) 보고서에 의하면 광범위한 상품구색은 높은 재고관리 비용과 품절 증가를 초래한다. 또한 이 보고서에서는 미국의 24개 매장에서 6개의 상품 카테고리(시리얼, 애완동물 사료, 샐러드 드레싱, 스파게티 소스, 휴지, 치약) SKU를 줄이는 실험을 했다. 불필요한 SKU를 제거하고 진열대 상품간격을 동일하게 유지하는 동시에 팔리는 상품을 팔리는 양에 비례해 진열공간을 할당했다. 그 결과 상품 축소가 매출에 어떤 부정적인 영향도 미치지 않는다는 중요한 결과를 발견했다. 다시 말해 적정한 상품구색은 매출 감소 위험 없이 비용 절감을 가져올 수 있음을 시사하고 있다.

미국에서 수십 년 이상 앞서 증명된 것과 같이 소매업의 상품구색이 적정 규모로 이뤄지면 매장 작업 그 자체가 쉽고 정확하게 이뤄질 수 있다. 그 결과 작업 코스트 즉, 인건비의 토털 코스트(total cost)가 내려가는 긍정적인 결과를 가져오게 된다.

오늘날 시장 침체와 치열한 시장경쟁으로 수익성이 악화되는 소매기업에게 과다한 진열 규모는 필요하지 않다. 소비자가 풍부하다고 느끼게 하는 데 필요한 적정 면적과 적정 수의 상품이 갖춰져 있을 때, 그리고 고객이 풍부하다고 느낄 수 있을 때 이것을 적정 규모라 부른다.

| 적정 규모 실현을 위한 상품구성 사고방식 |

부문과 품종 그리고 품목계열의 구성 계획이 적정하게 수립돼 있을 때 그 다음은 구성 방법이 문제다.

적정 규모의 상품구성을 생각하는 순서는 다음과 같다.
먼저 시장조사 및 경쟁점, 경합점 조사 그리고 자사의 판매 데이터 분석(〈도표 4-16〉의 중분류별 적정 곤돌라 수 기준)에 근거해 그 결과로 '장류' 품종 중 간장 계열의 적정규모는 곤돌라 2대(〈도표 4-16〉의 SM 소분류)분으로 규모 기준을 정하는 것이다.

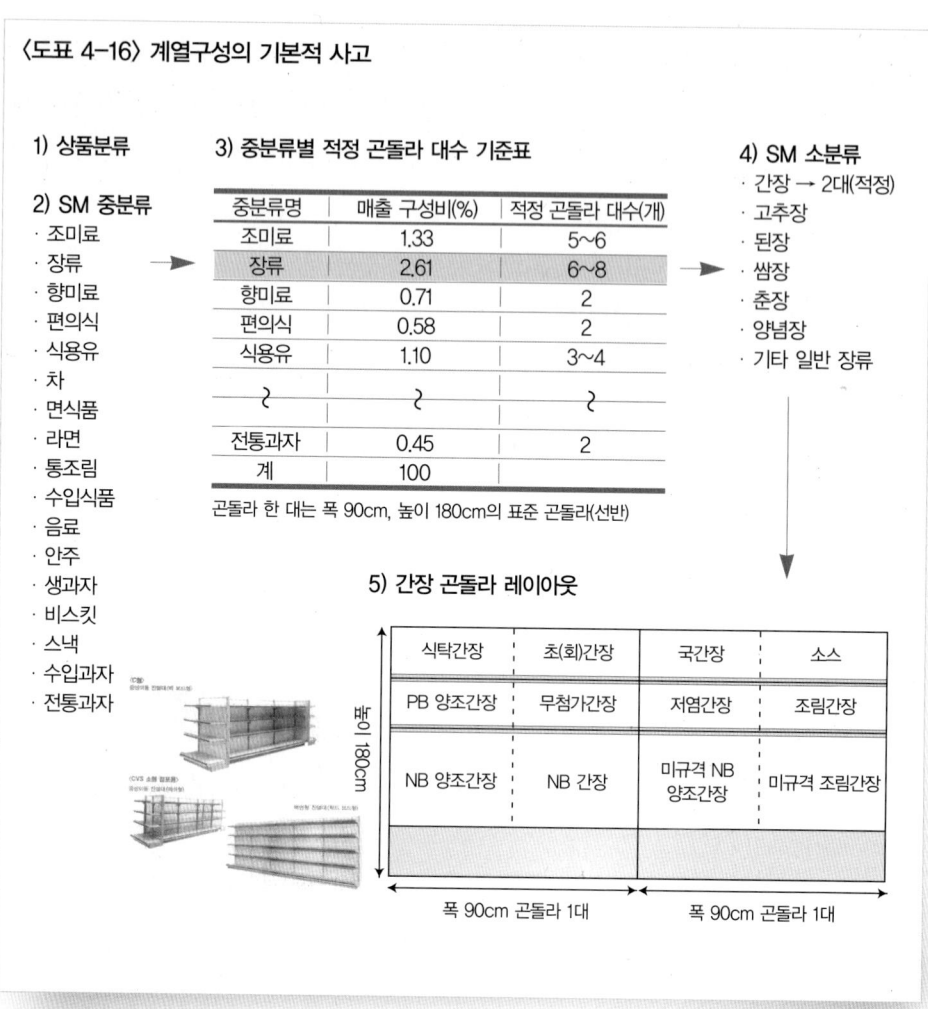

〈도표 4-16〉 계열구성의 기본적 사고

그 다음으로는 간장 계열의 진열 레이아웃(〈도표 4-16〉 간장 곤돌라 레이아웃)을 작성해 매장에서 실현해 나가는 방식이다.

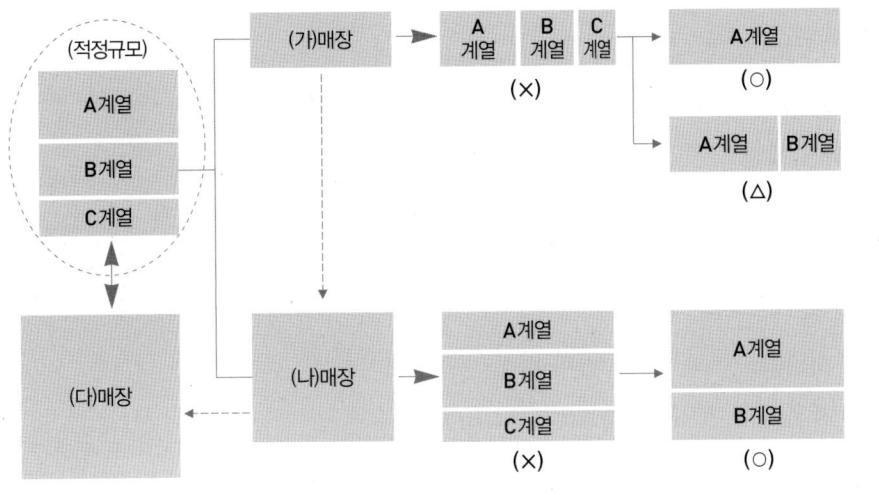

〈도표 4-17〉 적정한 상품구성의 사고방식

1. 'A계열, B계열, C계열'의 크기는 적정 규모라 가정한다.
2. 넓이는 C → B → A순으로 넓어진다.
3. 매출수량, 유리함, 편리함의 우선 순위는 A 〉 B 〉 C 순이다.
4. 점진적으로 (가)매장은 (나)매장 규모로, (나)매장은 (다)매장 규모로의 확대가 필요하다.
* 여기에서 계열은 '부문, 품군, 품종 혹은 카테고리' 등으로 대체해 생각할 수 있다.

우선 〈도표 4-17〉에서 A계열(또는 부문, 품종), B계열, C계열 모두 해당 계열의 상품을 구성하기에 적정한 규모라 가정한다. 새로운 매장이 (다)매장일 경우는 A계열, B계열, C계열 모두를 빠짐없이 상품구성하면 된다.

그러나 〈도표 4-17〉처럼 (가)매장이나 (나)매장인 경우에는 어떠한 계열을 취할 것인가가 문제가 된다. 예컨대 (가)매장 경우 우선순위에 따라 A계열만 취한다면 A계열은 적정 규모가 확대되지만 B계열과 C계열에 대해서는 커트할 수 없다.

그렇다고 해서 A계열, B계열, C계열 모두 취급하게 되면 적정규모가 될 수 없기 때문에 당연히 A계열만 취급할 때보다 판매효율은 떨어지게 된다.

또한 ㈏매장 경우, ㈏매장의 판매효율은 ㈎매장보다 높아지게 된다. 그러나 이 경우에도 ㈎매장 경우와 마찬가지로 A·B계열을 취급하는 것이 A·B·C계열 모두 취급하는 것보다 더 효율적이다.

이와 같은 논리에 의해서 적정규모 매장 실현을 위한 상품구성의 기본 원칙을 정리하면 다음과 같다.

(1) 계열(또는 부문, 품종)마다 적정 규모를 파악한다.
(2) 계열(또는 부문, 품종)마다 우선순위(판매액, 판매수량, 마진)를 정한다.
(3) 그 우선순위에 의해 각각 적정 규모로 정해진 규모(면적)에 맞춘다.
(4) 정해진 규모에 가득 차면 그 다음 우선순위부터 커트한다.

※ 여기에서는 설명을 위해 계열(또는 부문, 품종)을 3개만 소개했지만 실제 매장에서는 슈퍼마켓 부문만 하더라도 10개 부문 이상의 계열이 있다. 즉, 품종 및 계열 수는 적게는 수십 개에서 몇 백 개까지 될 수 있다.

업계 경험에 의하면 적정 규모에 못 미쳤던 상품구성이 새로이 적정 규모에 도달하면, 그 매장을 이용하는 고객들은 풍부함을 느껴 자연스럽게 객수와 매출이 늘어나게 된다고 한다.

따라서 규모가 작은 매장에서 무작정 많은 계열에 욕심을 내 취급하려 하지 말고 매장규모에 적합한 상품구성 원칙에 입각해 충실하게 구성할 때 경쟁력을 갖추게 된다.

24

상품구성 전개방법

| 상품구성 전개방법 |

1) 상품구성 정의

  소매업 시스템화에 필요한 가장 중요한 업무항목 두가지를 꼽는다면 '상품구성' 과 '발주' 를 들 수 있다. 소매업 시스템의 대부분은 '적절한 상품구성' 과 '적절한 발주' 를 위한 데이터 분석·활용의 반복화로 이뤄지기 때문이다.

  그러므로 상품구성과 발주의 시스템화는 매우 중요하다. 그러나 몇몇 기업에서는 시스템 개발이 늦어져 바이어 등 각 담당자의 경험에 의존하고 있다. 상품구성도 단품관리 개념처럼 개인에 의존하는 방식에서 벗어나야 한다.

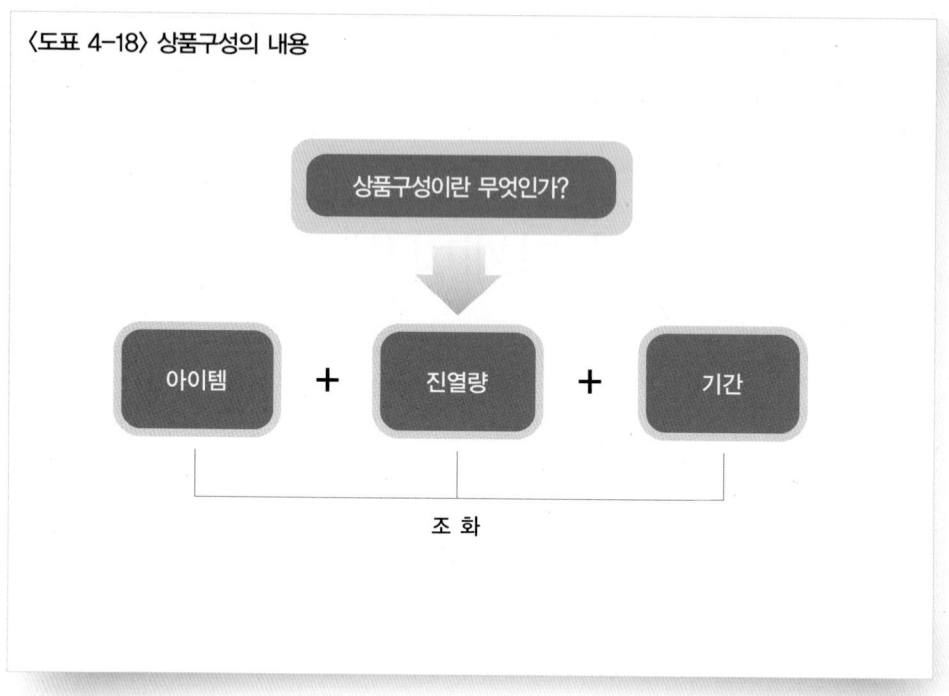

〈도표 4-18〉 상품구성의 내용

2) 가공식품, 생활잡화, 의류의 상품구성 포인트

상품구성 내용을 요약해서 정리하면 〈도표 4-18〉과 같이 '어떤' 상품을 '어디'에, '몇 페이스'로 '언제부터 언제까지', '얼마나' 진열할 것인가를 정하는 것이라고 할 수 있다.

상품구성 단위는 곤돌라 등 진열집기 단위나 상품분류(라인/클래스) 단위를 가리키는데, 이 둘 가운데 상품분류 단위가 더 많이 활용되고 있다.

가공식품, 생활잡화, 의류는 신선식품에 비해 아이템 수도 많고 매시즌 신상품이 발매된다. 따라서 이것을 관리하지 않고 방치하면 매장도 창고도 꽉 차버리게 된다. 그러므로 이들 상품의 집약이나 처분 등 상품관리가 중요하다.

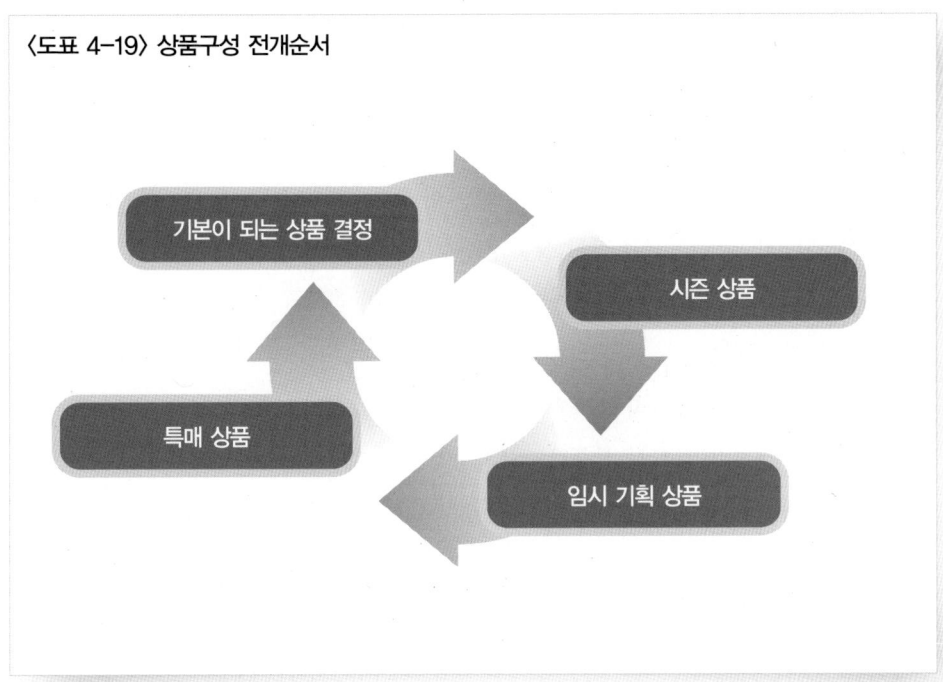

〈도표 4-19〉 상품구성 전개순서

　아이템 수를 늘리고 줄이는 것은 '상품 카테고리 컨셉트' 와 '점포 컨셉트' 로 결정된다. 상품구성의 원칙은 상권이 넓은 점포는 '집약' 시키고, 상권이 좁은 점포는 '넓고 얕게' 구성하는 것이다.
　이 때 먼저 기본이 되는 상품을 결정한 뒤, 계절상품, 기획상품, 특매상품 순으로 상품구성을 결정한다.

　체인스토어 경우 모든 점에서 취급하는 '기본 상품' 과 각 점별로 취급하는 '점포별 선택상품' 을 미리 명확하게 정해둔다.

상품구성 기준과 작성방법

상품구성 기준은 지금까지 감과 경험에 의한 방법에서 POS데이터의 과학적이며 합리적인 단품관리 수법을 활용하는 방식으로 개선되고 있다. 선진 소매업체들이 도입한 표준적인 상품구성 기준과 작성방법을 요약하면 다음과 같다.

1) 상품 도입 기준을 명확히 한다.

상품을 매입하는 바이어가 상품 도입 기준을 정한다. 예를 들면 다음과 같이 도입 이유가 명확해야 한다.

① TV 등 매스컴에서 광고 중이니까.
② 원가가 싸서 마진율이 높으니까.
③ 지금 잘 판매되는 주력상품과 관련된 상품이니까.
④ 점포 이미지 제고의 역할을 하니까.

또한 판매 후 단품관리를 통해 커트하는 경우에는 당초 왜 상품구성을 했는지 다시 확인한다.

2) 각 카테고리별로 상품구성 패턴을 결정한다.

이것은 단품관리나 상품구성에 있어 가장 중요한 항목이다.

상품구성 패턴에는 여러 가지 유형이 있지만 그 가운데 중요한 유형은 다음과 같은 네 가지 유형이 있다(〈도표 4-20〉 참조).

① 완전 종합형(넓고 깊게)

폭넓은 계열구성과 깊이 있는 품목구성을 가진 유형으로 할인점이나 양판점(GMS)이 취하는 유형이다.

② 불완전 종합형(넓고 얕게)

계열구성을 우선시하고 품목구성을 약간 얕게 한 것으로, 중·대형 마트나 고객을 한정해 관련 상품군을 폭넓게 취급하는 지역 백화점 및 초대형 전문점의 상품구색이 이 유형에 속한다.

③ 안전 한정형(좁고 깊게)

매장면적에 제약이 있어 품목구성을 우선시하고 계열구성 폭을 약간 좁힌 유형으로 중·소형 백화점, 카테고리킬러 같은 중형 규모의 전문점 상품구색이 이 유형에 속한다.

④ 불완전 한정형(좁고 얕게)

계열 폭은 좁히고 품목 층도 얕게 한 유형으로 소형 전문점이 주로 이 형태를 취한다.

〈도표 4-20〉 상품구성의 패턴

1. 완전 종합형   계열 구성

품목＼품목 계열	A	B	C	D	E	F	G	H	I	J	K	L	~	Y	Z
1	○	○	○	○	○	○	○	○	○	○	○	○	~		
2	○	○	○	○	○	○	○	○	○	○	○	○	~		
3	○	○	○	○	○	○	○	○	○	○	○	○	~		
4	○	○	○	○	○	○	○	○	○	○	○	○	~		
5	○	○	○	○	○	○	○	○	○	○	○	○	~		
6	○	○	○	○	○	○	○	○	○	○	○	○	~		
7	○	○	○	○	○	○	○	○	○	○	○	○	~		
8	○	○	○	○	○	○	○	○	○	○	○	○	~		
9	○	○	○	○	○	○	○	○	○	○	○	○	~		
10	○	○	○	○	○	○	○	○	○	○	○	○	~		
11	○	○	○	○	○	○	○	○	○	○	○	○	~		
12	○	○	○	○	○	○	○	○	○	○	○	○	~		
13				○	○	○	○	○	○				~		
14					○	○	○						~		

품목구성

2. 불완전 종합형   계열 구성

품목＼품목 계열	A	B	C	D	E	F	G	H	I	J	K	L	~	Y	Z
1		○	○	○	○	○	○	○	○	○	○	○	~		
2		○	○	○	○	○	○	○	○	○	○	○	~		
3		○	○	○	○	○	○	○	○	○	○	○	~		
4					○	○	○	○					~		
5						○	○						~		
6													~		
7													~		
8													~		
9													~		
10													~		
11													~		
12													~		
13													~		
14													~		

품목구성

3. 완전 한정형   계열 구성

품목\품목 계열	A	B	C	D	E	F	G	H	I	J	K	L	~	Y	Z
1				○	○	○	○						~		
2				○	○	○	○						~		
3				○	○	○	○						~		
4				○	○	○	○						~		
5				○	○	○	○						~		
6				○	○	○	○						~		
7				○	○	○	○						~		
8				○	○	○	○						~		
9				○	○	○	○						~		
10				○	○	○	○						~		
11				○	○	○	○						~		
12				○	○	○							~		
13				○	○	○							~		
14				○	○								~		

품목구성

4. 불완전 한정형   계열 구성

품목\품목 계열	A	B	C	D	E	F	G	H	I	J	K	L	~	Y	Z
1				○	○	○							~		
2				○	○	○							~		
3				○	○								~		
4					○								~		
5													~		
6													~		
7													~		
8													~		
9													~		
10													~		
11													~		
12													~		
13													~		
14													~		

품목구성

자료 _ 청수현 '최신 소매업의 마케팅', 1982

〈도표 4-21〉 기본 상품구성 패턴의 장·단점

	장 점	단 점
완전 종합형	• 광역 시장 • 완전한 재고 • 높은 고객 흡인력 • 고객 충성도 확보 • 일괄구매	• 높은 재고 투자 • 종합점 이미지 • 많은 품목의 회전율 낮음 • 구식화된 상품 생김
불완전 종합형	• 광역 시장 • 높은 고객 흡인력 • 편의형 고객 창조 • 표준형보다 비용 감축 • 일괄구매	• 다양성 부족 • 실망하는 고객 많음 • 약한 이미지 • 다수 품목의 회전율 낮음 • 충실성 낮아짐
완전 한정형	• 전문점 이미지 • 상품 계열별로 완전한 재고 • 표준형보다 비용 감축 • 전문인원 확보 • 실망하는 고객 없음 • 고객 충성도 확보	• 다양성의 한정 • 한정된 시장 • 고객 흡인력 한정
불완전 한정형	• 편의형 고객 지향 • 비용 최소화	• 다양성과 고객 흡인력 낮음 • 실망하는 고객 많음 • 약한 이미지 • 충실성 낮음

이와 같은 기본 상품구성 패턴의 장단점을 정리하면 〈도표 4-21〉과 같다.

〈도표 4-22〉 상품구성과 업태의 관계

1. 점포 규모 관련

	상품구색 좁다	
소규모	전문점	가전 양판점	대규모
	편의점	백화점	
	상품구색 넓다	

2. 가격 관련

상품구색	좁다	전문점	전문점	박스 스토어
	중간		슈퍼마켓	전문 할인점
	넓다		복합점	할인점
		높다	중간	낮다
			가격	

자료_ kotler, Philip, 'Marketing Management : analysie, planning and control(1984)'

    이와 같은 상품구색의 유형과 점포규모 및 가격을 조합하면 〈도표 4-22〉와 같이 업태를 구별할 수 있다.
    이처럼 업태 유형을 결정짓는 상품구성은 다음과 같은 사항을 전략적으로 분석, 실행해야 한다.
    ① 매장면적

② 활용 가능한 직원 수
③ 보유 가능한 평균 재고액
④ 점포 입지 지역 · 지구 · 지점의 상권 특징
⑤ 지역 내 경쟁구조
⑥ 지역 내 소비구조

3) 상품구성의 결정방법

　상품구성을 적절히 하기 위해서는 먼저, 상품분류(클래스 또는 라인)별 실적에 따라 상품을 추출한다. 추출한 상품군의 ABC 분석을 통해 안 팔리는 단품을 밑에서부터 순서대로 커트하고, 동일 상품군에서 잘 팔릴 것 같은 단품을 신규 도입한다. 그리고 다시 한번 상품 동향 분석표 결과를 확인한 다음 분류 작업을 행한다.

　이상의 반복으로 적절한 상품구성이 이뤄지면, 고객 니즈나 변화에 대응할 수 있게 된다. 그러나 이상의 방법만으로는 커다란 문제점이 생길 수 있다. 즉, 단순히 ABC 분석을 기준으로 밑에서부터 순서대로 커트해 상품구성을 하면 축소 균등이 돼 재미없고 제안 없는 '무미건조한 매장'이 될 위험성이 크다.

　또한 커트의 근거가 된 'ABC 분석표' 데이터의 신뢰성 문제도 있다. 예를 들어 상품이 품절이거나 선도, 품질, 가격, 디자인, 사이즈 등이 고객 니즈에 맞지 않으면 ABC 분석표 상 아래에 위치할 수밖에 없다.

　따라서 기업이나 점포 정책을 제대로 반영하고 누구나 간단히 커트할 수 있는 시스템을 만들기 위해서는 소매기업 기업 실정에 맞는 상품구성 기준을 만들어 활용해야 한다.

〈도표 4-23〉 일반적인 상품구성 순서

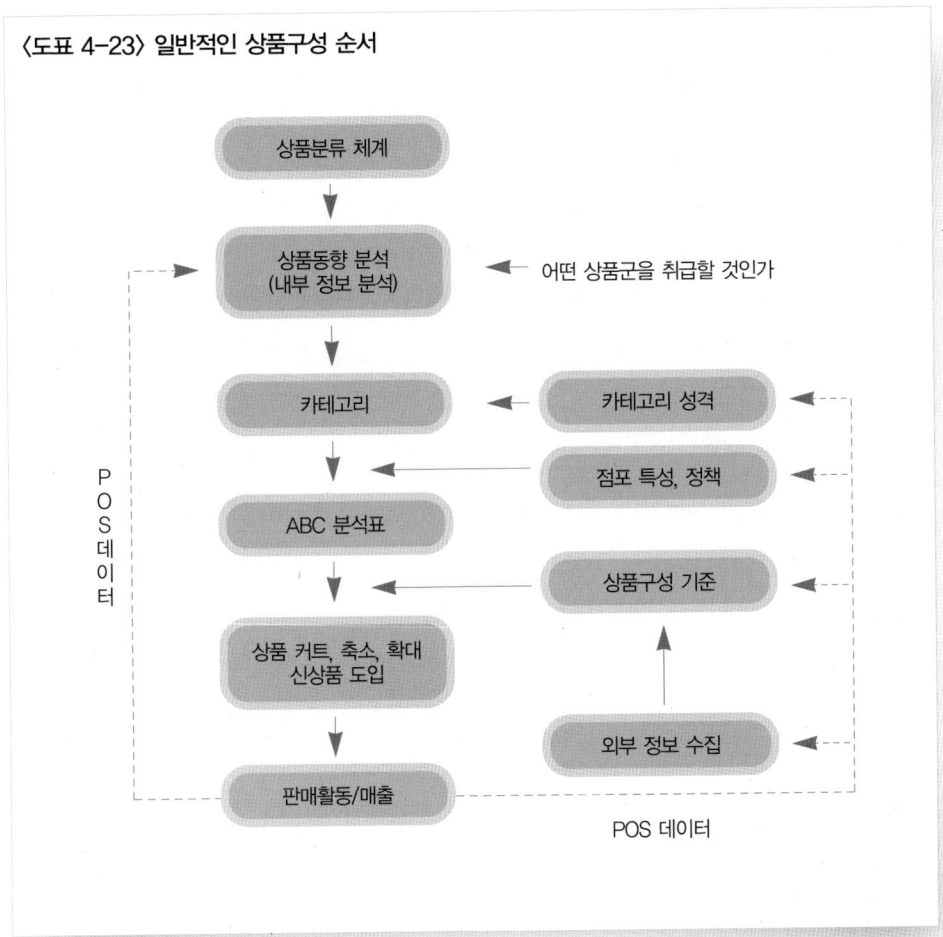

4) 카테고리별 적정 아이템 수 설정과 상품구성 패턴

단품에도 나름대로의 특성이 있듯이 단품이 속하는 카테고리별로도 특성이 있고, 점포에도 각 점포별로 나름대로의 특성이 있다.

소매점포가 적합한 상품구성을 유지하기 위해서는 이 세 가지 성격을 토대로 데이터를 분석, 실행해야 한다.

그 구체적인 순서는 다음과 같다.

(1) 적정 아이템 수의 숙지나 설정은 카테고리 단위로 한다(혹은 라인별).

(2) 카테고리 내 아이템 수를 증가시키거나 감소시키면 반드시 POS데이터로 그 효과를 확인한다.

(3) 최대 효율(최소한의 아이템 수로 최대 매출)을 얻은 아이템 수가 해당 카테고리의 적정 아이템 수가 된다. 이 때 판매 여건을 가능한 변경하지 않고 분석하는 것이 바람직하다. 그 결과 카테고리별 '상품구성 패턴'이 명확해진다. 예를 들면, 우유는 20아이템을 취급하든, 잘 나가는 4아이템만 취급하든 매출은 비슷하다. 그러므로 상품구성 패턴은 '인기상품 집중형'이 바람직하다.

(4) 인스턴트 라면 경우 120아이템이건, 80아이템이건 매출에 큰 변화는 없으나 만약 40아이템으로 대폭 줄이게 되면 매출이 큰 폭으로 감소한다. 따라서 인스턴트 라면은 80아이템 정도가 최대 효율을 얻는 아이템 수이므로 상품구성 패턴은 '상품 구색형'이 된다.

적정한 상품구성의 아이템 수는 상품, 점포, 계절에 따라 다소 다르게 나타날 수 있으나, 카테고리의 근본적인 성격은 변하지 않는다. 그러므로 카테고리별로 이와 같은 기준을 마련해 그 범위 내에서 상품구성을 하게 되면 적어도 어수선한 매장은 되지 않으며 단품관리가 쉬워진다.

한 가지 주의해야 할 점은 카테고리별 상품구성 아이템 수를 압축하면 할수록 유리하다는 것이다. 왜냐하면 점포나 매장의 스페이스는 한정돼 있기 때문이다. 그 한정된 공간에서 최대 효율을 높이기 위해서는 상품을 집약해야 한다. 예를 들어 같은 매출이라면 아이템 수가 적어야 되는 것이 판매의 기본원리다.

따라서 가공식품이나 의류 같은 상품구성은 이러한 전제 하에 전개돼야 한다.

5) 결론

소매업은 '매입'과 '판매', 그리고 그 쌍방을 연결하는 물류가 있으면 성립한다. 이러한 소매업에 있어 가장 관심과 주의를 기울여야 하는 부분은 '상품구성'과 '발주' 시스템이다. 왜냐하면 소매업에서 분석하는 대부분의 데이터나 정보는 결국 '상품구성 수법'과 '발주 시스템'으로 귀착되기 때문이다.

적정한 상품구성을 지속적으로 유지하려면 POS데이터를 제대로 활용할 수 있는 시스템을 만들어야 한다. 데이터를 전제로 상품 카테고리 및 단품 특성을 정확히 파악해 그에 부합하는 상품구성 기법을 전개해야 한다.

적정한 상품구성을 실시하는 순서는 '카테고리별 상품동향 분석 → 중점 카테고리 선정 → ABC 분석표 → 커트 상품 대상의 추출 → 상품구성 → 상품구성 기준 확인 → 커트(판매 중단) 및 신상품 도입 → 결과 확인' 순이다.

25

상품구성과 가격구조

| 가격대 정책 |

1) 가격대(price zone) 구조

각 품목에는 통상적으로 가격이 매겨지고 프라이스 카드에 그 액수가 표시된다. 고객에게 가격은 품질이나 디자인, 브랜드와 마찬가지로 상품 선택의 중요한 요소가 된다.

하나의 상품계열 속에는 다양한 가격 품목이 포함돼야 한다. 물론 1,000원, 5,000원 균일가라는 가격설정 전략도 있지만 원칙적인 가격설정 방식은 아니다. 가격에 대한 고객 요구도 다양하기 때문이다.

그러나 동일계열에 속하는 품목별 가격설정에 있어서는 신중한 고려가 필요하다. 예컨대 980원, 1,000원, 1,030원, 1,050원, 1,080원, 1,130원, 1,180원, 2,380원식으로 가격을 책정하면 고객은 상품 선택에 혼란을 겪을 것이다. 이런 경우 다른 말로 바꿔서 '프라이스 라인(price line) 수가 너무 많아 혼란스럽다'고 한다.

실제로 프라이스 라인 수가 많아지면 고객의 구매결정 효율성은 현저하게 떨어진다. 뿐만 아니라 점포 측 상품관리도 번잡해진다.

만약 고객이 '1,000원짜리와 1,030원짜리 상품은 조금도 다른 데가 없는 것 같은데 어째서 30원의 차이가 납니까?'라고 질문한 경우 쉽게 대답하기 어려울 것이다.

실제 하나의 상품계열에 몇 가지 잘 팔리는 '적정가격'이 있는 법이다. 예컨대 앞의 예에서 980원, 1,080원, 1,180원을 적정가라고 할 수 없겠지만 1,000원, 2,000원, 3,000원보다는 잘 팔린다. 그러므로 1,000원에서 3,000원 사이의 가격대(price zone)에서 가능한 3~4단계의 '팔리는 적정가'로 가격설정을 좁히고 그 이외 가격은 의식적으로 배제하는 정책을 취하게 된다. 이것이 바로 가격대 정책이다. 이에 따라 가격 면에서 상품구성 즉, 가격구성이 명확해지고 고객의 구매의사 결정 효율성이 높아져 판매촉진으로 이어진다.

2) 가격대 정책

앞에서 1,000~3,000원 가격대를 예로 들었지만 대부분 이와 같은 가격대가 하나의 상품계열 속에 여러 개 있다는 것을 알아야 한다. 화장지를 예로 든다면 4,000~6,000원, 6,000~9,000원, 9,000원 이상의 가격대가 있을 수 있다.

가격대 구분법은 그야말로 상품에 따라 또는 점포 형태 및 매장 정책에 따라 가지각색이다. 그러나 하나의 계열 안에서 수요 구조에 가장 적합한 몇 개의 가격대를 설정하고, 각 프라이스 존 안에서 잘 팔리는 프라이스

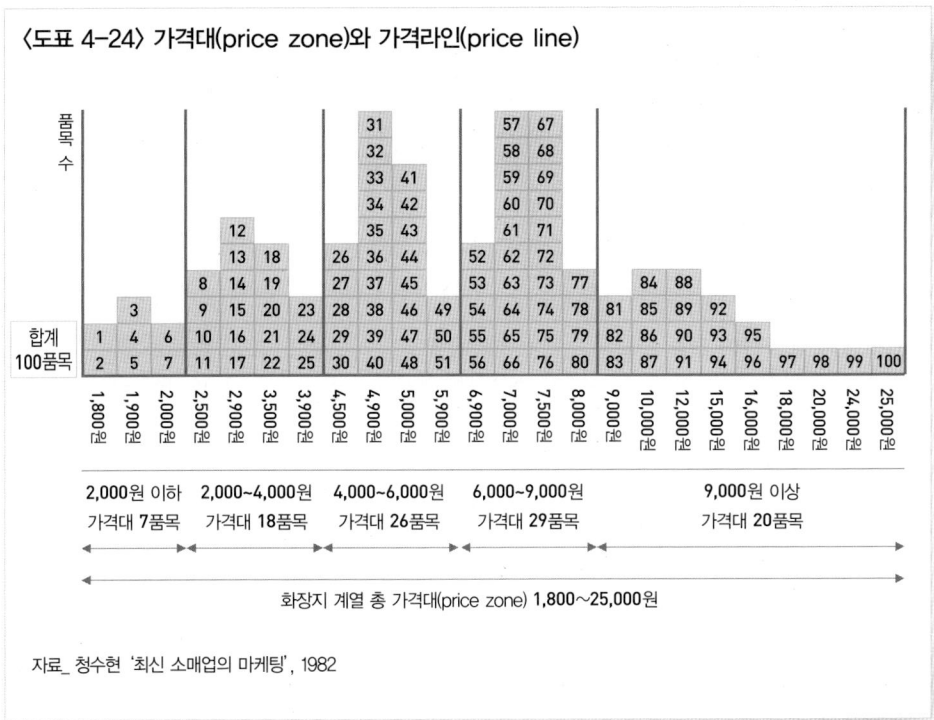

〈도표 4-24〉는 합계 100개 품목을 다섯 가지 가격대, 24가지 프라이스 라인으로 나눈 모델로, 상품은 위생용품(휴대용 화장지부터 화장실용 화장지까지) 혹은 의류같은 가격 폭이 넓은 패션상품에 적용할 수 있다. 국내 슈퍼마켓 매장의 평균 객단가를 고려하면 9,000원 이상 가격대는 프라이스 라인 수는 많지만 품목 수는 그다지 많지 않다는 점에 주의해야 한다.

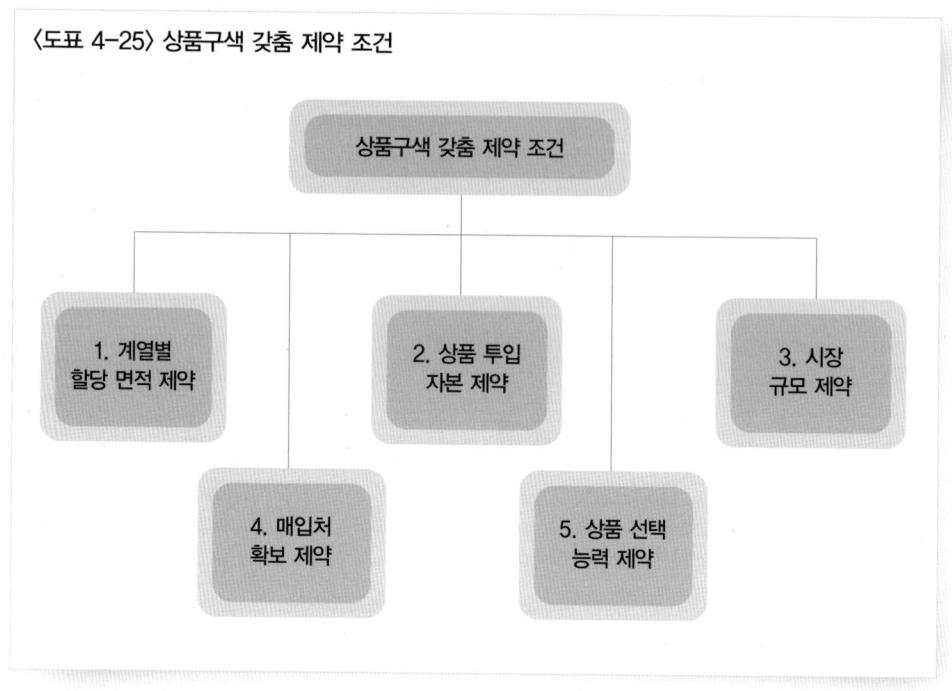

| 상품구성 확대의 제약 조건 |

이 책에서 상품구성은 '품목구성'의 의미로 한정해서 사용하고 있다. 또한 '상품구색'이란 용어도 사용하는데 이것 역시 품목구성을 의미하는 용어다.

　이와 같은 의미로 상품구성은 그 폭을 넓힐수록 상품 면에서 '전문성'이 높아지고 고객을 끄는 힘이 증대한다. 그렇지만 이것을 한없이 넓혀가는 것은 〈도표 4-25〉와 같은 제약 조건 때문에 사실상 불가능하다.

1) 계열별 할당 면적 제약

아무리 품목구성 확대 폭을 넓히려고 해도 할당할 수 있는 매장면적에 한계가 있는 이상 문제가 생기기 마련이다. 이 제약을 극복하려면 점포 전체의 계열구성 폭을 좁혀 전문화 정책을 추진하든가, 점포 규모 자체를 확장하는 수밖에 없다.

2) 상품 투입 자본 제약

소매업은 상품 재고에 충당하는 자금을 무제한 팽창시킬 수 있는 것이 아니다. 업종이나 업태에 따라 다르지만 매장이나 후방창고에 보유해야 할 상품 재고량은 본래 계획했던 매출과의 관계에서 자연히 정해진다. 이 관계를 나타내는 것이 상품회전율이다.

그러나 상품회전율은 판매기간을 통해 평균적인 상시 보유 재고량을 나타낼 뿐이며, 기간 중 일정 시점마다 보유해야 할 금액을 나타내는 것은 아니다. 그러므로 소매업에서는 상품회전율과 별도로 재고액과 판매액 비율을 월별로 정해둬야 한다.

3) 시장 규모 제약

수요의 질이나 양의 문제다. 상품구성을 넓히기 위해서는 그것을 뒷받침하는 다양한 소비욕구와 확대 품목을 흡수할 수 있는 소비구매력이 상권 내에 존재해야 한다. 인구 1만 명 이하의 농촌지역에서 인구 100만 명의 도심지역에 있는 초대형 할인점 수준으로 상품을 구성하는 것은 경영상으로도 허용되지 않는다.

4) 매입 확보 제약

이것은 상품 공급원의 문제다. 매입처 수나 상품 공급력에 한계가 있는데 불구하고 품목 수를 늘리는 것은 비효율적인 상품구성이다. 이 경우 단지 엇비슷한 품목이 늘어날 뿐이다.

상품구성이란 같은 계열 내에서 여러 가지 서로 다른 품목이 다양하고 다채롭게 조합되는 것이지 유사한 품목을 그저 늘어놓는 일이 아니다. 그러므로 풍부한 상품구성을 위해서는 차별화된 상품을 제공할 수 있는 새로운 매입처를 개발해야 한다.

5) 상품 선택 능력 제약

이것은 점포 측 구매담당자의 매입능력 문제다. 지식, 정보, 경험, 감각, 시야 등이 풍부한 인재가 매입 업무를 담당할 때 유효한 상품구성을 통해 고객을 유인할 수 있다.

Part 05
상품 구매계획

26 구매계획 수립
27 판매계획 수립
28 매입품목 결정의 시스템적 사고방식

26

구매계획 수립

| 구매계획 수립 |

상품의 구매계획을 수립하기 위해서는 먼저 다음과 같이 판매 가능성을 측정한다.

1) 계획적인 구매 조건

판매 가능성을 어느 국면에서 포착하는가에 따라 다음과 같이 다르게 접근한다.

(1) 연도별 또는 월별 가능성

(2) 지역별 또는 고객별 가능성

(3) 상품별 가능성

또한 각각의 방법에 따라 활용하는 데이터도 달라진다. 판매 가능성을

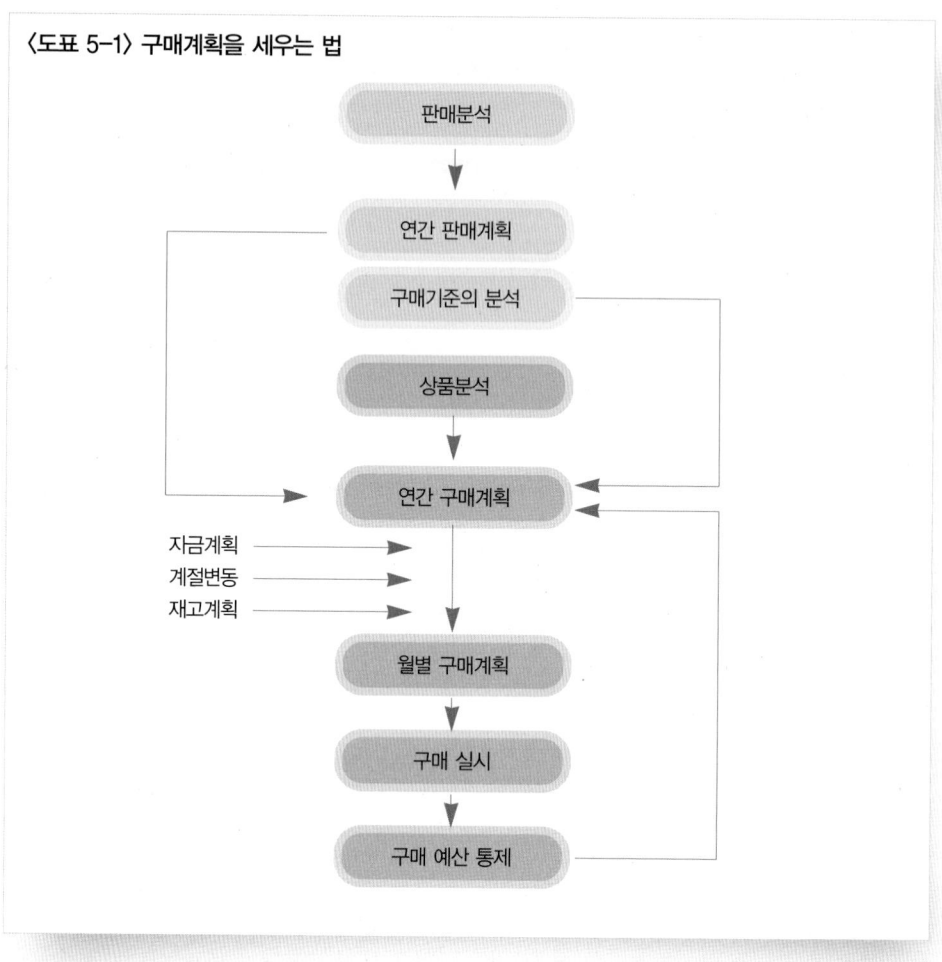

〈도표 5-1〉 구매계획을 세우는 법

측정하는 가장 일반적인 방법은 경향변동을 파악하여 이에 의해 다음해의 가능성을 찾아내는 것이다.

　상품구매를 위해서는 우선 구매방법이나 구매기준을 분명히 정하고, 그 방침에 따라 계획적인 구매를 하는 것이 포인트가 된다. 그러기 위해서는 다음 항목을 충분히 검토하는 것이 필요하다.

① 구매상품 선정

② 구매상품 검토

③ 구매가격 검토

④ 구매기준 선정

⑤ 구매시기 검토

이러한 구매원칙이나 방침이 결정된 후 구매계획을 어떻게 진행시킬 것인가가 검토되어야 한다.

앞의 〈도표 5-1〉과 같이 판매 분석 후 연간 판매계획을 세우는 것이 구매계획의 첫 걸음이 된다. 이 판매계획과 상품의 특성, 구매기준의 상황을 고려하여 연간 구매계획을 세우고 그것을 월별로 배분하여 나간다.

또한 월별 구매계획을 세울 경우에는 계절변동이나 재고 상황을 충분히 고려하여 진행할 필요가 있다. 그리고 실제 구매에 대해서는 구매 빈도나 수량, 자금회전을 검토하여 구매를 조율할 필요가 있다. 월별 구매계획 산출방법으로는 아래 월별 판매계획 도표와 같은 양식을 사용한다.

〈도표 5-2〉 월별 판매 계획표 양식(예)

월	상품계열 총계① (연간 판매 목표액)		( )계열 1 (연간 판매 목표액)		( )계열 2 (연간 판매 목표액)	
	월별지수 비율 ②	월간 판매 목표액 (①×②)	월별지수 비율 ㉮	( )계열 목표액 (①×㉮)	월별지수 비율 ㉯	( )계열 목표액 (①×㉯)

2) 판매실적 데이터 활용

이는 상품별, 지역별 판매실적 중심으로 판매 가능성이 높고 · 낮음을 측정하려는 것이며, 또 그 높고 · 낮음에 따라 판매 할당액을 조정하는 것이 가능하게 된다.

과거의 판매실적을 월별, 상품별, 각 점포별로 분류 정리한 데이터를 사용한다.

먼저 상품별, 월별로 판매실적을 다음과 같이 정리하고, 이들 판매 가능성의 높고 · 낮음을 살펴보도록 하겠다. 〈도표 5-3〉은 월별, 상품별 판매실적사례이다.

이 표를 정리해가는 순서는 먼저 전년도 각 상품별, 월별 비율을 산출하고, 이에 따라 다소 수정치를 가미하여 금년도 판매예정액을 곱해서 각 상품별, 월별 판매할당액을 산출해서 구매계획을 수립해 볼 수 있다.

3) 각 상품별 구매계획 수립(사례)

(1) 먼저 다음 〈도표 5-3〉과 같이 지난해 판매 실적을 가지고 각 상품별, 월별 판매 할당률을 다음과 같이 구한다.

① 간장 ········ $\dfrac{6{,}710}{9{,}350}$ = 0.7176

② 된장 ········ $\dfrac{1{,}023}{9{,}350}$ = 0.1094

③ 고추장 ······ $\dfrac{947}{9{,}350}$ = 0.1013

④ 쌈장 ········ $\dfrac{670}{9{,}350}$ = 0.0717

〈도표 5-3〉 1차년도 상품별·월별 판매 실적표(예)

(단위 : 만 원)

상품 월별	간장	된장	고추장	쌈장	계
1	530	102	76	57	765
2	442	80	76	47	645
3	550	81	86	53	762
4	539	89	80	54	762
5	483	69	76	45	763
6	567	59	74	42	742
7	790	81	67	63	1,001
8	510	55	74	38	677
9	496	63	74	42	675
10	477	80	86	53	696
11	407	79	85	58	629
12	919	185	93	118	1,315
합계	6,710	1,023	947	670	9,350
월별 할당률	71.76%	10.94%	10.13%	7.17%	100%

예 : (연간 간장 합계 ÷ 상품 매출 총 합계) = 간장의 월별 할당률

(2) 각 상품별로 월별 할당률을 구한다.

각 상품의 월별 할당률은 다음과 같은 방식으로 구한다.

〈도표 5-4〉 1차년도 상품별·월별 판매 할당률 실적(예)

(단위 : %)

상품 월별	간장	된장	고추장	쌈장	계
1	7.89	9.97	8.02	8.50	8.18
2	6.58	7.82	8.02	7.01	6.89
3	8.19	7.91	9.08	7.91	8.23
4	8.03	8.69	8.44	8.05	8.14
5	7.19	6.74	8.02	6.71	7.19
6	8.45	5.76	7.81	6.26	7.93
7	11.77	7.91	7.07	9.40	10.70
8	7.60	5.37	7.81	5.67	7.24
9	7.39	6.15	7.81	6.26	7.21
10	7.10	7.82	9.08	7.91	7.44
11	6.06	7.72	8.97	8.65	6.72
12	13.69	18.08	9.82	17.61	14.06
합계	100	100	100	100	100

예 : (상품별 각월 매출 ÷ 상품별 연매출) = 상품별 월별 할당률

예를 들면, 간장의 월별 할당률은,

1월 ············ $\dfrac{530}{6,710}$ = 0.0789

2월 ············ $\dfrac{442}{6,710}$ = 0.0658

⋮

12월 ············ $\dfrac{919}{6,710}$ = 0.1369 이 된다.

이와 같은 방식으로 된장, 고추장, 쌈장의 월별 할당률을 구한다.

(3) 앞에서와 같이 할당률이 산출되면 이에 의해 각 상품별 월별 판매 가

능성의 높고, 낮음을 쉽게 알 수 있을 것이다.

여기서 가능성이 많은 상품과 월(月)에 대해 보다 많은 할당을 하고, 가능성이 적은 상품과 월(月)에는 적게 할당하는 것이 바람직하다는 것을 알 수 있다. 따라서 할당률에 따라 상품별, 월별 판매 목표액과 전 상품의 연간 판매목표를 다음과 같이 산출한다.

예를 들어 2차년도 한해 12,000(만 원)의 매출을 예정한다면,

① 간장의 연간 판매목표 = 12,000 × 0.72(=0.7176) = 8,640(만 원)
② 된장의 연간 판매목표 = 12,000 × 0.11 = 1,320(만 원)
③ 고추장의 연간 판매목표 = 12,000 × 0.10 = 1,200(만 원)
④ 쌈장의 연간 판매목표 = 12,000 × 0.07 = 840(만 원)

계 : 12,000(만 원)

다음으로 2차년도 간장의 월별 매출 목표액을 산출할 때는,

1월 8,640(만 원) × 0.0789 = 683(만 원)
2월 8,640(만 원) × 0.0659 = 570(만 원)
3월 8,640(만 원) × 0.0819 = 708(만 원)
4월 8,640(만 원) × 0.0803 = 694(만 원)
5월 8,640(만 원) × 0.0719 = 622(만 원)
6월 8,640(만 원) × 0.0845 = 730(만 원)
7월 8,640(만 원) × 0.1177 = 1,017(만 원)
8월 8,640(만 원) × 0.0760 = 657(만 원)
9월 8,640(만 원) × 0.0739 = 638(만 원)
10월 8,640(만 원) × 0.0710 = 614(만 원)
11월 8,640(만 원) × 0.0606 = 524(만 원)
12월 8,640(만 원) × 0.1369 = 1,183(만 원)

계 8,640(만 원)

즉, 8,640(만 원)이 된다(1월 경우처럼 6,825,000을 683(만 원)으로 반올림 산정).

이것을 다시 하나의 표로 정리하면 다음 〈도표 5-5〉와 같다.

〈도표 5-5〉 2차년도 상품별·월별 목표액(예산)

(단위 : 만 원)

상품 월별	간장	된장	고추장	쌈장	계
1	683	132	96	71	982
2	570	103	96	59	828
3	708	104	108	66	986
4	694	115	96	68	973
5	622	88	96	56	862
6	730	77	96	53	956
7	1,017	106	84	79	1,286
8	657	71	96	48	872
9	638	82	96	53	869
10	614	103	108	66	891
11	524	101	108	73	806
12	1,183	238	120	148	1,689
합계	8,640	1,320	1,200	840	12,000

산식 : (2차년도 연 판매 목표액 × 1차년도 상품별 월 할당률) = 2차년도 월별·상품별 매출액 목표액

이상으로 1차년도 실적에 의한 2차년도의 월별, 상품별 매출액 목표를 산출하였다.

마지막으로 여기에 가중치를 부여하여 수정한다. 예를 들면 시장 및 경기변동, 상품별 라이프사이클의 위치 변화 및 판매에 영향을 주는 내·외부요인 그리고 담당자의 의욕치 등 각종 영향요인을 고려하여 월별, 상품별 구매목표액으로 전환시켜 검토한 다음 최종적으로 목표액을 확정한다.

27

판매계획 수립

| 판매계획 수립시 전제사항 |

소매점포의 판매계획을 수립하기 위해서는 먼저 구매계획을 세우고 동시에 다음 사항을 검토해야 한다.
　① 누가 책임을 지고 계획을 수립할 것인가?
　② 계획을 수립할 때에 고려해야 할 일은 무엇인가?
　③ 그 계획의 수립 순서는 어떻게 정할 것인가?
　④ 그 계획을 매일 매일의 업무에 어떻게 결부시켜 나갈 것인가?

　소매 점포 경우 판매계획을 책임지고 수립해야 할 사람은 아마도 점포의 책임자인 점장일 것이다. 이 경우 소매기업 본부에서 전년대비 20% 늘려서 판매목표를 수립하라는 식으로 강요하는 것은 올바른 방법이 아니다. 왜냐하면 그런 식으로 목표를 설정하게 되면 목표 수치에 대한 책임감이 약해져 목표달성이 어렵기 때문이다.

일반적인 점포의 판매계획은 다음과 같은 순서에 따라 수립한다.
① 연간 매출목표 설정
② 월별・일별 매출 목표 설정
③ 일일 매출목표를 매일의 판매 작업에 결부시킨다.

여기서 가장 중요한 것은 ③항목이다. 판매계획 목표는 매일 매일의 작업노력으로 되어야 한다.

| 고정비와 변동비 |

가령 매출목표를 설정했다 하더라도 한 번 더 고려해야 할 일은, 그 매출액으로 판매비용을 충당할 수 있느냐, 없느냐 하는 것이다.

판매란 구입된 상품에 몇 %라는 마진율을 곱해서 파는 것이므로 이익을 남길 수 있을 것 같이 생각될 수도 있지만 그 매출이익액이 경비를 충당하고 남느냐, 남지 않느냐 하는 것을 정확히 계산해야만 한다.

판매비용에는 상품원가 등의 변동비와 인건비, 점포세, 금리, 관리비 등의 고정비가 있다. 여기서 변동비라는 것은 매출원가와 같은 경비이므로 매출액 신장에 따라 정비례하여 증가하는 비용이며, 매출이 신장하지 아니하면 증가하지 않는 비용이다.

변동비의 경우 점포 경영을 적자로 만드는 일은 그리 흔하지 않다. 이에 비해 고정비는 매출액에 관계없이 지출되는 비용으로 매출액이 신장되든 되지 않든 상관없이 고정적으로 지출되는 비용이다.

그러므로 점포의 비용 중 이 고정비는 점포경영을 적자로 만드느냐, 흑자로 만드느냐 하는 일에 열쇠를 쥐고 있는 경비라 할 수 있다. 따라서 일정한 매출이익액으로 점포의 판매비용을 충당할 수 있다면 이익이 발생하고, 만약 그렇지 못한다면 적자 경영이 되는 것이다.

판매계획을 세울 때에는 우선 고정비가 얼마가 되는가를 계산하고, 이것을 충당할 수 있는 매출이익액을 포함한 매출액 목표를 구해야 한다.

예를 들면 다음과 같다.

고정비를 4,000만 원이라 하고 매출이익률을 20%라고 가정했을 때, 고정비 4,000만 원 한도까지 충당하기 위한 매출액을 구해야 되는데 바로 이것을 손익분기점이라 한다.

손익분기점은,

$$\frac{고정비}{매출이익률} = 손익분기점의 매출액$$

$$\frac{4,000}{20\%} = 20,000(만 원)$$이다. 즉, 2억 원이 손익분기점이 된다.

다음으로 매출이익률은 원가율의 역수로,

{1 - 원가율 = 매출이익률} 이다.

그러나 보다 정확하게 손익분기점을 계산하기 위해서는,

{1 - 변동비율 = 한계 매출이익률}로 나눈다. 물론 매출이익률을 고정비로만 나누는 방법을 택해도 되겠지만, 판매비용 가운데는 고정비 이외 변동비도 일부 들어있으므로, (원가율 + 변동 경비율)로 계산해야 옳다.

예를 들어 원가율 75%, 변동 경비율 2%라면,

{1− (원가율 + 변동 경비율) = 한계 이익률}로 1−(0.75+0.02)=0.23이 된다.

그러므로 당초 목표한 매출이익률에서 2% 정도를 제외하여 한계 이익률을 구하고, 다시 이것을 고정비로 나누면 보다 현실성 있게 계산된다.

따라서 $\dfrac{4{,}000}{20\% - 2\%} = \dfrac{4{,}000}{18\%} = 22{,}222(만\ 원)$

따라서 이 점포의 판매목표는 22,000(만 원) 정도가 되어야 손익분기점을 웃돌게 되는 것이다.

| 판매계획을 세우는 법 |

판매계획을 세우기 위해서는 먼저 매출 가능성을 타진해야 한다.

매출 가능성을 타진하기 위한 매출액 예측 방법에는 여러 가지가 있으나 주로 사용되는 것은 다음과 같다.

① 단순 추량법
② 판매실적에 의한 방법
③ 단일지수에 의한 방법
④ 복합지수에 의한 방법 등이 있다.

①의 단순 추량법은 객관적인 데이터를 사용하지 않고 육감이나 경험으로 추량하는 방법이고 주관적인 요소가 강하여 합리성에 결함이 있다.

②의 판매실적에 의한 방법은 과거의 판매실적을 분석하여 이것에 앞으로 고려하여야 할 요소를 가미하여 판매예측을 하는 방법이다.

③의 단일지수에 의한 방법은 판매실적에 인구, 물가 상승률, 경합 점포

수, 소득 신장률 따위 매출에 큰 영향을 주는 단일지수를 찾아내고 판매예측을 하는 방법이다.

④의 복합지수에 의한 방법은 ③의 경우가 단일지수인데 반해 판매에 영향을 주는 복수의 요소를 지수화하여 판매예측을 하는 방법이다.

| 판매계획 수립 방법 |

각 상품 부문의 판매계획을 세울 때에는 두 가지 방법이 있다. 하나는 처음에 점포 전체의 총판매 계획을 세우고, 그 판매예산에서 각 부문의 판매계획을 할당하는 방법과 또 하나는 식료품, 의류품, 잡화 따위 개개 부문에서 각각 판매계획을 세워 이것을 총합하여 총판매예산으로 하는 방법이다.

그러나 판매액 전체 규모가 크고 각 부문의 판매구성비가 업계 평균 구성비에 가까운 형태가 됨에 따라 후자의 부문별 종합 방식이 유리하다.

예를 들면 다음 순서로 판매계획을 수립한다.

1) 금년도의 판매실적을 기초로 해서,
① 다음 연도의 경기동향을 예측한다.
② 상권 내 인구·세대 수 신장률을 파악한다.
③ 상권 내 세대의 소득 신장률을 파악한다.
④ 경쟁점·경합점의 현황을 분석한다.
⑤ 소비자 물가 상승률을 감안한다.
⑥ 상품 각 부문의 구입예산 계획을 수립한다,
등의 제요소를 감안하여 부문별 판매계획을 작성한다.

2) 이것을 집계하여 총판매 계획을 작성하고 기업전체의 이익계획(총자본 순 이익률 따위의 지표에 의해 유도되는 이익계획으로 기업이 경영상 필요로 하는 총자본에 대해 몇 %의 세전 또는 세후 순이익을 올리는가 하는 계획)과 맞춰 수정하고 다시 최종적으로 부문별 판매계획을 작성한다.

| 월간 구매예산(목표액) 결정방법 |

앞서 판매계획에 의해 부문별·월별 매출목표가 확정되면 다음에는 월별 구매 계획을 세운다.

월별 구매 예산은 다음 산식을 사용하여 구한다.

{당월 구입예산(원가기준) = 당월 매출원가 + 당월말 재고 - 당월초 재고}

1) 백분율 변이법

월초와 월말 재고금액을 산출하기 위해서는 주로 '백분율 변이법' 이라는 방법을 사용하는데, 백분율 변이법에 의한 월초 계획재고의 산출방법은 다음과 같다.

$$A = \frac{B}{C} \times \frac{1}{2} \left(1 + \frac{D}{\frac{B}{12}}\right)$$

A - 특정 월의 월초 계획재고
B - 연간 매출예산
C - 예정 상품 회전율 = $\left(\frac{\text{매출원가}}{\text{원가평가에 의한 재고금액}}\right)$
D - 특정 월의 매출예산

〈도표 5-6〉 구매 예산 결정방법

(단위 : 만 원)

월	월별매출 예산①	{(1+D)÷ (B÷12)}	매가평가에 따른 월초 재고③	매상원가 ④(①×0.8)	월말 재고⑤	월초 재고⑥	구매예산 ④+⑤-⑥
1	220	1.88	–	176	216	⑨224	168
2	200	1.80	270	160	230	216	174
3	230	1.92	288	184	235	230	189
4	240	1.96	294	192	240	235	197
5	250	2.00	300	200	235	240	195
6	240	1.96	294	192	250	235	207
7	270	2.08	312	216	264	250	230
8	300	2.20	⑦330	240	245	⑧264	221
9	260	2.04	306	208	235	245	198
10	240	1.96	294	192	245	235	202
11	260	2.04	306	208	239	245	222
12	290	2.16	324	232	⑩256	259	229
계	3,000						2,432

주_ B : 매출원가, D : 기말재고

2) **가공식품** 가운데 젓갈부문의 연간매출을 3,000만 원, 매출이익률을 20%, 예정상품 회전율을 10회전으로 하고, 월별 매출예산이 위의 〈도표 5-6〉과 같다고 하면 전기의 식에 의해 8월 월초 계획재고는

$$A = \frac{3000만}{10회전} \times \frac{1}{2} \left(1 + \frac{300}{\frac{3000}{12}}\right) = ⑦330만 원(매가평가)이 되고,$$

다시 이것을 원가평가로 수정하면,

330만 × (1 - 0.2) = ⑧264만 원이 된다.

상품회전율 산출에는 분자를 매출원가, 분모를 원가평가의 재고금액으

로 한다. 이상을 종합하면 〈도표 5-6〉과 같다.

단, 1월초 재고금액은 실제 재고조사에 의해 산출된 ⑨224만 원이라 가정한다.

또한 〈도표 5-6〉에서 ⑤월말 재고, ⑥월초 재고(③ × 0.8)는 원가에 의한 재고가 된다.

3) 12월 월말 계획재고는 다음 식에 의해 ⑩256만 원이 된다.

(1) 상품회전율 - A
(2) 매출원가 - B
(3) 기초재고 - C
(4) 기말재고 - D

$$상품회전율 = \frac{매출원가}{평균재고}$$

$$A = \frac{B}{\frac{C+D}{2}}, \quad B = A\left(\frac{C+D}{2}\right)$$

$$2B = A(C+D)$$

$$\frac{2B}{A} = C+D, \quad D = \frac{2B}{A} - C$$

$$기말재고 = \frac{2 \times 매출원가}{상품회전율} - 기초재고$$

$$\frac{2 \times 2400}{10} - 224 = 256$$

4) **백분율 변이법**에 따른 월별 구매계획표는 다음 〈도표 5-7〉을 이용해서 구한다.

〈도표 5-7〉 월별 구매 계획표(양식 : 백분율 변이법)

(단위 : 만 원)

월	① 월별 매출예산	② 예정 매출원가 (①×원가율)	③ 월초 원가재고	④ 월말 매가재고	⑤ 구매예산 (목표){②−③+④}
1월					
2월					
3월					
4월					
5월					
6월					
7월					
8월					
9월					
10월					
11월					
12월					
계					

28

매입품목 결정의
시스템적 사고방식

| 상품 갖추기와 상품 모으기 |

상품 갖추기와 상품 모으기는 비슷한 것 같으면서도 그 내용은 다음과 같이 다르다.

〈도표 5-8〉은 하나하나 상품 매입에 들어가기 전에 우선 전체 상품구성 계획을 수립하고, 그에 따라 상품 갖추기 체제를 확립한다.

ABC 분석에 따라 A · B · C 그룹을 명확하게 구분하고 있기 때문에 평상시 재고 상황도 대체로 '팔리는 상품은 많이, 그렇지 않은 상품은 적게' 보유하는 재고관리의 원칙으로 운영되고 있다.

이 같은 품목별 단품관리에 따라 '품절'과 '재고과잉'은 최소한으로 억제되기 때문에 매출액 달성은 극대화된다.

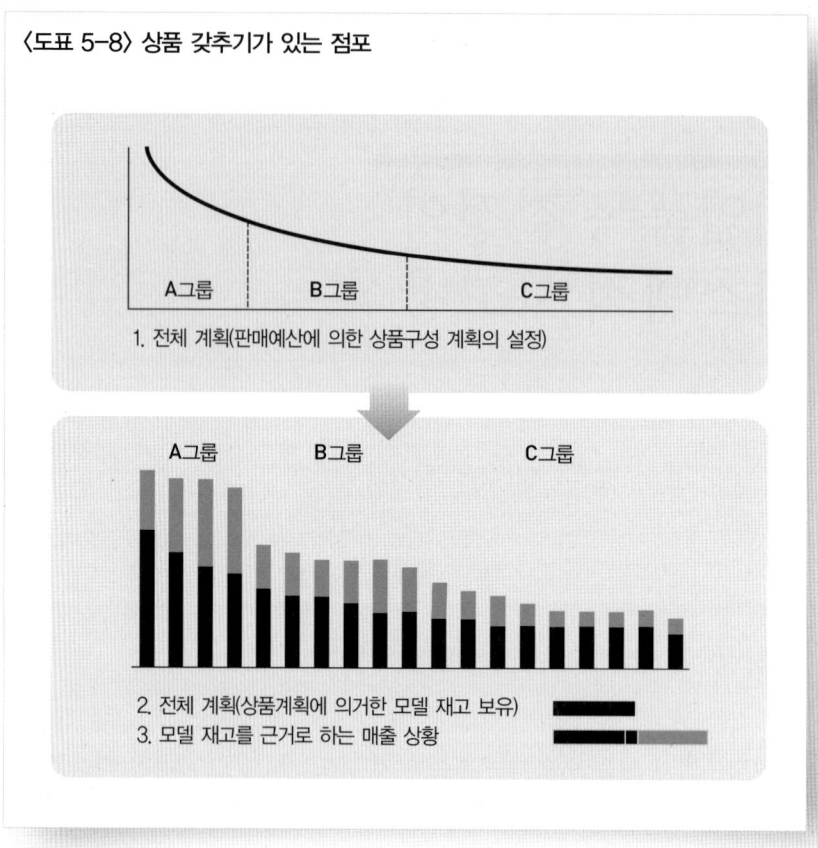

〈도표 5-8〉 상품 갖추기가 있는 점포

1. 전체 계획(판매예산에 의한 상품구성 계획의 설정)
2. 전체 계획(상품계획에 의거한 모델 재고 보유)
3. 모델 재고를 근거로 하는 매출 상황

　도표에서 검게 표시한 막대부분이 재고보유, 검은 막대를 포함한 막대 전체가 매출실적을 각각 뜻한다.

　'상품 모으기 점포〈도표 5-9〉'의 경우를 보면 이 점포에서는 매입에 관한 전체 계획을 수립하지 않았다. 그저 상품 매입은 각 품목별로 따로따로 그 때 그 때 판매되는 것을 보고 어림짐작으로 매입하여 갖추는 식이다. 그 결과 상품을 갖추는 게 아니라 그냥 주먹구구식으로 상품을 모으는 방식이 된다.

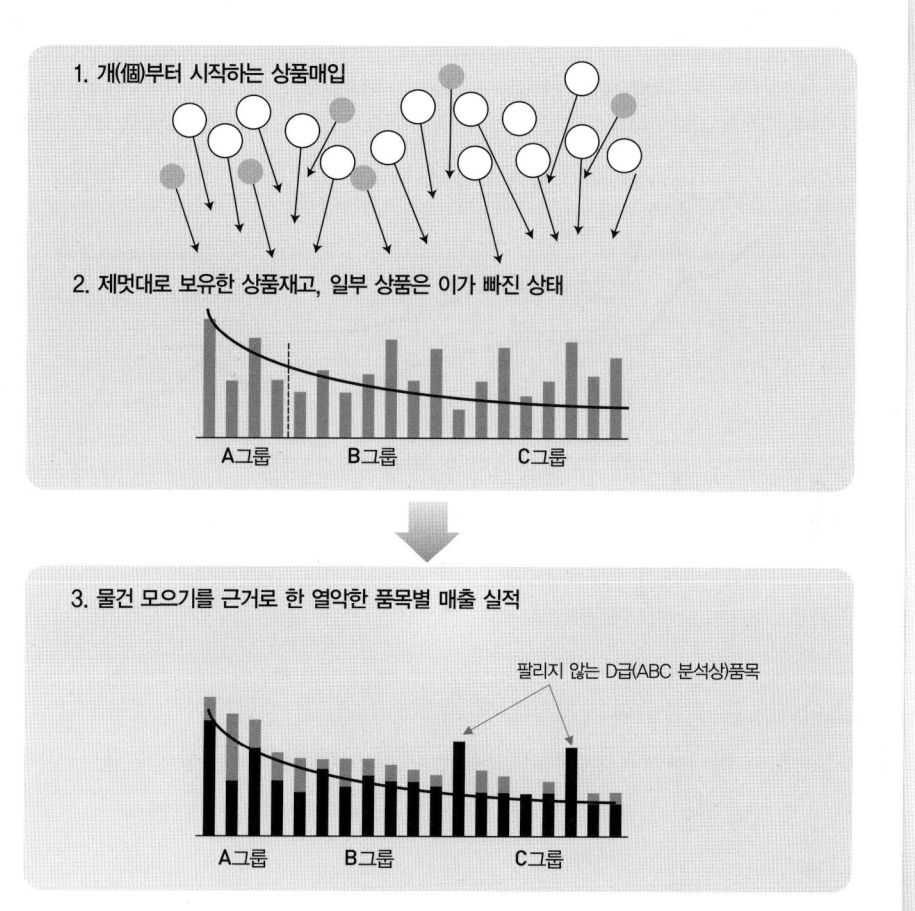

〈도표 5-9〉 상품 모으기 점포

이렇게 되면 상품재고를 A · B · C 그룹 등으로 분류하여 관리하려는 개념이 없어지고, 다만 팔리는 물건이 소량 남아 있다거나, 별로 회전되지 않는 것이 다량 재고로 있다거나 하여 '재고가 있어서 관리한다'는 식으로 돼버린다.

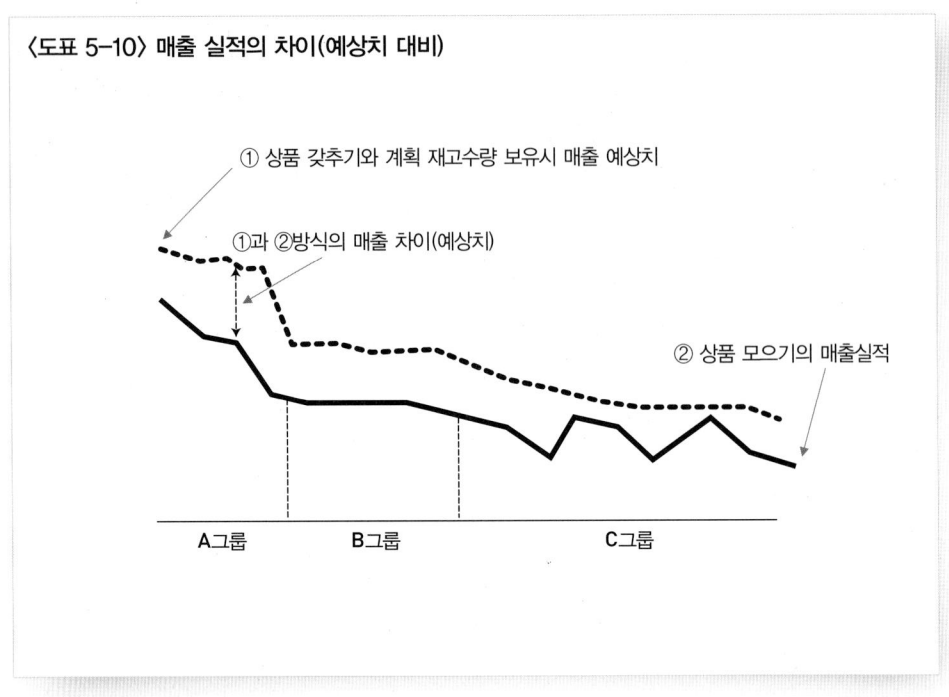

〈도표 5-10〉 매출 실적의 차이(예상치 대비)

뿐만 아니라 본래 충분히 가지고 있지 않으면 안 될 잘 팔리는 A급 품목의 재고가 없어 이가 빠진 것 같은 상황에 놓이고, 또한 정상적인 상품구성 계획에는 도저히 들어갈 수 없는 D급이나 Z급 물품이 재고로 남기도 한다.

이러한 '물건 모으기' 식의 재고 갖춤에서는 정상적인 영업이 이루어질 수 없다. 더 많이 팔 수 있었던 품목은 재고부족 탓으로 못 팔게 되고, 반면에 팔리지 않는 재고품은 실제 팔리지 않게 되므로 그냥 비회전재고로 남게 된다.

위 〈도표 5-10〉에서는 상품 모으기 점포의 불균형한 매출 실적이 표시되어 있다. 실선 부분이 매출실적, 점선부분이 정상적인 상품 갖추기와 재고 수량을 가지면 당연히 이룰 수 있었던 매출 예상치이다. 이와 같이 상품 모으기의 실적은 극도로 낮아진다. 주변 소매점포를 들여다보면 이와 같이 상품 매입 계획을 수립하여 '상품 갖추기'를 실행하고 있는 곳이 의외로 적음을 알 수 있다.

'판매'는 살아 있는 것이므로 처음 계획대로 실적이 그대로 나타나는 것은 아니다. 아무리 치밀한 계획을 수립하여 실행하더라도 때로는 계획 수정이 필요할 수도 있을 것이다. 그래서 일부는 수정이 필요한 계획이라면 '그런 계획은 수립하지 않는 것이 오히려 낫다'라는 생각도 할 수 있다.

하지만 그것은 잘못된 생각이다. 시장 조사를 거듭하여 반복해서 면밀한 계획을 세워도 역시 계획대로 따라주지 않는 것이 '판매' 계획이다. 그렇다고 해서 시장조사나 계획 목표가 없으면, 그것은 어떤 방향으로 나갈지 전혀 모르는 불확실한 일이다.

| 매입 수량의 결정 방법 |

다음 도표는 특정계열(패션 상품) 품목을 구성하는 100품목의 판매실적을 ABC 분석에 의해 나타낸 결과이다.

〈도표 5-11〉에서 보면 총 100품목 가운데 20품목은 가격소구나 판매촉진에 의한 판매증대를 주안으로 하는 '촉진품목'이다. 이것은 엄밀한 의미에서 상품구색 범위에는 속하지 않고 그 범위 밖에 있는 별도의 판매촉진 상품군이다. 이 촉진품목군의 내용을 들여다보면 발주가 중단되어 할

〈도표 5-11〉 판매실적의 ABC분석표 사례(촉진품목군 제외)

		A급품		B급품		C급품		+α(촉진품)	
		품목	구성비	품목	구성비	품목	구성비	품목	구성비
기초품목	판매구성비	12 (80품목)	30~40%						
	품목구성비		15%						
보완품목	판매구성비			20 (80품목)	30%				
	품목구성비				25%				
제시품목	판매구성비					48 (80품목)	30~40%		
	품목구성비						60%		
촉진품목	판매구성비							20	20%
	품목구성비								–

인 판매된 품목이 된 것도 있고, 행사 상품으로 기획되어 1회의 특정 매입에 의해 마련된 품목 등이 포함되어 전체 구색범위에서 제외시켜 별도로 관리하는 것이 바람직하다.

따라서 촉진품목을 제외한 나머지 80품목의 판매상황은 다음과 같이 정리할 수 있다.

주의해야 할 것은 모든 계열 품목이 〈도표 5-12〉와 같이 판매되는 것은 아니다. 일반적으로 20% 품목의 판매구성비가 80% 정도를 점유하는 것을 20:80의 법칙이라고 하는 것처럼 보편적으로 대다수 품목군의 구성비율이 그러하다는 의미이다.

〈도표 5-12〉 80품목의 사례(촉진 품목군 제외)

상품군	품목 수	품목 구성비	판매 구성비	구매수량 결정
기초 품목군	12	15%	30~40%	원칙적 대량구매
보완 품목군	20	25%	30%	원칙적 상용구매
제시 품목군	48	60%	30~40%	계획적 소량구매
촉진 품목군	20			일반적 대량구매

이와 같이 상품군마다 판매실적이 달라지므로 모든 품목을 비계획적으로 취급하지 말고 품목별로 중점을 달리하여 계획적으로 취급해야 한다.

각 품목군의 역할은 다음과 같다.

① 기초 품목군 → 판매와 이익에 중점을 둔다.

② 보완 품목군 → 기초 품목군을 측면에서 보완해 준다.

③ 제시 품목군 → 점포 이미지를 격상시켜 고객을 흡인한다.

④ 촉진 품목군 → 고객의 저가격에 대한 수요를 충족시켜 판매 증대에 이바지한다.

이와 같이 각 품목군의 역할이 다르므로 그 품목이 어느 품목군에 속하느냐에 따라 적절하게 구매수량을 결정해야 한다.

구매방법의 결정

1) 구매방법의 종류

상품의 구매방법은 대략 다음 5가지로 구분할 수 있다.

① 공동구매

여러 점포의 구매량을 모아 하나의 발주량으로 묶어 구매하는 것으로 대량구매의 이점을 살리는 것이다. 이렇게 구매함으로써 소매점포는 상당한 이익을 확보할 수 있다. 또한 서울・경인 지역의 중소 소매점포가 집단을 이루어 운영하는 'ㅇㅇ마트' 처럼 독립소매상이 집단으로 공동 도매기관을 만들어 운영하기도 한다.

② 집중구매

특정제품에 대한 구매책임을 본부의 구매 담당자에게 위임시켜 일괄 구매하는 방식이다. 체인스토어 경우 일반적인 구매방식이다.

③ 수탁구매

제조업자나 도매업자가 상품의 판로를 확보하고 판매촉진을 하기 위하여 반품 허용조건 아래, 자신의 상품을 진열・전시해 두고, 판매분에 대해서만 대금을 지급하여 구매하는 방식이다.

④ 명세서 구매

소매점이 원하는 제품을 제시하여 상품을 만들게 하여 구매하는 방식으로, 스토어브랜드(Store brand 혹은 SB) 상품의 경우도 이 방식을 이용해 만든다.

⑤ 임대부문 방식

필요한 구매에 대한 전문 지식이 없는 소매점 경우에 이용되는 방식으로 외부인에게 그 부문의 운영을 맡겨 구매를 하게끔 하는 방식이다. 백화점 경우, 보석, 구두, 미용실 및 식당 등이 임대되는데, 이 부분은 직영부문과 동일한 운영 방침에 따라 운영되므로 고객은 그 차이를 알 수 없다.

2) 최종 구입가격 결정

구입가격의 결정은 아래 제반 조건이 확정되었을 때 성립한다.

① 거래상품 인식

구입상품의 종류, 상품명, 등급, 용량, 중량, 개수 등을 확정한다.

② 발주수량 명확

입하(入荷), 회수(回數)를 알 수 있는 경우에 그 내용을 명확히 한다.

③ 입하장소 지정

입하(入荷) 장소가 여러 곳일 경우에는 각 장소마다 상품과 수량을 분명히 지정한다.

④ 납기 지정

전날 발주, 발주 다음날 배송인가, 당일 납품인가, 일반적으로 납기는 언제인가 분명히 한다.

⑤ 수송수단과 운임 부담

수송수단과 수송비 분담은 어떻게 하는가?

⑥ 경품·리베이트 등의 거래조건 명확화

물품의 경우는 인도방법, 금액의 경우는 결재수단을 정한다.

⑦ 대금 결재방법

결재방법과 지불방법을 정한다(일시불인가, 분할지급인가?).

⑧ 광고·선전비 지원

광고 선전비 지원, 좋은 선반 사용료 등의 내용을 계약한다.

⑨ 반품조건을 명확하게 정한다.

가) 납입자측 결함인 경우

나) 발주자측 결함인 경우

다) 반품 유예기간 등의 설정

Part 06
머천다이징 원칙 21

29 원칙 1 – 점포개발의 MD 확립
30 원칙 2 – 점포 컨셉트 확립
31 원칙 3 – 상품그룹의 컨셉트 정립
32 원칙 4 – 상품취급 원칙 만들기
33 원칙 5 – 상품그룹의 구색 갖춤 원칙 만들기
34 원칙 6 – 매장 확대 또는 축소
35 원칙 7 – 상품군 압축 기준 설정
36 원칙 8 – 취급품목 확대 기준 설정
37 원칙 9 – 품목별 매장 위치 설정
38 원칙 10 – 품목별 페이싱 결정
39 원칙 11 – 곤돌라 엔드 전개계획 수립
40 원칙 12 – 연간·주간 판매계획 수립
41 원칙 13 – 가격설정
42 원칙 14 – 상품코드 부여
43 원칙 15 – 예산 편성
44 원칙 16 – 거래조건의 결정
45 원칙 17 – 계절별 판매계획의 수립
46 원칙 18 – 잘 팔리는 상품의 관리
47 원칙 19 – 안 팔리는 상품의 관리
48 원칙 20 – MD 실적 체크 및 개선작업
49 원칙 21 – MD의 새로운 가설수립

29

원칙 1. 점포개발의 MD 확립

| 머천다이징 기본원리 |

1) 머천다이징의 기본개념

공부하는 수험생들에게 각자의 공부방법을 들어보면 천차만별(千差萬別)이다. 정리·정돈된 밀폐 공간에서 집중해야 한다는 사람, 클래식 음악을 들으며 공부해야 머리에 잘 들어온다는 사람, 심지어 공부방을 서성이며 책을 봐야 머리에 잘 들어온다는 사람 등 그 방법은 매우 다양하다. 그렇다고 해서 '이런 공부방법만 옳고, 저런 공부방법은 나쁘다!' 고 단정해서는 곤란하다.

마찬가지로 상품 머천다이징 전개원칙은 각 소매기업마다 달라 기업 나름대로의 독자적인 노하우로 운용된다.

여기에서 소개하는 머천다이징 표준 전개원칙은 각 기업이 운용하는 머

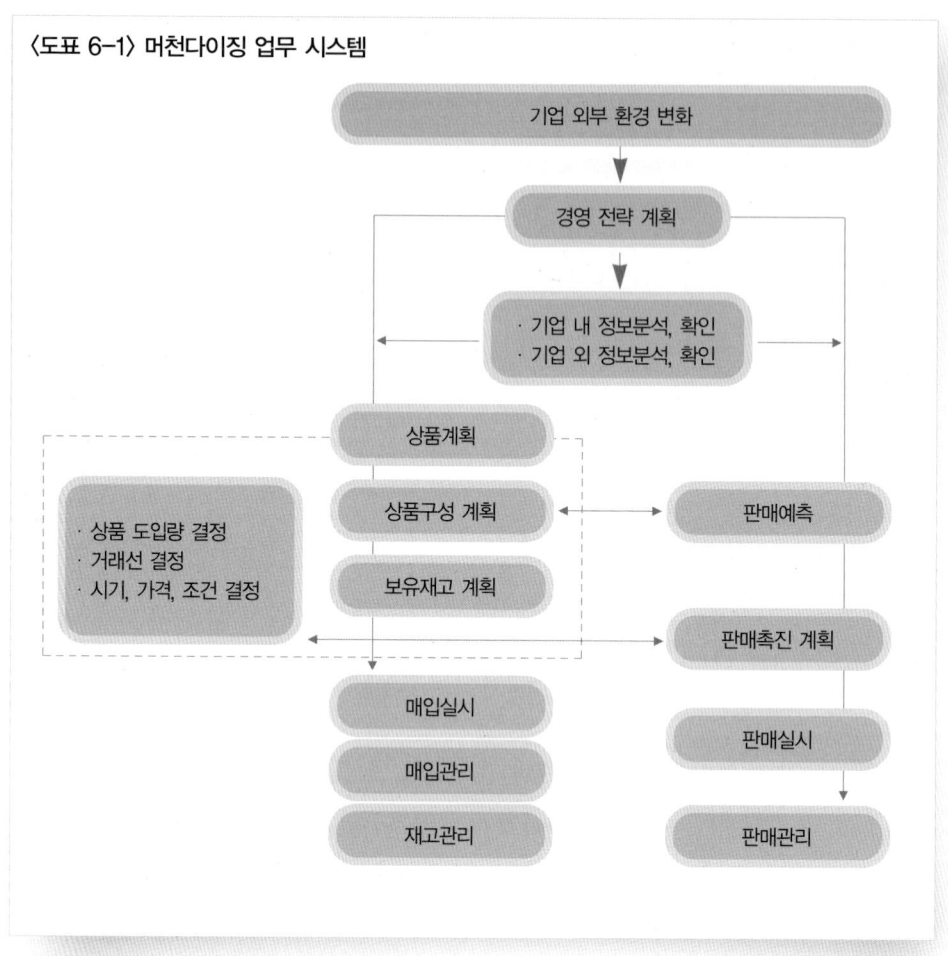

〈도표 6-1〉 머천다이징 업무 시스템

천다이징 전개방법이나 순서, 내용면에서 차이가 날 수가 있다. 그러나 한 가지 분명한 것은 다음과 같은 머천다이징 목적을 실현하기 위한 여러 가지 방법 가운데 기본이 되는 것이므로 이를 충분히 익혀서 업무에 응용해야 한다는 것이다.

2) 머천다이징 목적

머천다이징 목적은 다음과 같다.

① 적정한 상품 : 표적타깃에 부합되는 적합한 상품 공급
② 적정한 장소 : 소비자 관점에서 구매하기 쉬운 장소
③ 적정한 시기 : 소비자가 상품을 구매하려는 시기
④ 적정한 수량 : 일정기간 내에 소비자 수요를 채울 수 있는 재고수량 확보
⑤ 적정한 가격 : 점포가 목표로 한 상품 회전율을 유지하고 영업비 및 적정 이윤을 창출할 수 있는 수준으로 소매점을 운영하는 것

3) 머천다이징 표준전개 원칙

머천다이징의 표준 전개의 원칙은 〈도표 6-2〉와 같다.

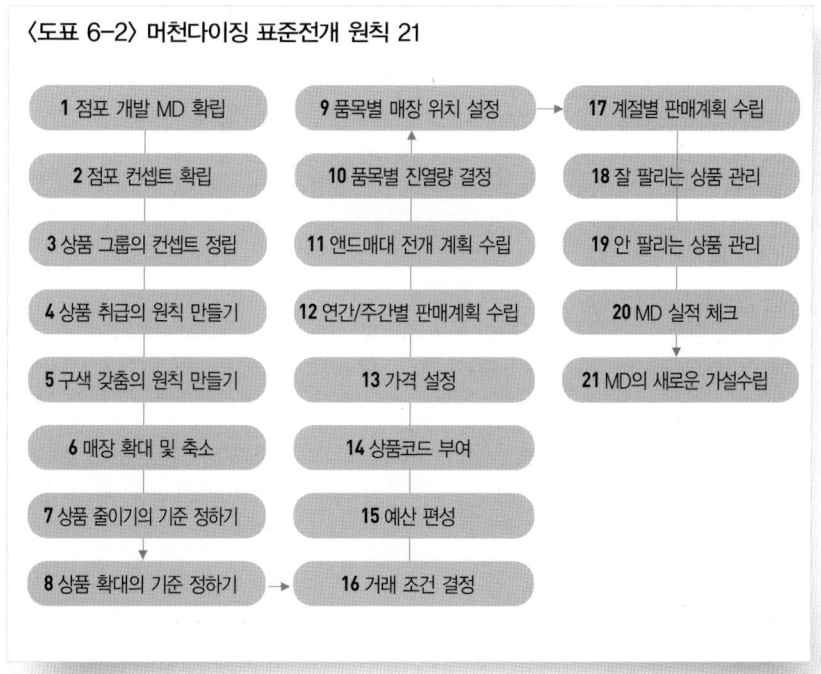

〈도표 6-2〉 머천다이징 표준전개 원칙 21

점포개발의 MD 확립

성공적인 상품 머천다이징을 전개하기 위해서는 다음과 같은 다섯 가지 조건을 먼저 확립해야 한다.

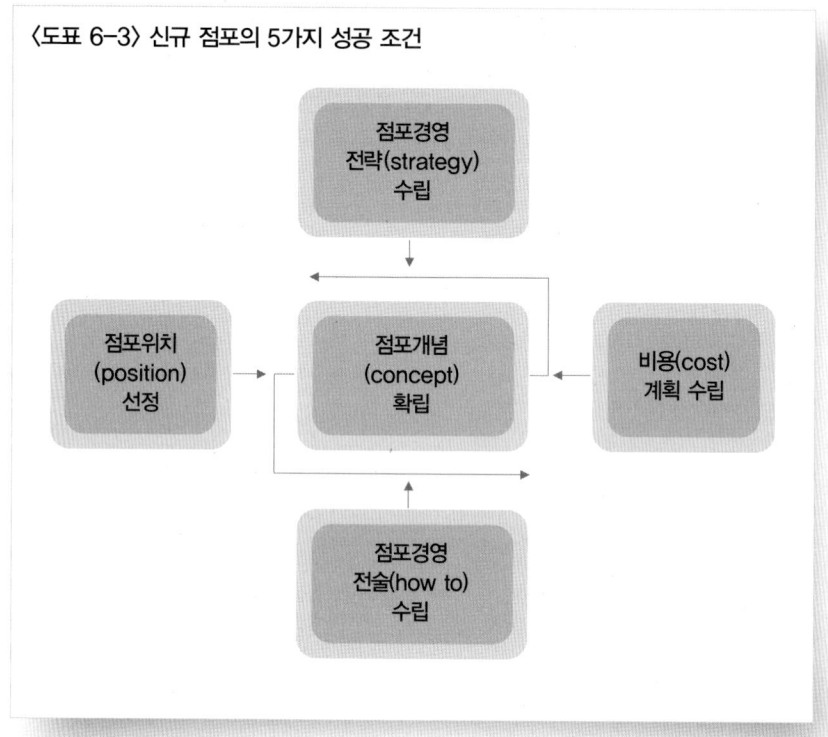

〈도표 6-3〉 신규 점포의 5가지 성공 조건

첫째, 개념(concept) 확립

소비자 입장에서 어떠한 점포인가를 염두에 두고 기업이 추구하는 것을 토대로 청사진을 그린다.

둘째, 포지션(position) 선정

〈도표 6-4〉 점포의 주력 고객층 설정(예)

구분 연령대	직업					트렌드(유행)			비고
	학생	성인	직업여성	맞벌이	전업주부	예민	보통	둔감	
16~20세									
21~28세									
~									
~									
60세 이상									

　　소비자들 가운데 어떤 고객층을 겨냥할 것인가 하는 주력 타깃을 명확히 한다.

　　출점 대상 지역의 고객을 세분화해 '성별과 연령, 가족 수'를 전제로 각각의 라이프스타일과 코디네이트화를 결정하는 일이다. 업종·업태에 따라서 '라이프스테이지, 라이프사이클, 적정 입지' 등을 설정하고 감성 부분인 '스타일, 느낌, 경향, 맛' 등도 조사해 반영한다.

　　이것은 상품 머천다이징의 도입 단계에서 타깃 고객을 명확히 하기 위함이다.

　　셋째, 점포 경영 전략(strategy) 수립

　　경영자원인 사람, 물품, 자본, 정보, 시간을 어떻게 유효하게 조합해서 매출과 이익을 만들어 나갈 것인가 하는 기본적인 전략방향을 설정한다.

　　넷째, 점포 경영의 전술(how to) 수립

　　셋째 단계인 전략에서 결정된 기본 노선을 답습하기 위한 최적의 방법을 마련한다. 예컨대 점포 운영계획과 각종 제도 작성 및 이를 정착하기 위한 구체적인 실행계획(관리장표, 규정, 규칙, 운용 매뉴얼 작성 등)을 마련한다.

다섯째, 비용(cost) 계획 수립

구체적인 예산목표 및 비용계획을 수립한다.

30

원칙 2. 점포 컨셉트 확립

1) 점포 컨셉트 유형

지역 밀착형 점포를 만들기 위해서는 우선 '이 지역에서 우리 점포는 어떠한 모습을 취해야 하는가' 하는 점포 컨셉트를 확립해야 한다. 점포 컨셉트를 확립하는 가장 큰 이유는 동일상권 내 타 점포와 차별화를 통해 경쟁에서 살아남기 위함이다.

본래 경쟁의 본질은 차별화다. 다르다는 인식을 고객에게 주는 것을 차별화 전략이라고 한다. 레이아웃, 가격, 서비스 등 많은 부문에서 차별화가 가능하지만, 차별화의 원칙은 어떤 분야에서 넘버원이 되려는 자세가 있어야 가능하다.

경쟁시장에서 1등은 하나가 아니고 무수히 많을 수 있는데 그것은 다른 분야로 경쟁할 수 있기 때문이다. 만약 같은 것, 예를 들어 가격만으로 경쟁을 한다면 1등은 하나밖에 나올 수 없다.

수없이 많은 상품과 브랜드가 있지만 소비자 마음 속에는 극히 소수만 자리잡는다. 그렇기 때문에 가급적이면 경쟁시장에서 같은 것으로 경쟁하지 말아야 한다. 다른 것으로 점포를 차별화시키는 시도를 해야 한다.

일반적으로 업계에서 소매기업들이 내세우는 점포 컨셉트 유형에는 다음과 같은 것들이 있다.

〈도표 6-5〉 점포 컨셉트 유형

유형	슬로건 내용
품질 관련	① 신선도 365일, 최고의 품질
가격 관련	② E.D.L.P(everyday low price)
	③ 최저가 보상제
편의성 관련	④ 연중무휴, 24시간 영업
	⑤ 매일매일 반찬거리, 간편 요리 제공
서비스 관련	⑥ 요리정보 서비스
	⑦ 상품정보 서비스
	⑧ 문화생활 서비스 및 편의 서비스
	⑨ 신용 서비스
	⑩ 교통편의 서비스
체험성 관련	⑪ 새로운 라이프스타일 제안
접근성 관련	⑫ 찾기 쉬운 매장, 쇼핑이 편리한 매장

점포 컨셉트는 점포에 내점하는 모든 고객을 지배하는 최고의 가치이며 동시에 점포를 구성하는 모든 구성원들을 지배하는 가치관이라 할 수 있다.

또한 이러한 점포 컨셉트는 점포를 주변의 다른 점포와 구분시키는 차별화된 의미를 갖는다.

〈도표 6-6〉은 점포 컨셉트 설정을 위한 체계도다.

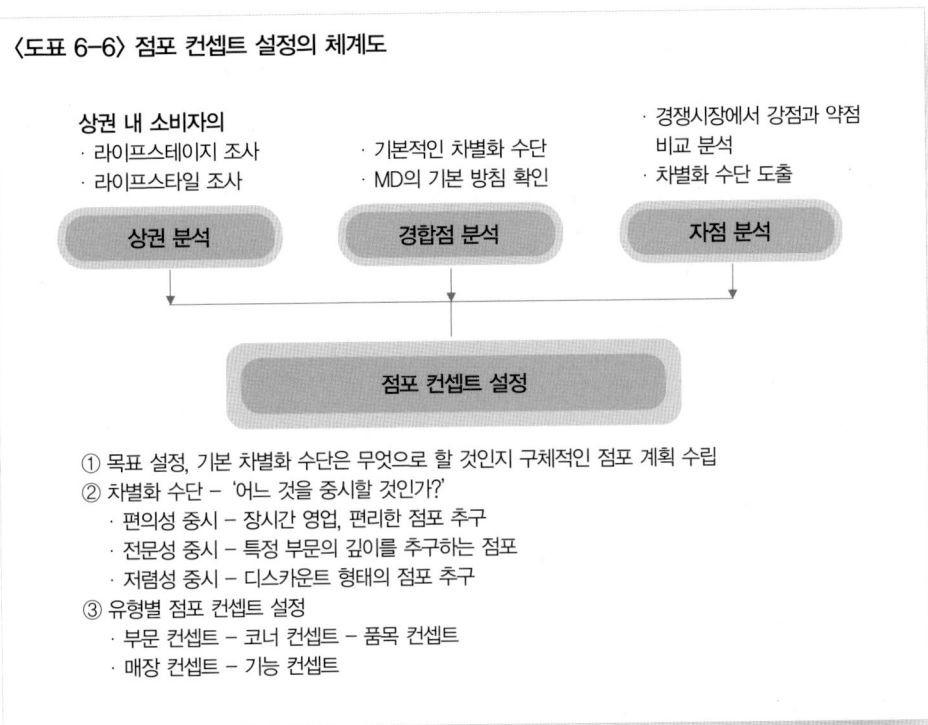

2) 점포 컨셉트 확립

점포 컨셉트는 단지 매일 아침 구호를 외친다고 이뤄지는 것이 아니다. 점포의 모든 구성원들이 점포 컨셉트 실현을 위해 끊임없는 노력을 해야 한다.

만약 '신선도 365일'이라는 점포 컨셉트를 내세우고 있다면 농산물 매장에서는 채소, 과일의 구체적인 판매관리 시스템을 구축, 실행하고 전 구성원이 품질관리에 노력해야 한다.

예를 들면 다음과 같은 구체적인 농산물 취급 가이드를 만들어놓고 차질 없이 실행해나가야 한다.

점포 컨셉트 구축 사례 : '신선도 365일'

- 농산물 취급 가이드를 작성해서 실행한다 -

농산물 취급 가이드

(1) 입고작업은 재빨리!

농산물 배송트럭에서 후방작업장으로 채소·과일을 운반할 때는 질서 있고 신속히 이동시킨다. 그래야만 상품이 상온에 노출되는 시간이 짧아져 상품이 상하지 않고 로스가 적어진다.

(2) 가공 손질을 솜씨 있게!

후방작업장의 칼이나 도구는 언제나 바로 쓸 수 있는 위치를 정해놓고 사용 가능한 상태로 준비해둔다. 솜씨 있는 농산물의 가공·손질은 매출을 신장시킨다는 사실을 잊어서는 안 된다.

(3) 소비자가 선호하는 패키지

패키지 내용물은 전부 질이 좋은 것으로 포장한다. 팩 포장 등 소분포장 작업은 오전 판매할 상품만 먼저 포장하고 나머지는 시간이 났을 때 포장한다. 또한 포장 상품 진열은 일정 간격을 두고 점검한다. 패키지 상품은 내용물이 빈틈없이 꽉 차게 포장한다.

(4) 디스플레이는 매력적으로!

농산물 진열은 색깔 대비를 염두에 두고 컬러진열을 한다. 샘플 진열은 청결히 한다. 소도구를 이용한 양감진열로 연출하되 고객이 사기 쉬운 분위기를 조성한다.

(5) 관련 상품 그룹별로 진열

수요가 많은 상품은 눈에 잘 띄게 관련 진열하고, 유사 상품이나 관련 상품(예 : 사과와 샐러리)과 같이 함께 놓는다.

또한 상품 카테고리별 그룹단위로 진열을 전개하거나, 색깔 대비가 좋은 그룹을 고려해서 함께 진열한다.

(6) 낮과 밤에 주의해야 할 점을 알아둔다.

취급하고 있는 과일·채소류 등 농산물에 대해 각각 어떤 점에 주의해서 취급해야 하는가를 정확히 알아야 한다.

(7) 소생작업보다 값을 할인해서 판매한다.

회전이 더딘 오래된 상품은 가급적 값을 할인 판매하는 게 유리한다. 만약 소생작업을 해서 다음날 팔게 되면 작업 코스트가 증가, 오히려 손해인 경우가 많다.

(8) 신선한 과실·채소의 성질을 안다.

채소나 과일은 살아있는 생(生)식품이다. 온도·습도 관리나 취급 여하에 따라 그 선도가 유지된다. 신선한 채소나 과일은 호흡하고 있으며, 따라서 싱싱하게 팔릴 수 있는 상태를 유지하기 위해서는 산소공급이 필요하다. 그러므로 주의 깊게 상품을 다루고 필요한 냉수 처리나 온도 유지를 할 수 있도록 상품지식을 습득해야 한다.

특히 온도나 습도관리 등은 취급주의 여하에 따라 상품 수명이 결정되므로 보다 세심한 관리가 필요하다.

(9) 균형 잡힌 상품 구성법과 판촉

팔림세를 매일 기록하고, 매 주말마다 한 주간의 실적을 분석해서 어느 채소, 어느 과일에 더 주의를 기울여야 하는가를 확인한다. 그 다음주에는 해당 상품들에 대해 특별 판촉을 계획한다. 중점상품은 이 같은 방법으로 판촉을 계획, 실행하는 것이 중요하다. 또한 중점상품은 특별한 판촉방법을 동원해 당일 입고품은 당일 처리하도록 한다.

(10) 고객 조사를 진지하게

농산물 셀프 매장에서는 고객 접대에 정중하다는 것 이상의 것이 요구된다. 정확한 가격표시, 조도 유지, 매혹적인 상품 진열, 쉬운 선택을 위한 진열, 계절상품 적기 진열 등이 그것이다.

또한 이와 같은 일련의 작업에 확신이 서지 않을 경우에는 고객조사를 통해 고객 의견을 채택, 실행한다.

(11) 깨끗하고 청결한 매장을 만든다.

매장, 후방작업장, 냉장실 등은 마치 병원의 약제실처럼 깨끗하게 관리해야 한다. 청결·정리·정돈이 잘 된 점포에서는 그 만큼 능률이 오르는 법이다. 또한 냉장 쇼케이스 등 진열설비도 항상 최상의 상태로 유지, 관리해야 한다.

세세한 작업 할당뿐 아니라 청결 유지를 위한 갖가지 청결작업도 계획을 세워 차질 없이 수행하도록 해야 한다.

(12) 점포에서 1차 식품 매장의 위치를 인식하고 상품지식 교육을 강화한다.

교육과정 중 농산물 매장이 가장 중요하다는 것을 강조하고, 직원들에게 자긍심이나 일에 대한 열정을 갖게 할 필요가 있다. 또한 농산물 매장이 객수 증대의 지름길이 된다는 사실을 인식시켜야 한다.

다음으로 이 같은 농산물 가이드의 각 항목을 실행하기 위한 구체적인 작업계획을 수립, 시행한다.

예를 들어 '(1) 입고작업은 재빨리!'를 제대로 시행하기 위해서는 다음

〈도표 6-7〉 청과부문 작업 컨셉트 구축 사례

가공 준비	포장	가격 표시	운반	진열
• 납입 차량에서 작업장으로 운반 • 개관 • 절단 • 싱크대에 담근다. • 물에 헹군다. • 기타 가공	• 랩 포장 • 트레이 포장 • 봉투포장 • 담는다. • 망에 담는다. • 기타포장	• 라벨부착 • 기타부착 • 대차에 적재 • 대기	• 매장 진열장소로 이동	• 진열 • 진열 후 남는 재고는 후방 소생고에 적재 • 빈 상자 처리 • 잔품 적재
① 작업장에 운반 ② 개관한다. ③ 담는다.	④ 포장한다.	⑤ 가격부착 ⑥ 대차에 적재	⑦ 진열장소로 운반	⑧ 진열 ⑨ 재고보관 ⑩ 빈 상자 처리 ⑪ 잔품의 소생고 보관

과 같은 계획을 구체적으로 수립한다.

1) 가공 준비

후방작업장에서 가공 및 손질 등 다듬고 포장하는 작업을 말한다.

2) 포장

이 단계에서는 포장용기, 포장 팩, 묶는 것, 망에 담는 것 등의 포장 작업이 진행된다.

3) 가격표시

이 단계에서는 프린터나 라벨러를 이용한 가격부착 작업과 지게차에 적재하고 적재장에 옮겨놓는 것까지 작업이 진행된다.

4) 운반

후방작업장에서 매장 진열대까지 운반하는 과정의 작업이다.

5) 진열

선입선출에 의한 진열 및 보충진열 작업, 진열 후 남은 빈 상자나 진열 잔여상품을 정해진 장소에 보관하는 작업이 진행된다.

입고차량에서 매장 진열대까지 이동 과정을 구체적으로 세분화해서 '무리, 낭비, 불균형' 요인을 제거하고 작업의 신속화를 도모해야 한다. 그래야만 사람의 손을 덜 타게 되어 신선한 선도를 유지할 수 있다.

더불어 냉장 쇼케이스 등 냉장고와 냉동고의 시간대별 온도점검을 통해 진열된 상품 온도관리에 힘써야 비로소 '선도 365 일'이라는 점포 컨셉트에 부응할 수 있게 되는 것이다. 이와 같은 방식으로 정육, 생선 등 각 신선식품 매장의 모든 작업을 시스템화해서 실행해나가야 한다.

만약 '매일매일 식탁의 요리'를 제공한다는 점포 컨셉트를 내세우려 한다면 먼저 우수한 품질의 식재료 공급원부터 준비해야 한다.

다음으로는 쉽고 편하게 고급 레스토랑 수준의 요리를 만들어 먹을 수 있도록 각 상품의 요리방법과 새로운 메뉴를 개발해서 그 메뉴 정보를 고객에게 알려야 한다. 예를 들면 '맛있게 먹을 수 있는 바다 가재 요리의 3분 조리법' 같은 요리 제안서를 만들어서 수산물 매장에 비치해놓고 고객에게 제공하는 것이다.

31

원칙 3. 상품그룹의 컨셉트 정립

1) 상품 분류방법 의의

점포 컨셉트를 확립한 후에는 매장의 각 상품그룹의 컨셉트를 정립한다. 점포의 상품분류는 시대 변화와 고객 니즈에 대응하는 새로운 분류방법으로 접근해야 한다.

'상품그룹의 컨셉트를 정립한다'는 말의 의미는 기존 상품분류와는 다른 새로운 상품 분류를 시도, 지속적으로 소비자에게 새로운 가치를 전달할 수 있는 상품 구색을 맞춰나가는 것을 의미한다.

고객은 자신이 구입하고자 하는 상품을 찾기 위해 점포를 찾는다. 따라서 점포는 적극적으로 고객을 맞이할 수 있는 매장을 만들어야 하는 것이다.

고객은 매장에 진열된 수많은 상품 가운데 자신이 사고자 하는 하나의 상품을 찾는다. 따라서 고르기 쉽고 사기 쉬운 매장을 만드는 것이 고객만

〈도표 6-8〉 매장에서 의류 분류 형태

구분	특성	우선되어야 하는 분류
도입기	시즌 초 도입해 새로 소개하는 시기	스타일별 분류, 디자인별 분류
판매 성장기	판매가 급격히 증가하는 시기	사이즈 분류, 우선 디자인이나 컬러별 분류
처분기	계절을 마감하는 시기	가격대별 분류

족을 위한 최선의 서비스이며 이를 위한 기본적인 작업이 상품분류다. 매장은 궁극적으로 상품 구색과 배치의 문제로 집약되며 상품에 의해 점포 공간이 구분되고 구성된다.

상품분류는 상품 이미지를 명확히 하며 신속한 구매를 추구하는 오늘날의 구매패턴에 부합된다. 상품분류가 바르게 된 매장은 '진열의 절반 이상이 완성됐다'고 할 정도로 중요하기 때문이다.

예를 들어, 의류 매장의 분류 형태만 보더라도 〈도표 6-8〉과 같이 한 시즌(3개월 정도)에 세 차례 정도 분류의 내용이 변화한다.

소매기업들은 자기 점포만의 차별화한 상품구색을 고객에게 보여주기 위해 차별화된 방식으로 상품을 분류, 관리해야 한다. 특히 대형점 경우는 취급 상품이 상당히 많으므로 이를 합리적으로 분류·관리해야만 효율적인 상품구성을 할 수 있고 머천다이징 활동 전체의 효율화를 이룰 수가 있다.

또한 업종·업태를 막론하고 어느 점포든지 취급하는 상품을 얼마든지 세분화할 수 있다. 이럴 경우 세분화 기준은 고객이 상품을 구매할 때 어떠한 요소가 가장 크게 영향력을 행사하는가이다. 따라서 이 같은 요소를 찾아내는 것이 우선이다.

그러므로 확립된 점포 컨셉에 기초해서 새로운 방법으로 상품을 분류

〈도표 6-9〉 상품 분류 유형(예)

분류	분류 기준 항목
동종의 상품을 모은 분류	정육, 생선, 청과물, 셔츠, 내의, 블라우스
구매 동기에 의한 분류	선물용품, 바캉스용품, 유아용품, 주방용품
저장고에 의한 분류	냉동식품, 냉장식품, 온장식품
특정 고객층 대상 분류	베이비용품, 실버용품
용도에 의한 분류	레저용품, 등산용품
계절별 분류	추동용품, 크리스마스용품
재료에 의한 분류	플라스틱제품, 철물제품, 죽(竹) 제품
구매 요소별 분류	디자인, 컬러, 규격, 소재, 가격, 스타일
판매 중심 분류	필수상품 · 주력상품, 준 필수상품 · 보조상품, 충동상품 · 자극상품
제안 중심 분류	양감상품, 미감상품, 기능성 상품
패션 중심 분류	베이직(basic) 상품, 뉴 베이직 상품(=시범 상품), 트렌드 상품(=유행상품)
라이프스타일에 따른 분류	고가 지향, 저가 지향, 질의 지향, 양의 지향

하고, 새로운 매장분류에 따라 상품을 제안, 구성해서 보다 매력 있는 점포로 고객에게 다가서야 한다.

이 외에도 연령대에 의한 분류, 패션 타입에 의한 분류, 가격대 중심 분류 등 다양한 방법이 있다.

또한 동종 상품군이라 하더라도 업태, 파는 방법, 매장 규모, 취급품목 수가 다를 수 있다. 그러므로 그러한 상황과 조건을 기초로 고객 구매패턴을 고려한 상품분류를 해야 하는 것이다.

점포 측이 바람직한 상품분류를 통해 얻을 수 있는 가장 큰 효과는 매장을 지속적으로 정리 · 정돈하고 개선할 수 있다는 것이다. 매장은 잠시라도 방치하면 기존상품과 신규상품이 함께 뒤섞이게 되어 고객이 원하는 상품을 찾기 어려운 매장으로 변해버린다.

상품분류는 필요이상으로 세분화해서 나눠놓는 것이 능사가 아니다. 앞서 언급한 T.P.O.S 매장분류는 고객 구매편의를 고려해 상품을 한군데에 모아 놓는 분류다.

2) 상품 분류시 고려사항

상품분류에 있어 고려해야 할 것은 다음과 같은 세 가지 사항이다.

첫째, 파는 쪽보다 사는 쪽의 입장을 고려해서 분류한다.

둘째, 이를 위해 풍부한 상품지식을 바탕으로 고객 구매요인이 무엇인가를 파악한다.

셋째, 분류된 상품 그룹의 성격이 알기 쉽도록 표현돼야 한다(pop 활용).

32

원칙 4. 상품취급 원칙 만들기

| 상품 취급의 기준표를 만든다 |

동일 상품이라도 고객 니즈는 다양화되고 있다. 예를 들어 매일 사용하는 생활필수품 같은 것이라면 '싼 것'이 요구되며, 가끔 사용하는 것이면 편리성이 요구된다.

또한 동일한 것이라도 정신적 만족을 원하는 사람은 가치에 대한 욕구가 강하다. 따라서 같은 것이라도 〈도표 6-10〉과 같이 네 가지로 분류하여 판매시기(도입기, 전개기, 쇠퇴기)에 의한 'ABC 분석의 A 그룹에 드는 상품'이라는 식의 네 가지 제안이 필요하다.

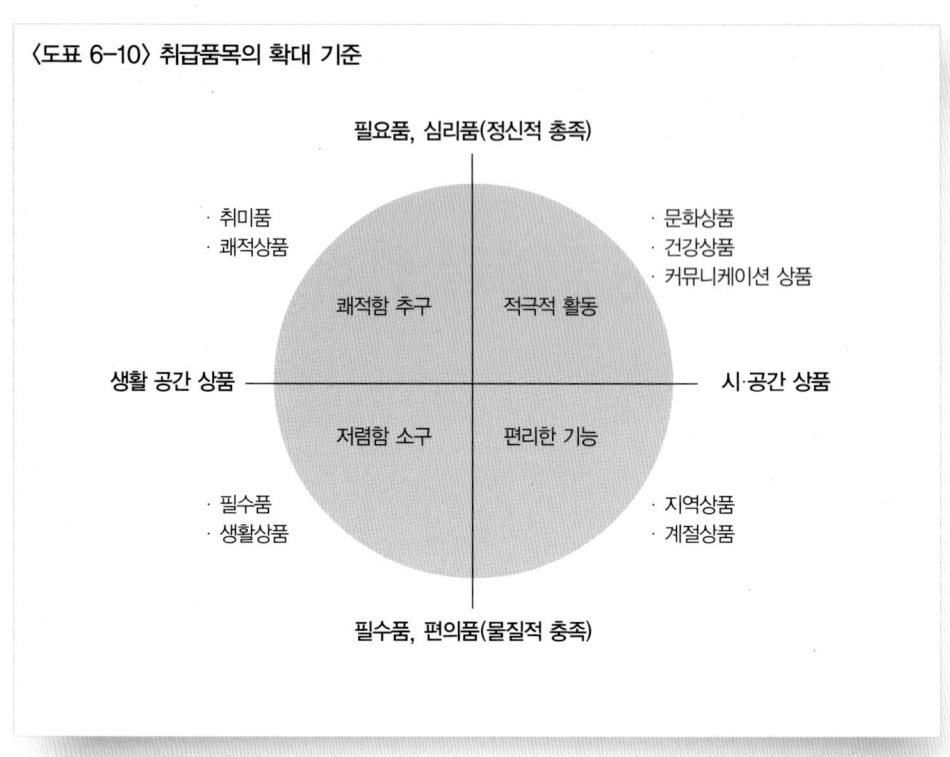

〈도표 6-10〉 취급품목의 확대 기준

1) 품목별로 구매빈도를 명확히 결정한다.

상품에 따라서 반드시 구매빈도가 있다. 업종별, 품목별로 구매빈도를 정하고 점포 패턴으로 취급품목의 관리규정을 결정한다.

〈도표 6-11〉 구매빈도 기준

빈도 업종	고빈도	중빈도	저빈도
의류	6개월 이내	6~12개월	1년 이상
식품	15일 이내	1개월	1개월 이상
주거관련	3년 이내	3~7년	7년 이상

2) 품목별로 구매동기 구분을 명확히 한다.

각 품목마다 구매동기가 되는 것이 무엇인지 철저히 규명할 필요가 있다. '경향(색, 소재, 디자인)', '품질(맛, 등급)', '가격', '브랜드', '산지', '사이즈', '선도' 등 상품에 따라 소비자 욕구는 다양하다. 따라서 품목별로 요소 구분의 우선순위를 명확히 하는 것이 중요하다.

3) 품목별로 판매기간을 설정한다.

상품은 판매하는 기간에 따라 상비품 혹은 항상상품(계절의 초기부터 끝까지 놓는 것), 계절상품(하나의 판매시기 내에만 놓는 것), 지역상품(지역에서 발생하는 것), 행사상품(행사주간 전후 내놓는 것), 특가품(전단 게재품목)의 다섯 가지로 분류한다.

① 항상상품(사계절에 관계없이 장기간 진열, 판매한다)
② 계절상품(특정 계절에만 한정, 판매한다)
③ 지역상품(지역별 특산품)
④ 행사상품(세일 등 행사주간에만 판매한다)
⑤ 특가상품(세일 등이나 한정된 수량에 한 해서만 할인해서 판매한다)

| 상품 설정표 작성 |

매장 내 취급하는 상품은 주력, 준 주력, 기타 상품을 명확히 구분, 설정해야 한다. '상품 설정표'는 〈도표 6-12〉와 같이 과거 수치를 매출액, 매출이익, 생산성, 효율의 네 가지 축으로 분류, 설정한다.

〈도표 6-12〉 상품 설정의 매트릭스

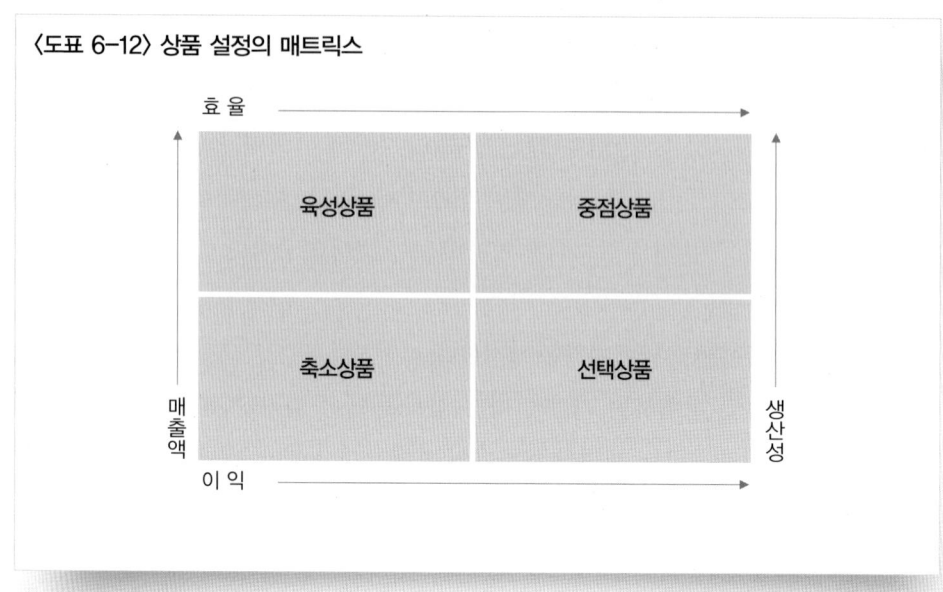

〈도표 6-13〉 상품 설정표

상품설정＼계열	보여주는 상품	팔고 싶은 상품	팔리는 상품	잘 팔리는 상품	안 팔리는 상품
효율화 상품					
일반화 상품					
중점상품					
인기상품					
부가상품					
육성상품					
전략상품					
차별화 상품					
지역상품					
기본(항상)상품					

33

원칙 5. 상품그룹의 구색 갖춤 원칙 만들기

| 구색 갖춤의 이해 |

생필품과 일용품을 주로 판매하는 할인점과 슈퍼마켓에서는 고객이 어떤 상품을 구입할지 모르기 때문에 상품구색을 풍부하게 확보해야 고객만족을 실현할 수 있다.

상품력(=구색)이란 〈도표 6-14〉와 같이 크게 7가지로 정리된다. 이와 같은 상품구색의 의미와 내용을 명확히 파악해야 한다.

어떤 한 점포의 구색이 훌륭하다는 것은 그 점포가 주력 타깃으로 설정한 고객층이 만족할만한 상품을 모두 갖추고 있다는 것을 의미한다. 그러나 한 점포가 개별 소비자 니즈를 모두 충족시키는 것은 사실상 불가능하다. 따라서 목표로 하는 타깃 고객의 니즈만큼은 최대한 만족시킨다는 생각으로 구색을 갖춰야 한다.

〈도표 6-14〉 상품력의 원칙

요소	의미	필요 시스템
선도	신선할 것	선도관리 기준표, 상품처리표
저렴함	같은 것이면 싸다	경쟁점 시장조사(가격)표
품질	품질이 좋다	품질 기준표
계열	잘 팔린다	정보 시스템(POS)
폭	가격대 폭, 품목 깊이	폭 기준표
수	품목 종류, 중량, 품목 수	적정 품목 기준표
량	진열량	단품관리 시스템

체인스토어 경영의 특색은 점포 수를 늘림으로서 고객 수를 확보하고, 그에 따른 매출과 순이익을 높이는 것이다. 또한 타 기업과 차별화할 수 있는 상품은 매매빈도가 높은 일상용품으로 정하는 것이 좋다. 이것이 매스 머천다이징(Mass Merchandising)의 본질이다.

| 가격대(프라이스 존)의 이해 |

구색이 좋다는 것은 다음과 같은 세 가지 기본원칙이 명확히 확립돼 있다는 것을 의미한다.

첫째, 프라이스 레인지(price range)가 의식적으로 명확히 설정돼 있어야 한다.

둘째, 프라이스 포인트(price point)의 품종 수가 많아야 한다.

셋째, 코디네이트(coordinate) 할 수 있어야 한다.

이상 세 가지가 구비됐을 때 비로소 구색범위가 설정됐다고 말할 수 있다.

예를 들면, 미국에는 포퓰러(popular) 프라이스 존이라는 말이 있다. 미국 글로벌 소매기업 대부분이 이 포퓰러 프라이스를 활용하고 있다. 아마도 그들이 오늘날 글로벌 거대기업으로 성장할 수 있었던 이유는 가격 목표가 명확했기 때문일 것이다. 여기서 '포퓰러'란 '인기 있는, 대중적인'이라는 뜻이며, 그 의미는 다음과 같다.

첫째, 대부분의 사람이
둘째, 부담 없이 지불하고
셋째, 인기 있는 가격을, 포퓰러 프라이스라 한다.

그리고 어떤 점포가 취급하는 상품의 판매가 상한과 하한의 폭을 결정짓는데 있어 특별히 많은 상품을 갖추고 있는 가격대를 프라이스 레인지(price range)라 표현한다.

프라이스 존이란 상품 매가의 상한선에서 하한선까지의 간격을 말한다. 프라이스 라인은 각각의 가격 종류를 말하며, 프라이스 포인트란 각 기업이 중점을 두고 많은 상품을 갖추며 진열량도 많은 프라이스 라인을 가리킨다.

예를 들면 점포에서 취급하고 있는 탁상계산기 중 가장 저렴한 것이 1,100원이고, 가장 비싼 것이 12,000원이라면 프라이스 존은 1,100~12,000원이 된다. 그리고 그 중에서도 1,500~2,500원과 5,000~7,000원에 진열이 집중되어 있다면 바로 이것이 프라이스 레인지다.

즉, 프라이스 레인지는 이 프라이스 포인트를 중심으로 판매량이 특별히 많은 가격대를 가리킨다. 따라서 이 경우에는 하나의 프라이스 존안에 프라이스 레인지가 두 종류가 있는 것이 된다.

또한 프라이스 존은 위와 같이 품종에 따라 분류되기도 한다.

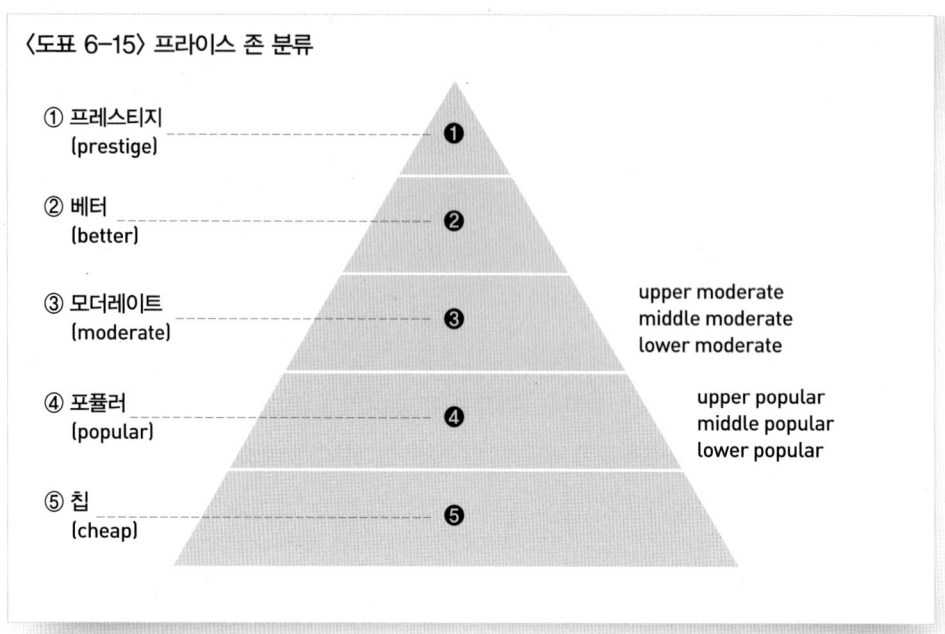

프라이스 존을 가격이 비싼 것부터 나열하면 다음과 같다.

① 프레스티(prestige) 프라이스 존 : 최고가

② 베터(better ; 중고가) 프라이스 존 : 고가

③ 모더레이트(moderate) 프라이스 존 : 중고가

④ 포퓰러(popular) 프라이스 존 : 대중가

⑤ 칩(cheap) 프라이스 존 : 저가

또한 ③의 중저가 프라이스 존과 ④의 대중가 프라이스의 수요가 많아 그 안에서도 가격 폭을 설정하는 기업이 많기 때문에 세분화돼 있다.

프라이스 라인은 앞 계산기의 예를 들면, 1,100원, 5,000원, 7,000원, 12,000원 등 각각의 가격을 말한다. 그 사이에 1,580원이나 3,880원의 가격이 있다면 그것이 프라이스 라인이다. 그 중에서도 1,580원이 가장 많이 팔

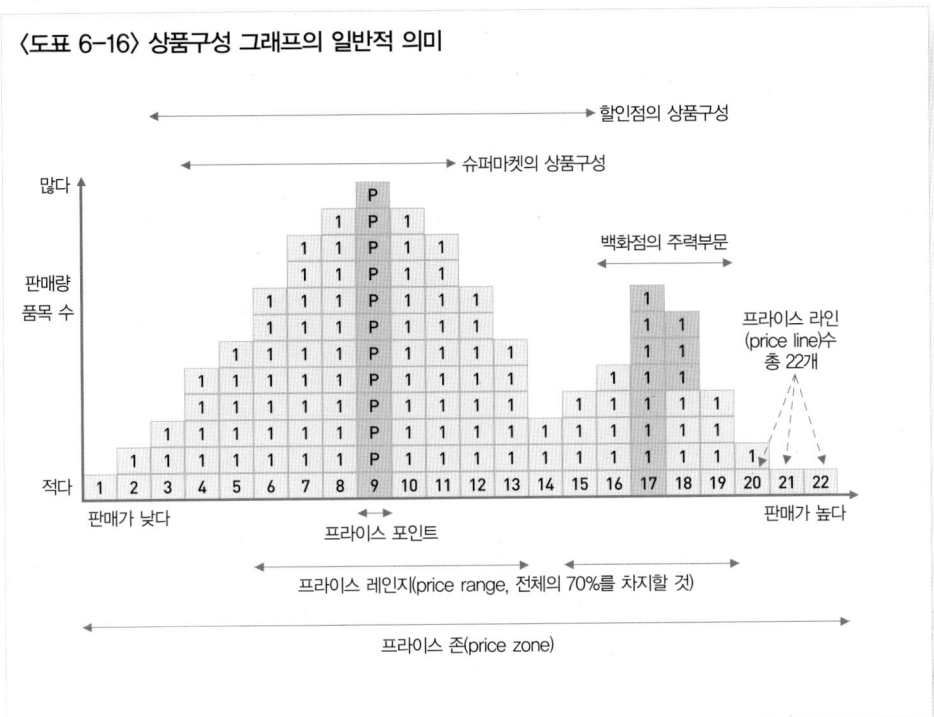

〈도표 6-16〉 상품구성 그래프의 일반적 의미

리는 품목으로 품종이나 진열량이 가장 많다면 1,580원이 그 점포의 프라이스 포인트라고 할 수 있다. 즉, 이 프라이스 포인트를 중심으로 전후 가격대가 판매를 주도하는 것이다. 프라이스 레인지는 프라이스 포인트를 중심으로 판매량이 특별히 많은 가격대다. 그만큼 고객 니즈가 많은 상품을 취급하는 것이므로 프라이스 레인지는 전체 품목 수의 70% 정도 되는 것이 이상적이다. 이럴 경우 고객은 비교구매 즐거움과 상품의 풍부함을 느낄 수 있기 때문이다.

또한 매장 내 각 코너는 고객이 한 곳에서 필요한 상품을 신속히 구매할 수 있도록 구성해야 한다. 즉, 매장 이곳저곳을 돌아다니며 시간을 낭비하지 않도록 상품구성이 이뤄져야 한다. 점포 입장에서도 고객들이 절약된 시간만큼 다른 코너를 돌아볼 수 있어 판매기회가 그 만큼 늘어난다.

T.P.O.S 매장분류처럼 새로운 컨셉트에 의한 상품분류 시도가 이루어져야 고객에게 새로운 매장으로 인식될 수 있다.

| 풍부한 구색의 이해 |

상품구색이 풍부하다는 의미에 대해서는 다음과 같은 두 가지 견해가 있다.

첫째, '축소'라는 개념을 도입하면, 매장면적에 제한이 있기 때문에 한 품목당 진열량을 줄이는 대신 '가격, 색상, 모양, 디자인, 스타일' 등 조금씩 '겉모양'이 다른 여러 가지 품목을 매장에 진열하는 방식이다.

예를 들면, 부인용 셔츠 경우 품목 수를 많게 하여 제조업체, 스타일, 색상, 모양, 레이스나 리본이 다른 셔츠를 모두 취급하는 식이다. 이렇게 되면 전체 취급품목 수는 200품목 이상으로 많아지지만, 한 품목당 진열량은 고작 1장 혹은 2~3장 밖에 안 되는 빈약한 상태다. 그러다 보니 상품에서 2~3m만 떨어져서 보더라도 개별상품을 식별하기가 쉽지 않다. 하지만 기능적인 측면, 즉 사용자 입장에서 분류하면 품목 수를 줄일 수 있다. 즉, 비슷한 기능인데도 가격과 겉모양만 조금씩 다른 풍부한 상품구색을 갖추는 것이다.

두 번째 이론은 프라이스 라인(가격대 종류)과 품목 수가 적어야 한 품목당 진열량도 많아진다는 것으로, 품종을 다양하게 구비하는 것이다. 이것은 기능이 서로 다른 상품으로 다양하게 진열하는 대신 한 품목당 진열량은 적정 수준에 이르도록 대폭 늘려야 한다는 것이다.

이를 가격으로 바꿔 설명하면 다음과 같다. 매장에서 상품구색의 풍부함을 고객에게 어필하려면, 가격의 상·하한 폭이 좁아야 한다. 아무리 많은 품종이나 품목이라도 서로 가격 차가 심하면 선택을 할 때 비교대상이 되지 않기 때문이다.

또한 프라이스 라인 수도 많으면 안 된다. 예를 들어 양곡매장에서 20kg 지대미(포대 쌀)를 20종류 판매한다고 하자. 이 때 각 지대미 판매가격의 차이를 500~1,000원으로 설정, 프라이스 라인 수를 15개 이상 둔다면 이는 잘못된 가격정책이다. 각 지대미별로 500원이나 1000원 정도의 가격 차이를 고객에게 알리는 것은 무리한 욕심이다. 오히려 고객에게 혼란을 주어 구입을 망설이게 하고 결국 불신만 일으킨다. 차라리 프라이스 라인 수는 5개 정도로 줄이고, 대신 각 프라이스 라인별로 품종 수를 다양하게 할 경우 고객이 사고자 하는 가격대에 품종 수가 많아져 선택도 빨라질 것이다. 오늘날 미국 대다수 소매기업들은 이와 같은 두 번째 풍부함의 원리를 채택하고 있다.

풍부한 상품구색을 위해 적어도 되는 요소와 많아야 하는 요소는 다음과 같다.

첫째, 풍부한 상품구색을 갖추는 데 적어도 되는 요소(품종 내에서)
① 품목
② 스타일 수
③ 색상 수
④ 프라이스 라인 수

둘째, 풍부한 상품구색을 갖추는 데 많아야 되는 요소(품종 내에서)

① 사이즈
② 진열량
③ PB 또는 SB 품목 수
④ 코디네이트 품종 수

| 풍부한 구색 갖추기 |

상품의 풍부함은 고객이 쇼핑할 때 사고자 하는 상품의 품목 수가 많아 비교 구매할 수 있는 즐거움을 느낄 수 있도록 하는 것이 핵심이다.

〈도표 6-17〉에서 보는 것과 같이 A점포에서는 지대미 20품목을 판매하면서 10개 프라이스 라인별로 2품목씩만 구색을 갖추고 있다. 이에 반해 H점포는 비록 프라이스 라인 수는 5개로 A점포의 절반에 불과하지만 대신 고객이 가장 많이 구입하는 40,000원 가격대에서 다양한 품종과 품목의 쌀을 취급하고 있다.

여기서 풍부한 구색을 갖춘 점포를 택한다면 고객이 관심을 갖는 40,000원 가격대에 많은 수의 품목을 구비한 H점포라는데 이견이 없을 것이다.

다시 정리하면, 풍부한 상품구색은 '고객의 흥미를 끄는 상품의 품목 수 × 진열 수'다.

고객이 구매하고자 하는 상품의 품목 수가 많고 비교구매의 즐거움을 가질 수 있는 점포에서 고객은 상품이 풍부하다는 느낌을 받는다. 즉, 상품이 풍부하다는 것은 가격의 종류가 많음을 뜻하는 것이 아니라 같은 프라이스 라인 내에서 비슷한 품목이 많은 것을 뜻하는 것이다.

따라서 할인점이나 슈퍼마켓 같이 일용품을 판매하는 소매점에서는 다

〈도표 6-17〉 할인점의 20kg 지대미(포장 쌀) 예

(단위 : 천 원, 개)

지대미 가격	36	36.5	37	37.5	38	38.5	39	39.5	40	41	42	43	44	45
A마트	0	0	2	2	2	0	2	2	2	2	2	2	0	2
H마트	2	-	-	-	4	-	-	-	7	-	5	-	-	2

주) 전제 : 쌀을 구입하는 고객 과반수는 4만 원 정도의 지대미를 구입한다.

음과 같은 방법으로 상품구색을 실현해나간다.

① 프라이스 존을 먼저 설정한다.

② 그 프라이스 존 내에서 고객이 구매하고자 하는 프라이스 라인을 설정해 본다.

③ 다음으로 설정한 프라이스 존 내에서 3~5개 정도의 프라이스 라인을 선택한다.

만약 프라이스 라인 수가 너무 많으면 고객은 선택의 어려움을 겪게 된다. 따라서 고객은 여러 매장을 둘러보기 어렵게 되고, 그 결과 평균 구매량이 줄어들게 든다. 이와 같은 상황은 구매 축소를 가져와 매출 손실을 일으키며 매장 효율을 떨어트릴 수 있다.

7

34

원칙 6. 매장 확대 또는 축소

일정기간 동안 POS 데이터 자료와 상품 트렌드에 기초해 연 2회(3월, 9월) 정도 매장에 변화를 준다. 즉, 전체 매장 중 성장하는 부문은 확대하고 쇠퇴하는 곳은 축소한다.

셀프서비스 매장에서 스페이스 조정은 선반 길이를 기준으로 하는 것이 일반적이다. 특히 할인점이나 슈퍼마켓 등 곤돌라를 사용하는 업태는 선반 길이로 스페이스를 조정하는 것이 보통이다.

왜냐하면 곤돌라 라인에서 상품이 고객 눈에 노출되는 자극 정도는 면적보다 선반 길이가 좌우하기 때문이다. 따라서 전체 선반 길이와 품목별 판매 실적에 따라 상품 진열공간을 다음과 같이 할당한다.

① 선반 길이를 잴 때는 고객 동선에 접한 선반 길이를 재서 전체 길이를 합친다.

② 곤돌라 엔드 등 특별진열 장소는 일단 제외한다.

③ 오픈 쇼케이스나 평대 등 선반이 없는 진열도구는 바닥길이를 잰다.

예를 들어 어느 할인점 매장에 폭 1m 규모의 곤돌라가 100개 설치돼 있다고 가정하자. 2007년 커피류 매출 구성비는 8%, 판매량 구성비는 6%였고, 한해 동안 6개 선반에 진열했다면, 2008년에는 몇 개 선반에 할당해야 할까?

공식은 [선반 개수 × (매출 구성비 + 판매량 구성비)÷2]이므로,

$$100 \times \frac{0.08 + 0.06}{2} = 7$$이 되어 2007년보다 1개 더 늘어난 선반 7개로

진열을 확대해야 한다.

또한 국산차 경우 2007년 할당된 선반 개수는 5개, 매출 구성비는 4%, 판매량 구성비는 4%였다면,

$$100 \times \frac{(0.04 + 0.04)}{2} = 4$$ 가 되어 2008년에는 2007년보다 1개 줄어든

4개로 줄이는 식이다. 물론 이는 단순히 수치적 접근방법을 예로 든 것이다. 실제로 매장의 확대 또는 축소는 다음과 같은 종합적인 방법으로 접근해야 한다.

(1) 고객 니즈가 확대되고 있는 상품군은 진열공간을 확대한다.
(2) 고객 니즈가 줄어드는 상품군은 매장을 축소한다.
(3) 차별화를 시도하고 있는 특정 상품군 경우 경쟁점을 압도할 수 있을 만한 면적으로 확대한다.

매장의 확대·축소작업은 앞서 언급한 매장할당 기본산출 공식에 의해 1차적으로 할당한다. 그 후 경쟁점 카테고리를 연구하고, 자점의 컨셉트에 따른 영업방침을 최종 반영해 다시 확대 혹은 축소한다.

35

원칙 7. 상품군 압축 기준 설정

| 팔리지 않는 상품 제거 |

매장에서는 일반적으로 100개 품목을 취급하면 그 가운데 잘 팔리는 상품은 5%를 초과하지 않는다는 이야기가 있다. 이 5% 미만의 잘 팔리는 상품을 중점 취급, 판매하는 매장은 성장률이 높다.

그러나 대다수 점포는 해마다 출시되는 신상품의 취급품목 수를 늘리는 동시에, 각 품목마다 별도의 관리 코스트를 투입하고 있다. 이렇게 되면 점포 입장에서는 진열 상품이 풍부해 보인다고 생각하지만, 고객 입장에서는 오히려 잘 팔리는 상품을 찾기 힘들게 된다. 그러나 이보다 더 심각한 것은 잘 팔리는 상품과 팔리지 않는 상품의 진열량이 비슷하다 보니, 잘 팔리는 상품에 항상 결품이 일어난다는 것이다. 본래 '구매'라고 하는 것은 사는 것이 본질이 아니라 잘 팔리는 상품의 품절을 발생시키지 않는 데 있다.

따라서 구매 담당자도 노동시간의 대부분을 잘 팔리는 상품에 품절이 발생하지 않도록 하기 위한 집하대책에 소비해야 한다. 그런데 보통 점포에서는 이런 노력을 상품 모두에 골고루 분산시킴으로써 결과적으로 잘 팔리는 상품은 결품이 자주 발생하게 된다.

그러므로 취급 품목 가운데 팔리지 않는 상품은 ABC 분석을 통해 정기적으로 제거해야 한다.

| 상품군 압축의 이익과 손실 |

상품 줄이기 결과로 다음과 같은 이익과 손실이 발생한다.

1) 상품군 압축에 따른 이익
① 타깃이 명확하면 매출이 상승한다.
② 리스크를 100% 안으면 마진율은 커진다.
③ 잘 팔리는 상품에 집중하면 매출 증대가 가능하다.
④ 매출이익 향상이 가능하다.
⑤ 매장은 복잡형에서 단순·편리형으로 바뀌게 된다.
⑥ 보기 쉽고, 사기 쉽고, 고르기 쉬운 매장이 된다.

2) 상품군 압축에 따른 손실
① 점포 경영의 리스크가 크다.
② 잘 팔리는 상품이 아니면 매출액이 감소한다.
③ 사전에 정보 파악 시스템 구축이 필요하다.

④ 정확한 상품 트렌드 판단의 필요성이 대두된다.
⑤ 상품군 압축 이후에도 정체상품이 많아지면 매출액과 매출이익이 동반 감소한다.
⑥ 비교 구매가 가능한 최소 품목의 구색 갖춤이 필요하다.
⑦ 매장은 재미없고, 쇼핑이 즐겁지 않다.
⑧ 소비자의 개성화, 다양화에 대한 대응이 어렵다.

36

원칙 8. 취급품목 확대 기준 설정

| 대체품 점검 |

상품군 압축 작업이 끝나면 매입 담당자는 신상품 도입을 위한 정보를 수집하고 다음과 같은 방법으로 상품군을 확대한다.

ABC 분석을 통해 기존 취급품목 중 잘 팔리지 않는 상품을 제거하기로 했다면, 고객 선택기준에서 〈도표 6-18〉처럼 '대체할 수 있는 상품인가, 어떤가?'를 다시 점검한 후에 최종 결정해야 한다.

〈도표 6-18〉과 같이 대체품의 점검이 끝나면 마지막으로 제거하기 전에 어째서 그 상품이 팔리지 않았는가? 그 원인을 규명한다.

원인 규명 없이 제거해 버리면, 축소 균형으로 인해 손실이 발생한다.

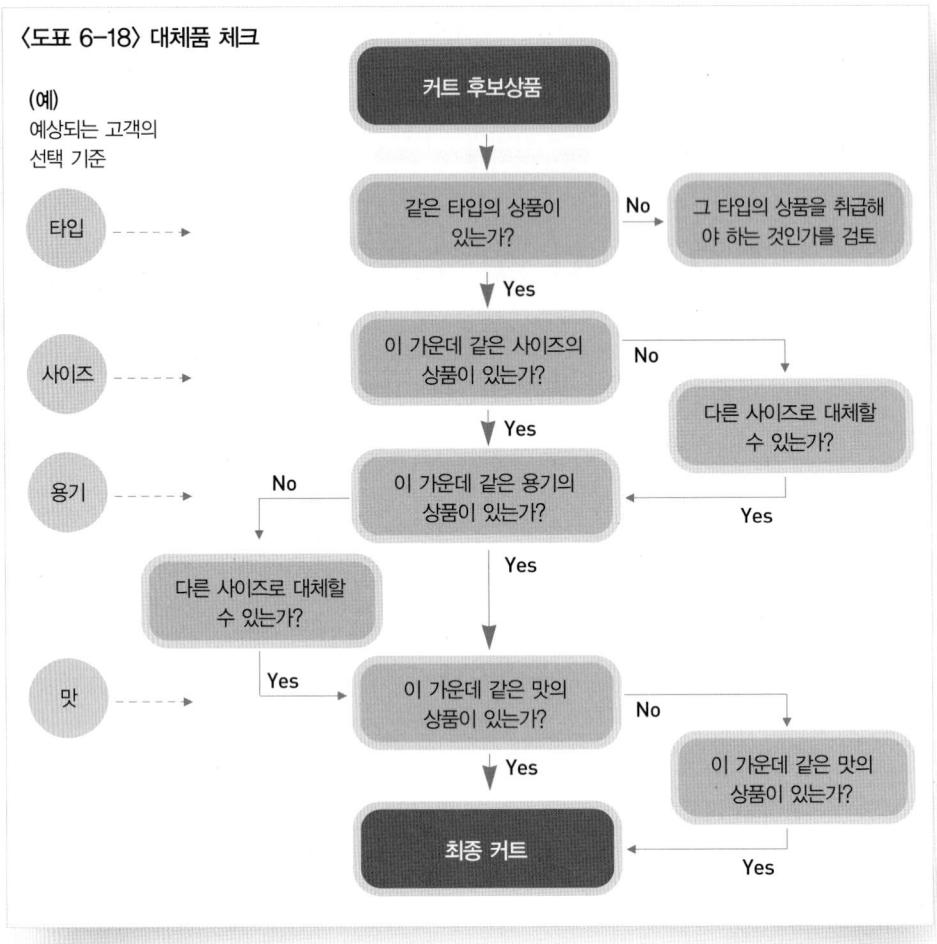

☞ **ABC 분석을 통해 C 상품이 된 원인 규명 체크리스트**

① 진열 위치에 문제는 없었는가?

② 가격에 문제는 없었는가?

③ 세일링 포인트를 충분히 표현, 진열했는가?

④ 경쟁 영향인가?

⑤ 지금부터 팔리기 시작하는 상품은 아닌가?
⑥ 계절 영향을 받은 것은 아닌가?
⑦ 잘 팔리는 상품을 위해 필요한 관련 보조상품은 아닌가?

이러한 것들을 하나하나 규명해서 상품 자체에 매력이 없다고 판단되면 완전히 제거한다.

| 새로 도입할 상품을 결정한다 |

신상품 도입을 결정하기 위해서는 먼저 다음과 같은 정보 수집이 필요하다.
① 국내외 산지 정보
② 제조업체 신상품 정보
③ 국내외 소재 제조업체 정보
④ 국내외 상품 트렌드 정보
⑤ 라이프스타일 변화 정보
⑥ PB 개발 상황과 시장 전망
⑦ 경쟁점에서 잘 팔리는 상품 발견
⑧ 이종 타업태 소매점에서 잘 팔리는 상품 발견 및 자점에서 판매 타당성 검토

고객, 지역, 업계, 거래처의 정확한 상품관련 정보 수집을 위해서는 '정보원'을 확실히 갖춰야 한다.

신상품 도입시 바이어는 '1품 도입, 1품 제거'의 원칙을 준수해야 한다. 만약 신상품 도입에만 신경 쓰고 기존 상품의 취급중단을 게을리 한다면 매장은 금세 보이지 않는 매장으로 전락한다.

예를 들어, 월 10품목만 퇴출시키는 구매 담당자는 월 10품목 내의 신상품만 도입해야 한다. 바꾸어 말하면 상품 제거 기준이 곧 신상품 도입 기준이 되는 것이다.

편의점 경우 매년 3분의 1 이상의 품목이 새로 대체될 정도로 상품의 입·퇴출이 반복되고 있다. 일반적으로 점포 컨셉트를 지속적으로 실현해 나가기 위해서는 신상품 도입시 '1품 채용! 1품 제거!'의 원칙을 준수해야 한다.

또한 신상품 도입시 다음 다섯 가지로 상품의 수요 구분을 명확히 해야 한다.

① 신규 수요
② 재수요
③ 더 사는 수요
④ 임시변통 수요
⑤ 반복 수요

또한 품목별로 최소 단위 수량과 최소 품목 수를 정한다. 왜냐하면 고객은 항상 비교 구매를 하기 때문이다. 그러므로 도입단계에서 품목별로 최소(단위) 수량과 최소 품목 기준을 결정하는 것이 필요하다.

| 상품 확대의 이익과 손실 |

상품 확대 결과로 다음과 같은 이익과 손실이 발생한다.

1) 상품 확대에 따른 이익

① 비교 구매할 수 있다.
② 특히 쇼핑에 여유가 있을 때 더욱 즐겁다.
③ 경쟁점과 차별화가 가능하다(품목 수, 구색, 양, 밀도).
④ 잘 팔리는 상품의 발견이 빠르다(관리 시스템).
⑤ 양감이 있다.
⑥ 정보 수집이 많아지고 이들 정보의 확인이 가능하다.

2) 상품 확대에 따른 손실

① 매장 규모 확장이 필요하다.
② 상품 관리에 손이 많이 간다.
③ 운영 및 관리 코스트가 높아진다.
④ 자칫하면 비회전 상품이 많아져 매출액, 매출이익을 감소시킬 수 있다.
⑤ 거래처를 많이 확보해야 한다. 그 결과 매입원가가 높아진다.
⑥ 로스(상품 손실)가 늘어나기 쉽다.

37

원칙 9. 품목별 매장 위치 설정

매장 배치는 소매업태 유형별로 나름대로의 원칙이 있다. 그 배치의 원칙을 지켜야 하는 이유는 레이아웃이 매출에 많은 영향을 미치기 때문이다.

일반적으로 할인점이나 슈퍼마켓 매장의 레이아웃은 대략 다음과 같은 기준에 따른다.

1) 부문 배치 원칙

매장 배치의 기본은 다음과 같다.
① 입구부터 매장 안쪽까지 주통로를 설정한다.
② 주통로 주변에 자석매장과 핵매장을 배치한다.
③ 다음으로 기본상품을 배치한다.
④ 계절상품을 배치한다.
⑤ 기획상품이나 행사상품을 배치한다.

⑥ 시즌상품 판매를 위한 상설매장을 배치한다.

2) 매장 배치 형태

매장의 연관 배치 형태는 대체로 다음과 같이 식품을 구입한 후 비식품으로 흘러가는 패턴이다.

매장에서 고객들의 일반적인 상품 구입의 순서는 식품에서 비식품 순으로 다음과 같다.

(1) 식품의 내역 = 1차 식품(과일/야채/선어/정육) → 일배 식품 → 일반식품 → 과자, 기호품

(2) 일반식품 내역 = 주식관련(곡류, 면류) → 조리 소재 식품(건조식품, 밀가루) → 조미료, 기름류 → 가공식품(통조림, 조리식품)

(3) 비식품 내역 = 소모성 잡화 → 내구성 취미잡화 → 내구성 욕구잡화

3) 매장 배치 순서

이상과 같은 고객 구입 순서에 의거해 다음과 같이 보다 세부적으로 배치한다.

① 주통로(부식류) :

곡류 + 야채 → 반 생식품(김치, 야채절임, 가공반찬, 기타) → 달걀, 생선, 건어물 → 정육 → 나물류 → 부재료 → 조미료 → 인스턴트식품 → 기호식품

② 부통로(출구부분, 간식류) :

무 포장과자, 포켓과자 → 음료 → 간식, 통조림 → 과일 → 생과자 → 비식품류 → 빵

〈도표 6-19〉 할인점 부문 배치 예

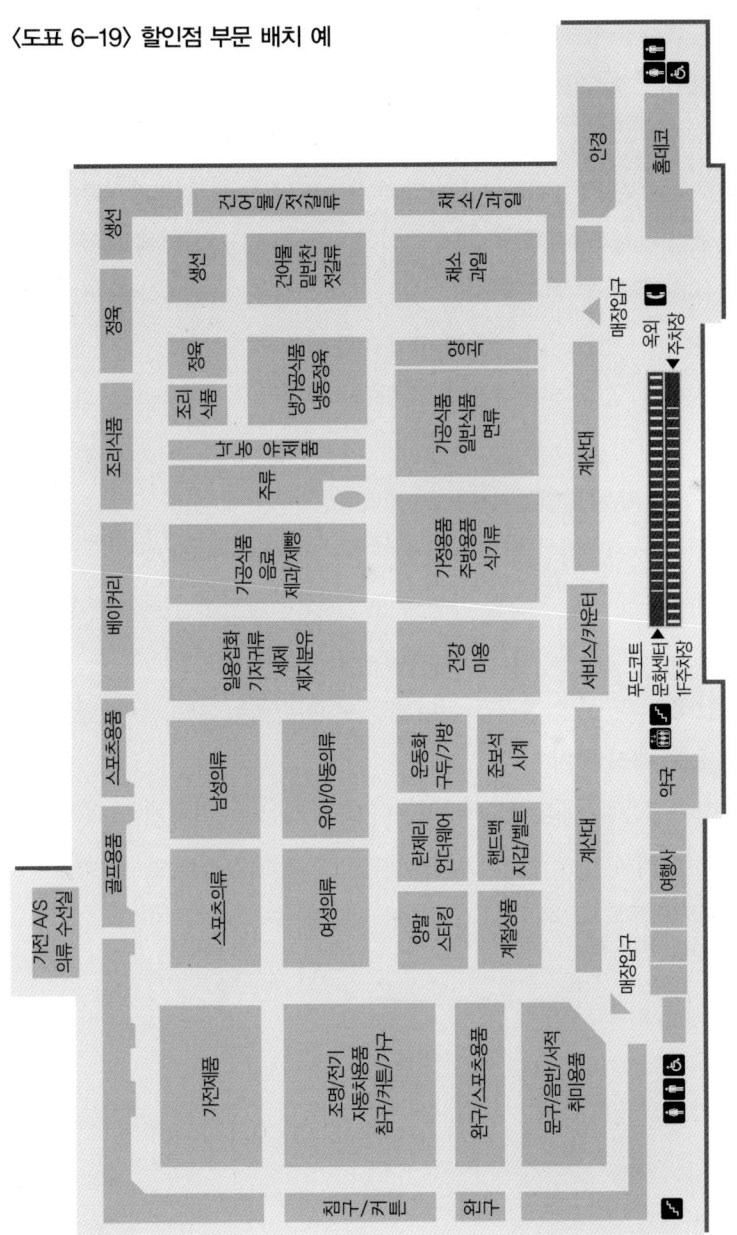

이러한 배치 순서는 〈도표 6-20〉처럼 '고객의 가정생활'을 매장에 옮겨 실현한 것이라 할 수 있다.

예를 들면,

① 주부 고객은 가정에서 '찬거리'와 '먹을거리' 재료를 가지고 맛있는 식탁을 꾸민다. → 찬거리, 먹을거리 식품 매장을 입구 전면에 배치

② 식사를 마친 후에나 무료할 때는 '기호 식품'으로 후식을 먹거나 군것질을 한다. → 먹을거리 식품에 이어 기호식품 매장 배치

③ 식사와 후식, 군것질 등을 하고 난 뒤에는 식기 등을 세척한다. → 주방용품 매장 배치

④ 설거지한 후에 빨래를 한다. → 세탁용품 매장 배치

⑤ 세탁이 끝나면 집안 청소에 나선다. → 청소용품 매장 배치

⑥ 식기세척 및 집안청소를 마친 후 몸을 씻고 화장품을 바르는 등 미용에 힘쓴다. → 화장품 등 미용용품, 헬스·뷰티용품 매장 배치

⑦ 집안정리 및 신변 정리가 끝나면 외출준비에 나선다. → 신변잡화용품, 외출용품 매장 배치

그리고 위생용품 매장 등을 배치해나가는 것이다. 이렇게 고객이 쇼핑을 통해 가정에서 생활국면을 떠올릴 수 있도록 매장 상품을 배치해야 고객은 보다 익숙하고 유쾌한 쇼핑체험을 만끽할 수 있다.

〈도표 6-20〉 할인점 매장 배치 예

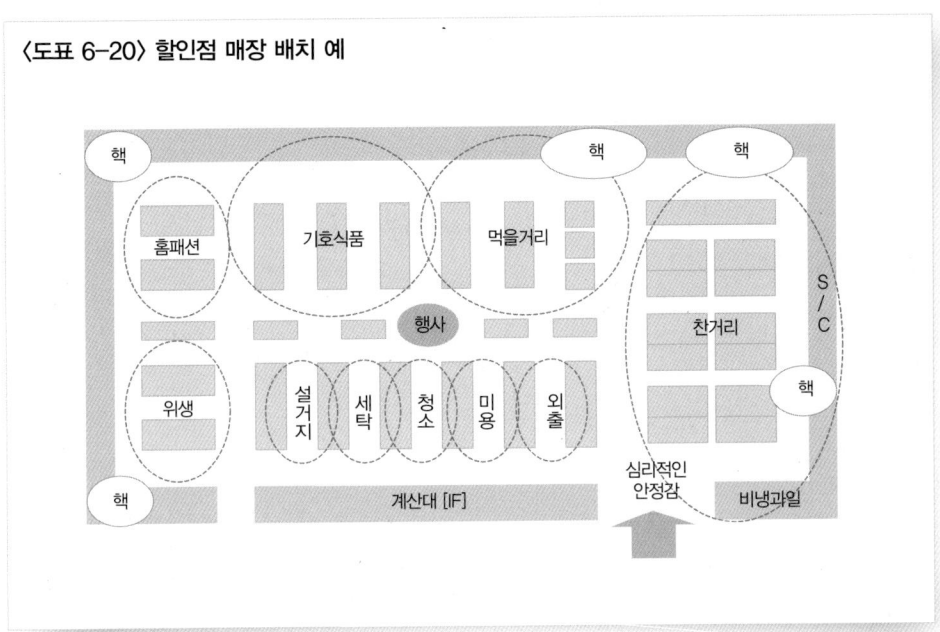

38

원칙 10. 품목별 페이싱 결정

| 메인 페이스 |

1) 페이스

'어느 상품에나 얼굴은 있다!'

페이스(Face)란 상품의 각 포장 면을 말한다. 어느 상품에나 얼굴은 있으며, 이것을 어떻게 고객에게 보여 판매와 연결시키느냐가 중요하다. 예컨대 곤돌라 맨 하단에 진열한 상품은 위에서 내려다 볼 수밖에 없다. 이럴 경우 어떻게 진열할 것인가가 진열대 높이 설정과 함께 중요한 포인트가 된다.

2) 페이싱(페이스 수)과 진열 위치

페이싱(Facing)은 각 품목의 페이스 수와 진열위치를 결정하는 작업이

〈도표 6-21〉 페이스(Face)

예) 정육면체 도형들은 모두 6개의 페이스를 갖는다!

"어느 페이스를 보여줄 것인가?"

다. 즉, '어느 상품을 가로로 몇 개 진열할 것인가' 하는 전면 진열 수를 페이스 수 혹은 페이싱이라 한다. 이것은 고객에게 보여주는 상품의 수량정도를 결정하는 것으로, 진열의 효과를 결정하는 데 있어 아주 중요한 요소다.

일반적으로 '진열 위치'는 이익에 따라 결정된다. 수익성이 높은 상품은 보다 유리한 위치에 배치한다. 예를 들어, 판매수량은 A급 상품보다 떨어지지만, 마진율이 더 높은 B급 상품을 골든 라인(Golden Line)에 진열하거나 또는 같은 선반에서는 왼쪽보다 오른쪽으로 치우쳐 진열(right up display)하는 식이다.

이와 같이 수익의 높낮이에 따라 유리한 위치를 부여하게 되면 궁극적으로 판매 수익의 증가를 도모할 수 있다.

3) 페이싱 결정

단품 페이싱은 상품력에 따라 결정하는 것이 기본이다. 일반적으로 팔림세가 높은 상품은 페이스 수를 늘리고 반대일 경우 페이싱을 줄인다. 즉, 단품의 팔리는 수량에 비례해서 페이싱을 부여하는 개념이다.

페이스 수를 정확하게 할당하기 위해서는 POS 판매 데이터를 근거로 정해야 한다. 이와 함께 경쟁점이나 경합점의 시장조사·분석을 통해 그 결과를 반영, 결정한다.

그러나 페이싱을 늘린다고 해서 판매가 무작정 늘어나는 것은 아니다. 조사에 의하면 대중상품 경우 평균적인 페이스 탄성치는 0.2 전후다.

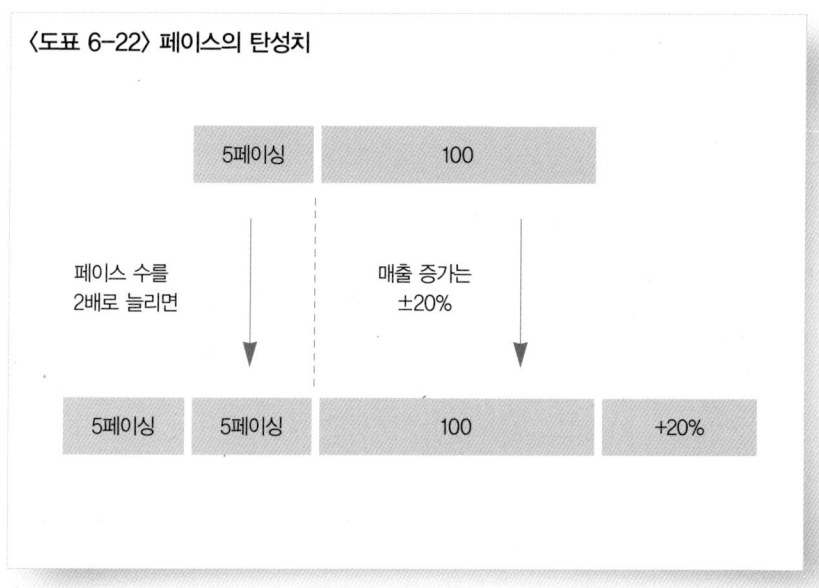

〈도표 6-22〉 페이스의 탄성치

〈도표 6-22〉와 같이 일반적으로 페이스 수의 증대는 매출 증대로 이어진다. 페이스 수 증감이 매출에 미치는 효과를 페이스 효과라 한다.

통상 페이스 수를 두 배로 늘리면 매출은 20% 정도 증가하게 되는데 이 것을 '페이스 탄성치가 0.2 전후다' 라고 말한다.

잘 팔리는 상품일수록 페이스 효과도 확대된다. 또한 고회전 상품일수록 페이스 효과가 강하게 나타난다. 따라서 회전율이 낮은 상품의 페이스를 무리하게 확대하기보다 고회전 상품의 페이스를 확대하는 것이 전체 매장의 매출을 향상시킨다. 그렇다고 해서 페이스 수를 너무 확대하면 효과가 점차 떨어지므로 주의해야 한다.

39

원칙 11.
곤돌라 엔드 전개계획 수립

| 곤돌라 엔드 |

할인점이나 슈퍼마켓 곤돌라 라인 양끝 진열대를 곤돌라 엔드, 즉 엔드 진열대라 부른다(이후 '엔드'로 통일).

한번 진열하면 비교적 장기간 상품을 진열, 판매하는 곤돌라 선반과 달리 곤돌라 엔드는 주통로를 걷는 고객을 부동선 안으로 끌어들이는 역할을 한다.

일반적으로 곤돌라 선반에는 여러 종류의 상품이 진열돼 있고, 고객의 눈에는 '여러가지 상품들'로 비쳐지기 때문에 개별 상품 하나하나는 그리 눈에 잘 들어오지 않는다.

반면 엔드 진열대는 상대적으로 보이는 면이 단조로운 만큼 눈에 잘 띄기 때문에 판매기법을 과학적, 기술적, 체계적으로 매뉴얼화하면 큰 성과를 거둘 수 있다.

1) 곤돌라 엔드 종류
소매점 내 엔드 유형은 다음과 같다.

① 엔드캡(end cap) : 계산대에서 정면으로 보이는 곤돌라 엔드를 가리킨다. 매장 내 최고 위치이며, 쇼핑을 마치고 계산을 하기 위해 출구로 향하는 고객들을 멈추게 하고, 다시 통로로 유도하려는 목적이 있다.

② 일반 엔드 : 동선을 골고루 거닐게 유도하는 목적이 있다. 해당 통로에 배치돼 있는 상품군과 일치되는 상품군을 진열한다.

③ 계산대 엔드(pos end) : 일명 '캐서(casher) 매대' 혹은 '턴 오버(turn over) 코너'라고 부른다. 계산대 엔드는 쇼핑을 마치고 계산하기 위해 지나치는 모든 고객에게 마지막 구매를 제안하는 매우 좋은 위치다. 주로 껌, 초콜릿, 담배, 소형 건전지, 신문·잡지 등 비교적 부담없이 구매할 수 있는 상품을 배치한다.

3) 엔드 진열의 포커스
"눈에 띄기 쉽게 진열한다!"

즉, 엔드 진열의 포커스는 많은 고객 눈에 띄는 곤돌라 끝에 상품을 대량 진열함으로써 고객 주의를 환기시켜 구매욕을 높이는 것이다.

4) 엔드의 주요 기능
엔드에 요구되는 주요 기능 세 가지는 다음과 같다.

① 유도기능 : 마그네트(Magnet) 효과
② 소구기능 : 커뮤니케이션(Communication) 효과

③ 판매기능 : 양판효과, 판매증대 효과

이런 세 가지 기능 외에 '광고기능, 안내기능' 등이 추가된다.

또한 엔드 진열의 기대효과는 다음과 같은 것들이 있다.

① 집객력 증대를 통해 비계획적 충동구매나 정리구매(떨이판매)를 꾀할 수 있다.

② 텔레비전, 전단광고, POP, 가격할인 같은 판촉수단과 연계시킴으로써 매출 증가를 꾀할 수 있다.

③ 신제품 소개 및 도입시 효과적이다(엔드 매대 중 몇 대를 지정, 신상품 소개 코너로 운용한다).

④ 계절과 유행에 맞는 판촉을 통해 점포 전체의 계절감 및 생활 제안을 소구할 수 있다.

⑤ 적절한 연관진열 및 테마진열을 통해 충동구매를 유발할 수 있다.

⑥ 엔드 매대의 계획적 운영에 의해 점포는 물론 제조업체도 장기적으로 이미지 향상이 가능하다.

| 곤돌라 엔드 상품 구성시 점검사항 |

엔드 매대의 상품구성을 위해서는 능숙한 테마 설정이 중요하다. 아무런 의미도 없는 일반 상품을 엔드에 진열하는 것은 무의미하다. 또한 가격이 높은 상품, 부피가 큰 상품끼리의 연관진열은 피한다.

엔드 상품 구성시에는 한 개 매대당 진열 품목 수의 통제가 필요하다. 엔드에 부여되는 테마에 따라 다르지만 너무 많은 상품으로 매대를 구성하면 다음과 같은 사항에 유의, 주목도를 높여야 한다.

① 가격 소구나 특매 행사 때는 2~3 품목 이내(상호 관련성 있는 아이템으로 구성)로 한정한다.

* 미국 디스카운트스토어 경우 엔드캡의 싱글 아이템 진열이 보편화돼 있으며 높이 2.4m까지 쌓아 올리는 양감 진열로 고객 시선을 압도한다.

② 메뉴 소구나 생활 제안을 할 때는 각 테마에 맞게 주력상품과 보조상품을 구분, 진열량을 6대 4 혹은 8대 2로 맞춘다.

〈할인점 엔드매대 예〉

이밖에도,
① 계절적으로 적절한 상품인가?
 (춘하추동, 휴가철, 신학기철, 김장철, 명절 등)
② 특매, 기획상품, 고 매익률 등 명확한 테마로 조화를 이뤄 진열했는가?
③ 친밀한 메뉴로 소구했는가?
④ 신제품, 광고 상품, 히트 상품 등은 트렌드가 고려됐는가?
⑤ 생활 감각이 있는 정보 제안에 도움이 되는가?
⑥ 신선식품은 프레시 이미지가 있는가?
⑦ 대량 판매시 회전율을 감안하고 있는가?
이상의 항목을 종합적으로 점검, 엔드 전개 계획을 수립한다.

보다 효과적인 엔드 효과를 도출하기 위해서는 다음 몇 단계 순서를 밟아 엔드 전개 계획을 수립한다.

① 제 1단계 : 점내 전체 엔드에 번호를 매긴다.
② 제 2단계 : 연간, 월간, 주간별 엔드 운용계획을 수립한다.
③ 제 3단계 : 엔드별로 테마를 부여한다(가격소구, 계절상품, 신상품, 기획상품 등).
④ 제 4단계 : 각 테마별로 엔드 운용 기간을 계획한다.
⑤ 제 5단계 : 각 엔드별로 담당자와 보조사원을 임명한다.
⑥ 제 6단계 : 진열, 연출, 구색, 가격 등을 항목별로 평가하고 문제점을 기록, 엔드 전개 수준을 향상시켜 나간다.

40

원칙 12.
연간·주간 판매계획 수립

| 판매시기 수립 |

공격적인 마케팅을 위해서는 주간별·월별·계절별, 평일·행사일·주말·공휴일, 오전·오후·장시간·저녁 등 기간을 명확히 구분, 판매시기를 따로 정해야 한다.

1) 파는 계열과 보이는 계열의 척도를 만든다

〈도표 6-23〉의 계열 척도에서 보는 것과 같이 판매시기에 따라 계열이 달라진다. 각 판매시기에 적용할 계열 규정을 〈도표 6-23〉과 같이 따로 정해야 한다.

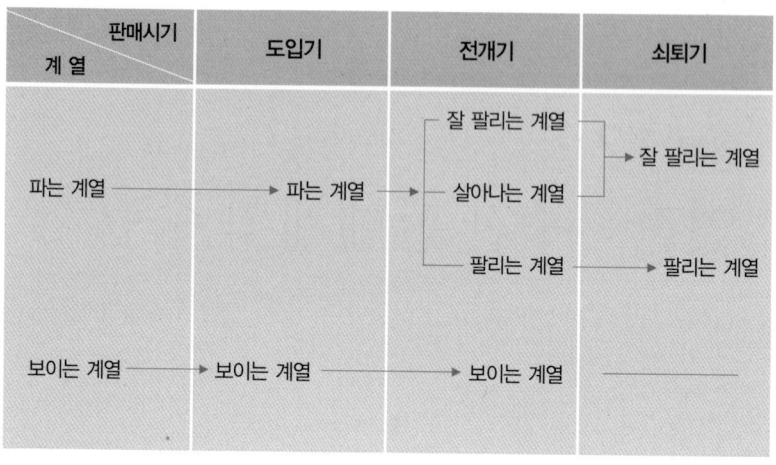

〈도표 6-23〉 계열의 척도

2) 판매시기를 설정한다

판매시기는 다음과 같이 네 가지로 구분한다. 특히 소비패턴과 기후변화에 대비해 연도별 판매시기를 설정하는 것이 중요하다.

① 도입기(구색 갖춤을 위해 상품을 도입하는 시기)
② 전개기(성장기와 최고 판매기)
③ 쇠퇴기(처분기)
④ 환절기(계절이 끝나 안 팔리는 시기)

| 계절별 주간계획 수립 |

머천다이징 전개의 기본은 먼저 일상품에 대한 판매계획을 수립한 후 계절 전체를 바라보는 시즌상품의 주간 판매계획을 확립하는 것이다. 임시 기획 상품이나 특매 행사계획 변경 등은 경쟁점 동향이나 지역 특수사정에 따라 그때 그때 상황에 맞게 탄력적으로 대처해간다.

이와 같은 계절별 판매계획은 연간계획에 의해 수립돼야 하며 월간, 주간 중점상품 결정부터 시작한다.
이를 위해서는 다음과 같은 판매 계획서를 작성해야 한다.
(1) 월간 판매 계획서 작성
(2) 주간 판매 계획서 작성
(3) 주간별 중점 상품 결정
　① 무엇이 팔릴까?
　② 무엇을 팔 것인가?
　③ 몇 개를 팔까?
　④ 어떤 판매법이 적당할까?
　⑤ 얼마에 팔까?
(4) 계획된 프로그램에 맞춰 상품을 발주한다. 이는 단순히 상품이 있어서 판매하는 것이 아니라 매장에서 팔기 위한 상품구색을 갖추기 위해 하는 것이다.

41

원칙 13. 가격설정

| 가격관리의 포인트 |

오늘날 소매기업의 판매 가격은 단순히 최저가격을 표방하는 것 이상의 다면성을 갖는다.

최저가격 지향은 여전히 소비자들에게 중요한 의미가 있지만 정직성, 일관성, 공정성, 신뢰성, 허용 가능한 가격범위 등 구매결정 과정에 영향을 주는 요소에는 여러 가지가 있다.

그리고 현대 소비자들은 시간이 부족하기 때문에 과거에 비해 가격 영향력은 감소하게 된다. 시간에 쫓기는 소비자가 근처 점포를 방문, 식용유 한 병을 사면서 경쟁점보다 얼마나 더 비싼지 판단할 가능성은 희박하다. 각 소매업체별 전단지 가격을 비교, 더 싼 물건을 찾아 돌아다니는 것이 사실상 가능하지 않기 때문이다.

따라서 오늘날 가격관리 포인트는 다음과 같다.
① 일관성 없이 오해를 불러일으킬 가격을 제시해서는 안 된다.
② 가격을 정직하게 제시하라! 쓸데없이 가격을 높게 책정하지 말라.
③ 공정하고 일관된 가격을 유지하라. 반드시 최저가일 필요는 없다.

| 가격설정 절차 |

판매 가격의 설정은 〈도표 6-24〉와 같이 세 단계로 구분, 실행한다.

1) 1단계 : 가격 감수성을 측정한다.

'소비자가 저항 없이 받아들일 수 있는 가격대는 얼마인가' 즉, 소비자가 '보통 이 정도의 가격이면 구매할 것이다' 라고 생각하는 가격이 얼마인가 측정한다.

2) 2단계 : 이익지수를 측정한다.

'가격을 얼마로 하면 이익을 최대로 창출할 수 있을 것인가?' 하는 것을 측정한다.

3) 3단계 : 최적 가격을 결정한다.

'단계 1과 '단계 2' 에서 얻어진 결과를 조합, 기업에 있어 가장 적당한 가격으로 결정한다.

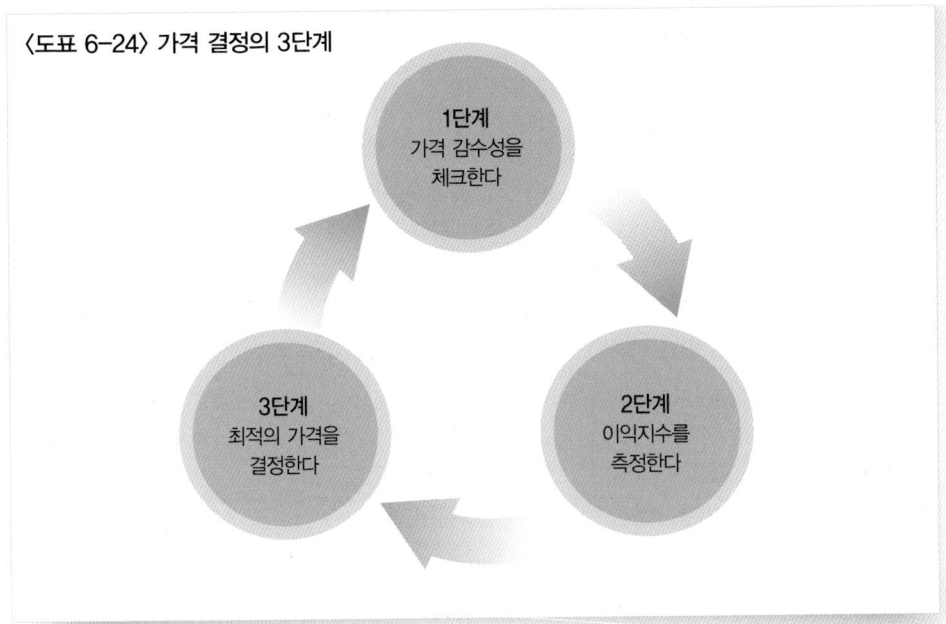

〈도표 6-24〉 가격 결정의 3단계

| 가격설정 기법 |

가격을 설정하는 방법에는 여러 가지 방법이 있으나, 기본적으로 중요한 것은 소비자가 납득할 수 있는 적당한 이윤을 남기며 판매하는 것이다.

따라서 가격전략의 기본은 얼마나 싸게 상품을 매입하고, 또 여기에 어느 정도 적당한 마진을 붙이는가 하는 점이다. 특히 상품을 싸게 매입하는 것이 가격설정 방법에서 가장 중요하다.

1) 원초이윤 가산법

상품 가격을 설정하는 방법은 여러 가지가 있으나 그 중에서도 '원초이윤 가산율(initial mark up)', 즉 판매 기간 동안 예상되는 비용과 가격인하분 및 이익을 추정, 반영하는 '코스트 플러스법'이 있다.

이 방법은 비용과 이익을 고려해서 영업 기간 동안 판매액을 추정한 후, 영업경비와 가격인하 수준(재고부족, 할인판매액) 등을 종합 반영해서 설정하는 방법이다.

〈원초이윤 가산율 계산 방법 사례〉

① 구입원가가 7,000원인 경우,

$$\frac{영업경비 + 가격인하분 + 이익}{순판매액 + 가격인하분} = \frac{2,200 + 300 + 500원}{9,700 + 300원} = 30\% \rightarrow 이윤\ 가산율$$

② 원가와 원초이윤 가산율을 파악, 원초가격(=판매가격)을 확정한다.

원가(70%) = 판매가(100%) - 이윤 가산율(30%)

$$70\% = 100\% - 30\% = \frac{7,000}{0.7} = 10,000원 \rightarrow 판매가격$$

해설

여기서는 상품의 구입 원가를 기준으로 가격을 설정한다. 일반적으로 판매 기간 동안 매장의 평균 이익이 10~20%선에 이른다고 하면 상품의 구입 원가에 10~20% 정도 이익을 붙여 정가로 판매하는 방법이다. 또한 이 방법은 기업이 변동비·고정비·감가상각비 및 관리비용 등을 모두 파악하고 있다고 가정 하에 설정하는 것이다.

이 방법의 단점은 상품별 매출 폭에 따라 가격 설정이 이뤄지지 못한다는 점이다. 즉, 고회전 상품은 마진율을 낮추고, 저회전 상품은 마진을 다소 높이는 토털 마진율을 적용하는 것이 바람직하지만, 이 방법을 사용하면 회전율대비 가격설정에는 다소 어려움이 있다.

2) 목표이익 가격 결정법

이 결정법은 목표이익을 미리 정하고 그 이익을 얻을 수 있도록 가격을 설정하는 방법이다. 예를 들어 과일 매장에서는 평균 30%의 이익을 창출하겠다는 목표 이익률을 미리 설정, 여기에 근거해서 마진을 붙여 정가를 결정한다. 이 결정법은 미리 상품의 회전율과 가격대를 조사한 다음 적정한 이익을 붙이는 방식이다.

※ 목표이익이 반영된 가격을 계산하기 위한 공식 =
{ (총 단위원가 + [목표 수익률 × 투자자본]) ÷ 단위당 매출액}

또한 매장 전체의 유지비나 직원 급여, 적당한 이익을 사전에 설정한 다음 각 상품별로 회전율을 분석한 후 여기에 맞춰 적정 마진율을 부여하는 방식으로도 계산한다.

3) 가치기준 가격 결정법

소비자들이 획득할 수 있는 가치를 기준, 그 가치에 맞게 가격을 설정하는 방법이다.

이 방법은 소비자들이 그 상품을 구입해서 사용할 때 가치기준을 설정하고 여기에 맞게 가격을 설정하는 방법으로 주로 제조기업에서 활용하는 방법이다.

4) 상대가격에 의한 가격 결정법 Ⅰ

경합점이나 경쟁점의 판매가격을 사전에 미리 조사, 비교 분석 후 적정한 판매가를 설정하는 방법이다. 이 방법은 바이어들이 가장 많이 사용하는 방법으로 예를 들면 경쟁점 매장에서 어떤 상품을 3,000원에 판매하고 있으면 같은 상품은 같은 가격을 설정하는 방법이다.

5) 상대가격에 의한 가격 결정법 Ⅱ

이 방법은 4)의 방법과 달리 경쟁점이나 경합점의 판매가격을 완벽히 조사한 후, 조금이라도 싸게 가격을 설정, 매출을 올리는 방식이다.

42

원칙 14. 상품코드 부여

| POS 등록 |

판매의 시작은 상품을 POS에 등록하면서부터 시작된다. 즉, 상품 겉포장에 인쇄된 바코드를 POS에 등록해야 비로소 상품화되었다고 할 수 있다.

예외적으로 의류, 농수축산 같은 생식품, 기획상품 등은 인스토어 마킹(매입한 측이 바코드를 붙이는 일)을 하는 경우도 있다.

이 과정에서 품번별로 코드를 결정, 매장 내 POS 시스템에 등록함으로써 매입태세가 확립된다.

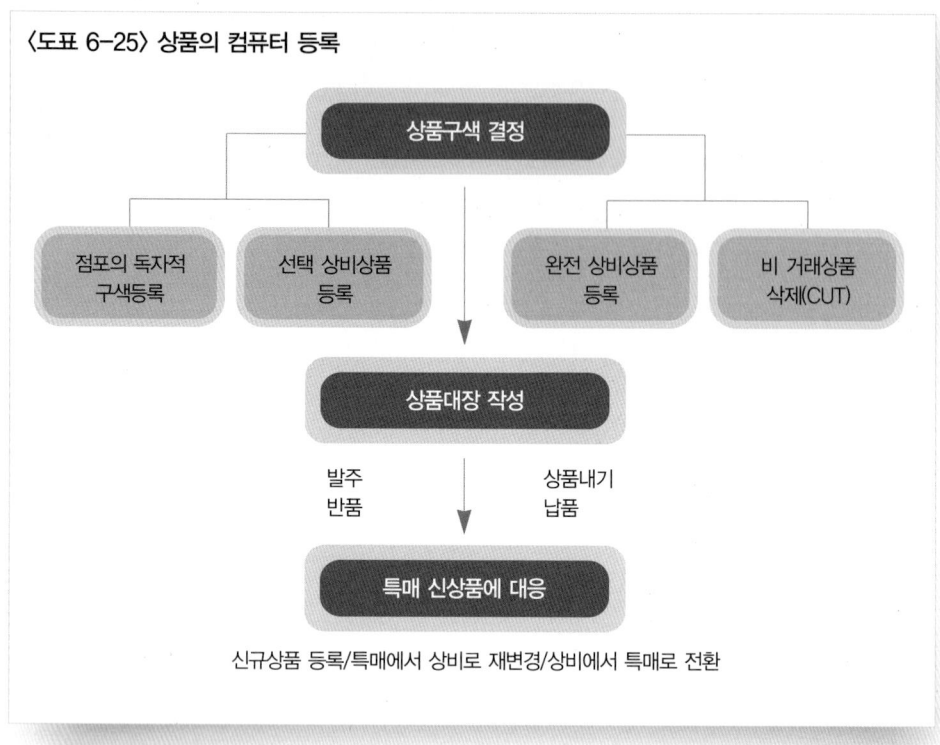

| 상품코드 부여 |

소매업계가 부여하는 상품코드 부여 방법은 각 소매기업마다 그 내용이 조금씩 다르다. 다음의 통상적인 코드 부여 내용을 참고하면 도움이 될 것이다.

1) 코드 내용
 ① 자리 수 : 14자리
 ② 코드 내용 :

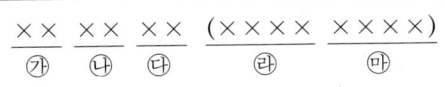

㉮ 부문(품번) - 2자리

㉯ 대분류 - 2자리

㉰ 중분류 - 2자리

㉱ ㉲ 품목(item) - 8자리(거래선 4자리, 상품범위 4자리)

2) 코드 부여시 주의사항

거래선별로 코드부여 범위를 지정함으로써 동일 상품군의 거래선 파악이 쉽도록 분류한다. 이처럼 상품코드를 세분화하면 거래선 관리가 용이해진다.

3) 코드 부여(예)

① 품번 코드 부여 명세서(예)

구분	범위	비고
본사	0001~0100	기준 : 부 이상 부여
점포	0101~0200	점포 개점 순으로 부여
(예비)	0201~0299	-
1품번	0300~0799	농산물
2품번	0800~0999	축산물
3품번	1000~1099	수산물
4품번	1100~1299	건어물, 건과
12품번	1300~1399	곡물
⋮	이하 생략	⋮

② 거래선 코드 부여 명세서(예)

품목	거래처	범위(개)	부여 범위
청과 야채류	농산물도매시장	500	0300~0799
축산물	축산물 도매시장	200	0800~0999
수산물	수협 공판장	100	1000~1099
건어물, 건과	건어물도매시장	200	1100~1299
곡물류	양곡 도매시장	100	1300~1399

③ 상품분류 코드 명세서(예)

부문(품번)	대분류	대분류 명칭	중분류	중분류 명칭	해당상품
01	01	과일류	01	배	신고, 장십랑
			02	사과	부사, 아오리, 홍옥
			03	복숭아	천도, 황도, 백도
			~	~	~
			15	딸기	딸기, 산딸기
	02	엽채류	01	배추	
			02	양배추	
			03	알타리	
			~	~	~
			20	깻잎	깻잎, 깻단
	03	과채류	01	고추	풋고추, 적고추, 꼬리고추
			02	가지	~
			03	오이	~

이하 생략

43

원칙 15. 예산 편성

예산은 머천다이징 전략에 입각해 과학적으로 편성해야 한다. 자점의 머천다이징 전략을 통해 매출이나 이익을 향상시킬 수 있다는 과학적인 생각에 기초해서 예산을 수립한다.

| 예산 편성시 고려사항 |

예산 편성시 고려해야 할 사항은 다음과 같다.
 ① 최근 3년간 내점객 수 추이와 최근 내점객 수
 ② 최근 3년간 고객 1인당 평균 구매량 및 최근 구매량
 ③ 최근 3년간 고객 1인당 객단가 및 최근 객단가
 ④ 지역 상권의 변화 내용(인구 증감 및 연령대별 인구 변화)

⑤ 지역 경제구조의 변화 내용
⑥ 점포 수명주기상 현재 위치 파악
⑦ PB 매출 동향(금액 및 수량)
⑧ 공급처(제조업체, 벤더 등) 신상품 정보
⑨ 경쟁사 영업동향 및 중점판매 상품
⑩ 구체적 출점, 판촉, 영업전략 내용 및 규모
등이다.
이상의 사항들을 고려, 분석해서 예산편성을 해야 한다.
(자세한 예산 관련 내용은 Part 05 참조)

44

원칙 16. 거래조건의 결정

| 거래조건을 결정한다 |

매입 담당자가 공급처와 거래를 체결할 때 꼭 논의해야 할 거래조건은 다음과 같다.

1) 결제조건 : 지불일자, 지불방법
2) 거래조건 : 할인, 리베이트, 할증, 광고, 행사판매, 판촉지원, 장려금, 증정 및 시식판매
3) 판매 : 정가판매, 행사판매, 임시판매, 시험판매, 시음 및 시식, 실연판매
4) 취급구분 : 계속, 신규, 임시, 시험, 개발, 한정, 취급 중단, 폐기

매입 담당자는 보다 나은 조건으로 거래하기 위해 다음과 같은 노력을 해야 한다.

첫째, 동종상품이나 유사상품 가운데 품질, 가격 등을 고려해 거래처를

선별하고, 경쟁 공급업체의 상품을 배제함으로써 거래조건을 개선한다.

둘째, 구입물량 단위(LOT)에 근거해 거래조건을 개선한다.

셋째, 결재조건을 개선해 거래조건을 개선한다.

(할인, 할증, 리베이트, 판매 장려금 등)

넷째, 배송방법을 개선해 거래조건을 개선한다.

(일괄배송, 자가배송, 배송일정 조정)

다섯째, 진열위치, 진열량, 페이싱 등의 진열방법 개선을 통해 거래조건을 개선한다.

여섯째, 무반품 계약, 완전매입을 통해 거래조건을 개선한다.

일곱째, 바잉파워를 통해 거래조건을 개선한다.

상품구입 거래처는 되도록 폭넓게 유지하는 것이 이상적이지만 한정된 면적에 재고부담, 상품관리상의 문제점이 대두될 수 있다. 그러므로 때로는 구입량의 대부분을 소수의 중요한 특정 거래처(key resources)에 집중해 바잉파워를 구사함으로써 거래조건 개선을 도모하기도 한다.

이와 더불어 매입담당자는 구매력의 일정부분을 일부러 여러 구입처로 분산하는 일도 생각할 필요가 있다. 공급시장과 접촉범위를 넓히고 새로운 상품, 새로운 공급원을 끊임없이 체크하는 것도 중요하기 때문이다.

〈도표 6-26〉 거래조건 결정

기본조건	완전매입, 일부매입, 위탁거래, 일부위탁
가격	가격결정, 할인율 결정
리베이트	판매수량 리베이트, 선반 진열료, 점내 광고료
판매촉진	시식, 시음, 판매촉진, 캠페인, 집기 제공, 특매품 제공, 쿠폰
상품형상	디자인 및 규모 변경, 상품 형상 변경, 패키지 변경
발주 배송	발주단위 변경, 경제적 발주량, 센터 수수료 확인, 결품시 대응, 클레임 발생시 대응
지불일	지불조건, 결제조건 고려

45

원칙 17.
계절별 판매계획의 수립

| 계절의 변화와 고객의 관심 구조 |

점포의 마케팅 활동에 있어서 무엇보다 중요한 것은 계절별 대응, 즉 고객이 느끼는 계절적 요인을 빠르고 정확하게 파악해 대응하는 것이다. 이것은 반복 구매성이 강한 일용품 위주로 판매하는 할인점이나, 슈퍼마켓처럼 계절상품에 따른 매장변화가 미미한 업종·업태에서 더욱 중요하다고 하겠다.

매력적인 점포로 고객에게 다가가기 위해서는 계절이 바뀌기 전에 다가오는 계절요인에 따른 고객의 관심 구조를 심층적으로 파악하고 이에 대응하는 전략을 구사해야 한다.

계절별 특성과 대응전략

계절의 변화와 이에 따른 소매점포의 영업활동은 대략 다음과 같이 정리할 수 있다.

실제 계절 변화보다 고객의 심리적 계절 변화가 보통 1~2개월 정도 빠르게 온다. 예를 들면 봄은 2월 중순부터, 여름은 5월 초순부터, 가을은 8월 중순부터, 겨울은 10월 하순부터 시작된다고 할 수 있다. 따라서 이때부터 1~2개월 후에 다가올 계절상품을 진열, 고객에게 선보여야 한다. 즉, 자연의 계절보다 1~2개월 빠른 대응이 필요하다.

계절적 특성요인

1) 봄

봄은 1월에서 4월까지로 이 시기에는 겨울잠에서 깨어나 무언가 이루고 싶은 충동, 또는 무엇이든지 하기만 하면 잘될 것 같은 마음으로 들떠있는 시기다.

따라서 이에 대응한 영업활동은,

첫째, 매장을 환한 봄 분위기로 연출한다. 무거운 겨울 때를 벗고 개방적인 분위기로 바꾼다.

둘째, 고 이미지 상품, 실용품을 중심으로 구색한다.

셋째, 전단광고를 이용해 봄 관련 계절상품을 중심으로 소구한다.

2) 여름

여름은 5월부터 8월 중순까지로 야외 활동이 급격히 증가한다. 금요일부터 도시 탈출에 참여하는 등 전원생활을 추구하는 왕성한 야외활동 모습을 보인다.

따라서 이에 대응하기 위해 점포는 휴일 전날 영업에 초점을 맞춰야 한다. 가급적이면 영업시간을 연장해 밤늦게까지 점포 문을 열어 쇼핑의 편리성을 제공한다. 특히 입구 주변은 시원하고 개방적인 느낌이 들도록 행사 판매를 억제하고 자유로운 분위기를 연출한다. 즉, 매장 내부에서 시원한 여름 분위기를 한껏 만끽할 수 있도록 점포 환경을 쾌적하게 바꾼다.

3) 가을

가을은 8월 중순부터 10월까지로 이 시기는 여름철에 다소 소홀했던 가정생활에 눈을 돌리며 실생활용품에 대한 구매율이 높게 나타나는 시기다. 이 때는 여름철에 비해 물품 구입에 다소 소극적이고, 가격에도 민감해지기 쉽다.

따라서 소매점은 실용성을 위주로 한 시즌상품 상설매장 등을 상시 운영한다. 특히 날씨가 추워질수록 가격에 민감해지므로 '사면 이득' 이라는 느낌이 들 수 있도록 전단, POP 등의 판촉도구를 활용, 가격을 소구한다.

4) 겨울

겨울은 10월 말에서 1월경으로 이 시기에는 가을철보다 물품 구입에 더 소극적이 되며, 가격에 아주 민감해진다. 따라서 연중 가장 높은 할인율을 적용한 저가격 정책을 펼쳐야 한다.

따라서 이 시기에는 집객력 강화에 초점을 맞추고 점포 입구 주변도 여름철과는 반대로 특가품 매대를 운용하는 등의 방식으로 강력한 가격소구 및 적극적인 판촉활동에 나서야 한다.

계절 마케팅 전개시 잊지 말아야 할 것은 '계절상품 도입은 반보 빨리!, 계절상품 철수는 반보 빠르게!' 라는 점이다.

46

원칙 18. 잘 팔리는 상품의 관리

여기에서 잘 팔리는 상품이란 다음의 두 가지로 구분해 생각할 수 있다.
첫째, 이익이 많은 상품이다.
둘째, 판매량이 많은 상품이다.
잘 팔리는 상품은 이 두 가지 모두를 충족시키는 것이고, 또한 공통적으로 판매 회전율이 높은 상품이다. 매입 담당자는 이와 같이 잘 팔리는 상품을 발견하기 위해 시장조사, 내·외부 정보 파악, 특히 POS 데이터 등을 주의 깊게 살펴봐야 한다.

잘 팔리는 상품은 다음에서 그 가능성을 찾을 수 있다.
① 자점에서 판매하는 상품을 ABC 분석해 A에 랭크된 상품 중에서 찾는다.
② 경쟁점포가 가장 많이 진열한 상품 중에서 찾는다.
③ 시장조사 및 소비자 동향조사에 나타난 고객 관심 상품 중에서 찾는다.

잘 팔리는 상품을 찾아낸 후 진열위치, 진열 페이싱 등을 재검토해 개선해 나간다. 이때 '개선'이란 팔리는 상품을 팔리는 만큼 페이싱을 할당하는 것이다. 이들 상품은 품절이 발생하지 않도록 수량관리에도 힘써야 한다.

47

원칙 19. 안 팔리는 상품의 관리

| 안 팔리는 상품관리 |

팔리지 않는 상품이 진열선반을 많이 차지하고 있으면 잘 팔리는 상품은 진열조차 하기 힘들다. 팔리지 않는 상품을 조기에 발견, 제거하는 일이 매우 중요하다. 그러므로 안 팔리는 상품에 대한 처리 기준을 세우고, 안 팔리는 상품을 조기 발견해 퇴출시켜야 한다. 그래야 잘 팔리는 상품이 더욱더 잘 팔리게 된다.

〈도표 6-27〉은 할인점, 슈퍼마켓에서 안 팔리는 상품의 기준과 처리 기준 예이다.

〈도표 6-27〉 안 팔리는 상품의 기준(예)

상품 특성	전혀 안 팔리는 기준	비고
신선식품 일배식품	• 판매율 기준 적용 • 판매수량 ÷ 발주수량 × 100 • 일 98% 이하면 전혀 안 팔리는 것	• 재고를 가지지 않고 매입하여 그날그날 다 파는 상품 • 품절시 안내 필수
특매상품 행사상품	• 소화율 기준 적용 • 특매수량 ÷ 매입수량 × 100 • 해당기간으로 계산, 80% 이하시 전혀 안 팔리는 기준	• 일정기간의 판매로 계획과의 차이를 알기 쉬움
패션상품	• 특매기간 기준 적용 • 투입하여 진열한 날로부터 몇 일째 팔렸는가? • 주간 이상은 전혀 안 팔리는 상품	• 색상, 사이즈별로 하나씩 진열하므로 소화율, 판매율, 회전율 기준을 적용하기 어렵다.
가공식품 생활잡화	• 회전율 기준 적용 • 판매수량 ÷ 재고수량 × 100 • 월 100% 이하는 전혀 안 팔리는 상품	• 항상 재고를 가지며 신속발주가 가능한 상품 • 재고 기준은 정책적으로 설정

처분 기준의 예

신선식품	가공식품
가격인하 처분, 폐기처분, 재가공처리, 시식, 사내판매, 타임서비스, 사원식당	가격인하 처분(폐기처분 포함) 반품, 사내판매, 번들, 무료증정, 타임서비스, 할인판매

이외에도 안 팔리는 상품의 판단기준에는 다음과 같은 것이 있다.

(1) A,B,C,Z 분석에서 Z 상품
(2) 월 판매 수량 (   )개 이하
(3) 상품 회전율 (   )회전 이하
(4) 상품 경향, 소비자 분석에 따른 독자적인 판단

원칙 20.
MD 실적 체크 및 개선작업

| MD 실적 체크 |

일정기간 동안 MD 실적을 분석해 향후 시행착오가 발생하지 않도록 각 분야별 문제점을 분석, 이를 현장에 반영해야 한다.

현장 반영에 있어서 가장 중요한 것은 잘 팔리는 상품은 더 잘 팔 수 있게 북돋워주고, 안 팔리는 상품은 신속히 발견해 퇴출시키는 것이다.

잘 팔리는 상품을 북돋워준다는 것은 잘 팔리는 상품을 점포에서 충분히 갖추고 판매할 수 있도록 지원하는 일을 말한다. 매입 담당자는 시장조사 및 거래처 방문이나 산지 조사 등을 통해 잘 팔리는 상품을 발굴하고, 이를 신속히 점포에 입고시켜 판매한다. 반면 안 팔리는 상품은 매대에서 신속히 제거될 수 있도록 매가인하 처분, 반품 처분 등의 처분 방법을 모색해 실행한다.

〈도표 6-28〉 POS 데이터에 의한 인기상품 발견과 분석

매출 누계 구성비(%)	매출 실 구성비(%)	분석	샴푸 아이템		생리용품 아이템		가정용품 아이템	
			수(개)	구성비(%)	수(개)	구성비(%)	수(개)	구성비(%)
20	20		2	1.6	4	3.1	25	1.3
50	30		12	9.8	19	8.2	146	7.7
80	30		37	30.3	61	26.8	507	26.7
100	20		55	45.1	103	46.1	793	41.7
2개월 안 팔린 아이템 수			16	13.1	42	15.5	427	22.5
1개 이상 팔린 아이템 수			106	-	197	-	1,471	-
컴퓨터 등록 아이템 수			122	-	229	-	1,898	-

다음은 POS 데이터에 의한 인기상품 발견과 분석 자료다.

우선 팔리지 않는 상품이 얼마나 많은지를 다음 도표를 통해 객관적인 숫자로 파악해본다.

위 도표는 슈퍼마켓의 데이터이다.

예를 들면 샴푸 경우, 등록 아이템 숫자가 122개다. 지난 2개월간 판매실적이 없었던 것이 16개 아이템으로 총 122개 아이템 중 13%에 불과해 적다고 생각하기 쉽다. 그러나 판매실적을 살펴보면 전체 매출의 20%를 단 2개 아이템이 점유하고 있다.

이와 반대로 안 팔리는 순으로 매출 실 구성비 20%를 보면 55개 아이템이나 된다. 가정용품에서는 1,898개 아이템 중 매출이 전혀 일어나지 않는 아이템이 427개나 된다. 이런 점포는 매장이 아니라 창고라 할 수 있을 정도이다.

이 같은 데이터를 갖고 보다 상세한 실태를 파악하기 위해서는 현장으로 나가본다.

그리고 다음과 같이 개선한다.

☞ **개선작업**

① 백룸, 재고의 선반, 과잉재고 제거
② 단품 데이터에 맞추어, 각 곤돌라마다 최대 진열량 점검
③ 회전일수 초과 상품 제거, 또는 진열량 축소
④ 한 달 동안 판매량 단위와 페이싱 재설정
⑤ 이것을 기초로 정확한 단품 데이터 등의 갱신을 수행한다.

49

원칙 21.
MD의 새로운 가설 수립

| 가설 수립의 전제 |

새로운 변화를 모색하려 할 때 많은 사람들은 우선 공부와 조사부터 시작하는 경우가 많다. 그러나 과거의 경험 답습에 지나지 않는 공부는 오히려 스스로를 과거의 틀 안에 가두게 된다.

새로운 일을 시작할 때 필요한 것은 과거의 경험이 아니라 명확한 미래의 가설을 세우는 것이다. 그러므로 과거의 경험에 얽매이지 않는 새로운 MD 계획 수립이 필요하다.

〈도표 6-29〉는 과거의 MD 패턴에 얽매이지 않는 '가설 - 실험 - 검증'의 반복을 나타내고 있다.

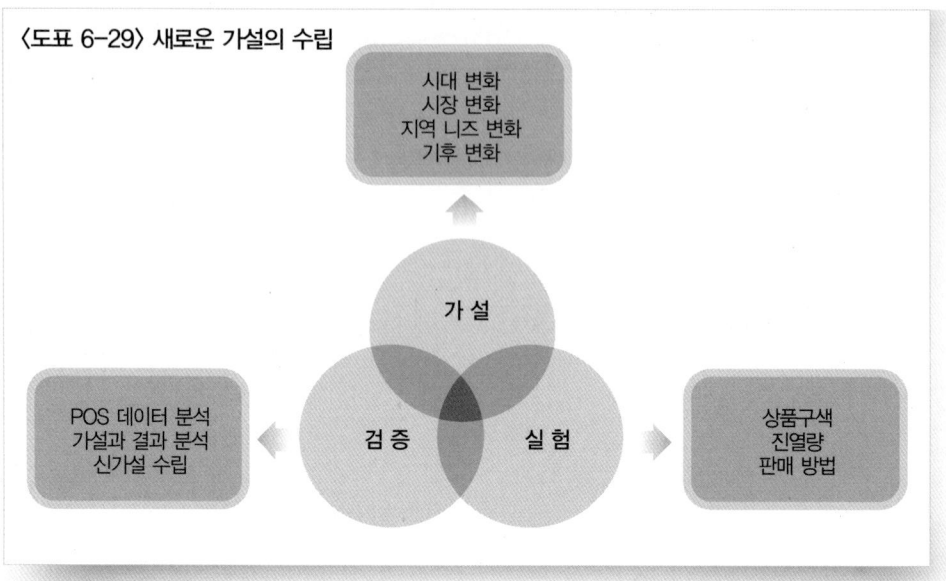

〈도표 6-29〉 새로운 가설의 수립

첫째, 다시 상황분석을 한다. 예컨대 시대 변화, 시장 변화, 지역 니즈 변화, 기후 변화 등을 조사, 분석한 후 자점에서 어떤 상품을 얼마만큼 진열해 판매할지를 정한다(가설 수립).

둘째, 수립한 가설에 따라 상품을 구색하고, 진열량을 결정한다. 또한 판매방법을 달리해 점포에서 실제로 판매해 본다. 동일한 상품이라도 점포별, 계절별, 단품별 판매동향이 다르기 때문이다(실험).

셋째, 당초 수립했던 가설과 실적을 비교해 그 차이점을 분석한다. 이와 같은 영업결과 분석은 POS 데이터를 통한 수치로 검증해야 한다(검증).

이 같은 과정을 통해 과거 패턴에 얽매이지 않는 새로운 MD 패턴을 수립한다(새로운 가설 수립).

MD 전개의 원칙 1부터 원칙 20까지 한 번의 과정이 끝나면 반복해서 다시 원칙 1로 돌아가 처음부터 다시 반복해 시행한다. 차별화된 머천다이징이란 이 반복과정을 지속적으로 시행해 나가며 시행착오를 반복하지 않는 데 있음을 알아야 한다.

Part 07
상품관련 수치

50 상품관련 수치 분석

50

상품관련 수치 분석

| 상품회전율 분석 |

상품회전율은 재고자산 회전율이라고도 부르는데 상품을 매입해서 판매하기까지 속도를 나타내는 지표다. 또한 매출액대비 얼마만큼 재고를 가지고 있는지 수치로 간단히 알 수 있다. 상품관리나 매입계획의 기본 데이터가 되는 수치다.

1) 상품(재고자산) 회전율과 상품재고의 회전일수를 구한다.

상품회전율	매출액 ÷ 상품재고액
회	
상품 회전일수	365일 ÷ 상품회전율(회)
	365일 ÷ ( ) 회

2) 업계 평균수치와 비교하여 기업의 힘을 측정한다.

① 자점의 상품회전율(회)	② 업계 평균 상품회전율(회)	①과 ②의 차이	평가
			High(고)
			Middle(중)
			Low(저)

3) 분석의 포인트

예를 들어 상품회전율 8(회전)은 $\frac{365일}{8회}$ = 46이 되므로 상품 재고일수는 평균 46일로 이 기간 중에 보유한 재고가 다 팔린다는 의미이다. 또는 평균 46일의 재고량을 보유하고 있다는 말도 된다.

소매업 경영과정에서 자연스럽게 증가하는 것이 인건비 코스트, 재고 및 기타 경비다. 만약 외상 매입금이나 차입금이 늘어나 기업 사정이 어려워지면 어음 등(자본의 조달)에 의존하게 된다. 상품재고는 그만큼 자금이 잠을 자고 있다고 생각해야 한다. 그러므로 정확한 상품관리가 무엇보다도 중요하다.

상품계열별, 시계열별로 이 비율을 분석해보면 판매 가망성 있는 상품과 악성상품 그리고 불량재고의 발견이 가능하다. 회전율이 낮은 상품을 삭제하고 팔릴 가능성이 높은 상품과 그 관련 상품을 증가시키는 것이 중요하다.

| 상품 공헌도 분석 |

상품 공헌도는 '대략적인 이익률 × 상품회전율 × 상품 매출구성비'이므로 교차비율과 상품 매출구성비의 곱으로 구한다. 상품군 또는 매출구성비를 고려하여 전 상품에 대한 공헌도를 보는 지표다.

1) 상품(품목, 계열, 부문)의 이익률 및 회전율을 구한다.

대략적 이익률	(이익액 ÷ 상품 매출액) × 100
상품회전율(회)	상품 매출액 A ÷ 상품 재고액

2) 상품의 매출 구성비율을 산출한다.

상품 부문	매출액(A)	구성비(B)
부문		
부문		
부문		
부문		
부문		
합계	(C)	

구성비(%)	(상품 매출액 A ÷ 합계 매출액 C) × 100

3) 상품의 공헌도를 산출한다.

상품 공헌도는 '대략적인 이익률 × 상품회전율 × 매출구성비'

4) 상품의 공헌도를 검토한다.

상품부문	이익률	상품회전율	매출구성비	상품 공헌도	평가	순위

5) 분석 포인트

상품 공헌도는 매출구성비의 높고 낮음을 감안한 상품의 효율을 말하며, 이를 통해 모든 상품의 이익공헌도를 알 수 있다.

① 판매효율이 높아도 매출구성비가 낮으면 공헌도는 낮아지고 그 반대의 경우도 발생한다. 문제는 효율과 구성비가 낮은 상품 처리에 있다.

② 효율 또는 구성비 중 어느 것인가 좋지 않은 상품에 대해서는 그 원인과 예측 및 전망을 충분히 연구하여 개선 대책을 강구하는 게 중요하다.

공헌도가 낮은 원인은 상품 자체에 있는 경우와 파는 방법 또는 그 밖의 여러 경우에 발생할 수 있으므로 상품의 라이프사이클 등을 검토하여 그 문제점을 명확히 판단할 필요가 있다.

| 상품의 포트폴리오 분석 |

첫째, 가망성 높은 상품의 분석

POS 데이터를 추출하지 않더라도 상품별 판매효율을 눈으로 측정하여 잘 팔릴 수 있는 상품과 수익성이 양호한 상품을 발굴해내는 간편한 방법이다. 계수관리까지 손이 미치지 않는 소규모 점포에서는 담당자가 판매현장에서 상품의 판매동향을 보고 경험과 지식만으로 관리하는데 이 같은 것이 바로 상품관리의 노하우다.

1) 취급상품을 대략 20여 개 부문으로 그룹화하여 분류한다.

부문	상품의 품목 편성	판매이익률			회전율		
		H	M	L	H	M	L
1							
2							
-							
20							

(H ; high, M ; middle, L ; low)

2) 이익률과 상품회전율의 크고 작음을 산출한다.

이익률 %	{(판매가 − 매입원가) ÷ 판매가}×100		평가
		H	
		M	
		L	

상품회전율	매출액 ÷ 재고액		평가
		H	
		M	
		L	

3) 판매(이익) 가망성 매트릭스를 작성하여 평가한다.

		이익률		
		High	Middle	Low
상품회전율	H	인기상품	수익성 높은 상품	잘 팔리는 상품
	M	이익상품	잘 팔리는 상품	쇠퇴상품
	L	보이는 상품	잠자는 상품	–

4) 분석의 포인트

① 매장 관리자가 일상 업무에서 직접 관련을 맺고 있어도 경험과 감만으로 많은 종류의 재고상품을 바르게 관리하는 일은 지극히 어려운 일이다.

② 불량재고는 이익을 잠식하므로 자금운용을 좋게 하기 위해서라도 이것을 빨리 발견하여 처분해야 한다. 그 뿐 아니라 상품 진열에 변화를 주면 고객이 다시 증가하기도 한다.

③ 취급상품의 품목 수가 많으면 우선 20여 개 정도의 상품그룹으로 나누어 분류한다. 다음으로 대략적인 이익과 회전율의 높고·낮음을 감안하여 그룹을 만들어야 한다. 만약 데이터가 없으면 담당자의 경험에서 얻어진 감으로라도 분류해야 한다.

④ 매출 효율을 높이기 위해서는 팔릴 가망성이 낮은 상품을 과감히 취급 중단하고 대신 팔릴 가망성이 높은 상품이나 그 관련 상품을 증가시켜야 한다.

둘째, 상품의 포트폴리오 분석

상품의 매출액 성장률과 구성비 두 가지 측면에서 검토하여 '신제품, 성장상품 및 쇠퇴상품'의 최적 밸런스를 생각하면서 경영전략을 전개하는 수법이다.

1) 각 상품별 매출 신장률(연평균 신장률) 산출

상품명	매출(매출액 구성비)		매출액 신장률	매출구성비 신장률
	전년도	당해		
합계				100%

2) 성장 상품과 쇠퇴상품의 매트릭스

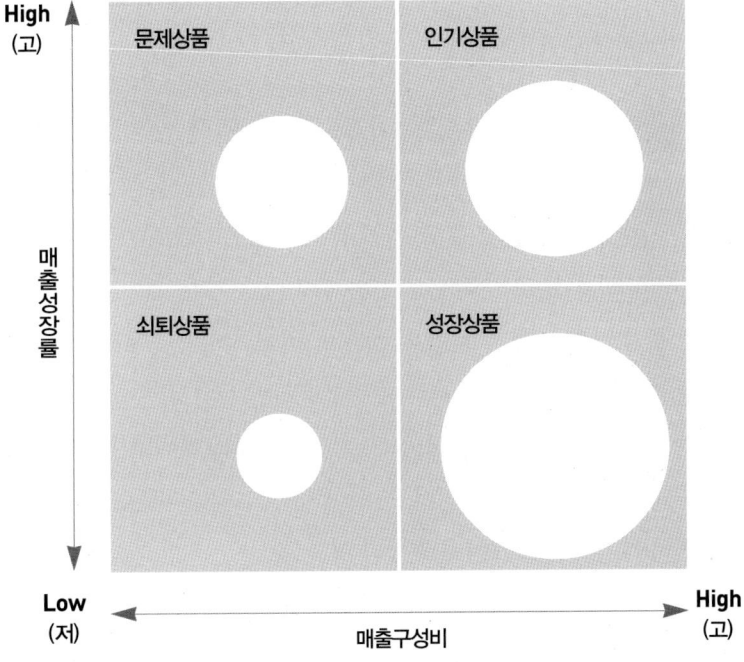

3) 분석 포인트

이 매트릭스는 경영자원(금전, 사람, 물건)을 효과적으로 배분하는 밸런스 전략으로 성장률(세로축), 점유율(가로축), 규모(도표에 표시되는 원의 크기)의 3요소를 차트로 그려 분석하는 방법이다.

먼저 차트를 4구역으로 분할한다. 성장상품과 인기상품에 주력하고 장래를 위해 문제상품에 투자해서 인기상품으로 육성을 도모한다. 쇠퇴상품 같은 상품은 라이프사이클 등을 검토하여 완전 철수시켜야 한다.

이와 같은 상품 포트폴리오 외에도 '인재'나 '자금의 효율적 배분' 같은 분야에도 응용이 가능하다. 또한 매출액뿐만 아니라 '이익, 비용' 등의 증감률과 구성비를 분석하면 이익 믹스, 비용 믹스 등에 의한 경영전략의 전개가 가능하다.

상품의 ABC 분석과 마진율 분석

첫째, ABC 관리로 분석

수익이나 비용 관리는 처음부터 끝까지 그 모두를 대상으로 하게 되면 상당한 인원 투입과 많은 시간을 요한다. 이런 이유로 관리 목적과 범위에 따라서 금액이 큰 것부터 순서대로 중점관리를 실천하는 방법이다.

상품별로 매출구성비를 계산해 큰 것에서부터 순서대로 ABC 순으로 분류하고 그 중 A를 중점관리하고 이어서 B, 그리고 다음으로 C 순으로 일괄 관리하면 간단명료하여 효과적이다.

1) 상품별로 매출구성비를 도출해 이를 큰 것에서부터 순서대로 다시 배

열하여 다음 표에 기재한다.

상품부문	매출액	매출구성비	매출구성비 누계
	A	B1	B1
	B	B2	B1 + B2
	C	B3	B1 + B2 + B3
-	-	-	-
-	-	-	-
계	Z	100%	100%

매출구성비 B1	(상품의 매출액 A ÷ 매출액 합계 Z) × 100

2) 각 상품을 ABC 등급으로 구분하여 그룹별로 분류한다.

매출 구성비	등급	대상상품(부문, 계열, 아이템)
상위 80%	A등급	
80~95%	B등급	
95~100%	C등급	

3) 중점상품의 종류와 매출구성비 관계를 다음 파레토 도표로 그려본다.

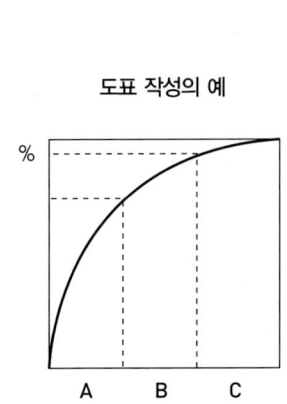

도표 작성의 예

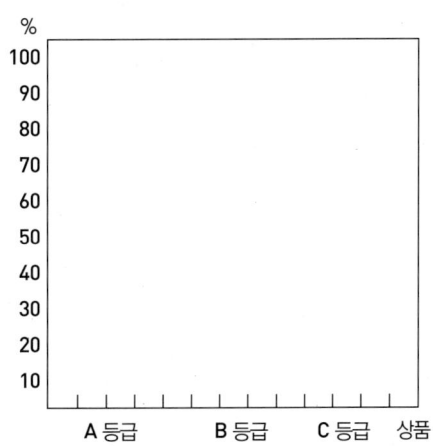

4) 분석 포인트

① 그래프(예)는 상위 20%의 상품군이 매출액의 70~80%를 점유하고 있음을 보여준다. 이것을 '20대 80'의 원칙이라고 한다.

② 수많은 상품종류 중 대략 2할의 상품을 중점관리 대상(A등급)으로 하여 관리하면, 매출 전체의 8할을 통제할 수 있다는 논리이다. 모든 상품을 전부 다 관리하려면 어디에서부터 시작해야 좋을지 알 수 없고, 설령 시도한다 해도 비용이 많이 들어 효과가 적다.

③ 뒤집어 보면 B, C 등급인 8할의 상품군은 비회전 재고가 대부분이라는 의미이다. 이들 역시 중점 관리대상 상품군이 된다.

④ 상품별, 지역별, 거래 대상별 따위 관리는 물론이고, 원가 절감, 품질 향상, 경비삭감은 물론이고 일상 행동 속에서 낭비, 무리의 재검토에도 도움이 되는 방법이다.

둘째, 마진율(대략적인 이익률) 분석

매입원가를 기준으로 하여 값을 매기면 판매가격을 기준으로 한 마진율은 낮아진다. 일반적으로 마진율은 매가기준으로 생각하므로 예정 마진율을 확보하기 위해서는 원가에 대한 마진율을 연구할 필요가 있다.

1) 원가 기준 마진율(%) = $\dfrac{\text{마진액}}{\text{매입원가}} \times 100$

2) 매가 기준 마진율(%) = $\dfrac{\text{마진액}}{\text{판매가격}} \times 100$

3) 매입원가에 기대하는 마진율을 가산하여 판매가격을 산출한다.

판매가격	{매입원가 ÷ (1−마진율)} × 100
	* 마진율은 매가기준/소수점 2자리까지

4) 평균 마진율 분석

상품마다 마진율은 서로 다르므로 그 최적 조합(마진 믹스)에 의해 전체의 예정 마진율을 관리하여 균형판매를 도모하게 된다. 각 상품의 매출구성비와 마진율의 배분에서부터 상품전체의 평균 마진율을 보는 방법이다.

경쟁이 치열해지면 할수록 이 마진율 믹스를 세심히 관리하지 않으면 이익을 확보하기가 어렵다.

따라서 고객에게 서비스하면서도 이익을 놓치지 않는 것이 중요하다. 상품의 매출구성비가 변하거나 일부 상품의 값을 내리는 경우에 평균 마진이 대략적인 이익에 어떤 영향을 주는가를 분석해야 한다.

5) 마진율 믹스 표

매출구성비가 바뀐 경우 이를 표로 정리하여 분석한다.

상품명	매출구성비		마 진	마진구성비	
	전년도	당해		전년도	당해
합계	100%	100%		평균 %	평균 %

6) 평균 마진율 표

상품의 마진율이 바뀐 경우 이를 다음 표로 정리하여 분석한다.

상품	매출 구성비	마진율		마진(구성비)	
		전년도	당해	전년도	당해
합계	100%	%	%	평균 %	평균 %